JN043894

徳島県の教員採用試験過去問シリーズ ❽

2025年度版

徳島県の音楽科

過去問

協同教育研究会 編

協同出版

本書には，徳島県の教員採用試験の過去問題を収録しています。各問題ごとに，以下のように5段階表記で，難易度，頻出度を示しています。

難　易　度

非常に難しい　☆☆☆☆☆
やや難しい　☆☆☆☆
普通の難易度　☆☆☆
やや易しい　☆☆
非常に易しい　☆

頻　出　度

◎　ほとんど出題されない
◎◎　あまり出題されない
◎◎◎　普通の頻出度
◎◎◎◎　よく出題される
◎◎◎◎◎　非常によく出題される

※本書の過去問題における資料，法令文等の取り扱いについて

本書の過去問題で使用されている資料や法令文の表記や基準は，出題された当時の内容に準拠しているため，解答・解説も当時のものを使用しています。ご了承ください。

はじめに～「過去問」シリーズ利用に際して～

教育を取り巻く環境は変化しつつあり，日本の公教育そのものも，教員免許更新制の廃止やGIGAスクール構想の実現などの改革が進められています。また，現行の学習指導要領では「主体的・対話的で深い学び」を実現するため，指導方法や指導体制の工夫改善により，「個に応じた指導」の充実を図るとともに，コンピュータや情報通信ネットワーク等の情報手段を活用するために必要な環境を整えることが示されています。

一方で，いじめや体罰，不登校，暴力行為など，教育現場の問題もあいかわらず取り沙汰されており，教員に求められるスキルは，今後さらに高いものになっていくことが予想されます。

本書の基本構成としては，出題傾向と対策，過去5年間の出題傾向分析表，過去問題，解答および解説を掲載しています。各自治体や教科によって掲載年数をはじめ，「チェックテスト」や「問題演習」を掲載するなど，内容が異なります。

また原則的には一般受験を対象としております。特別選考等については対応していない場合があります。なお，実際に配布された問題の順番や構成を，編集の都合上，変更している場合があります。あらかじめご了承ください。

最後に，この「過去問」シリーズは，「参考書」シリーズとの併用を前提に編集されております。参考書で要点整理を行い，過去問で実力試しを行う，セットでの活用をおすすめいたします。

みなさまが，この書籍を徹底的に活用し，教員採用試験の合格を勝ち取って，教壇に立っていただければ，それはわたくしたちにとって最上の喜びです。

協同教育研究会

C O N T E N T S

第１部

徳島県の
音楽科
出題傾向分析

徳島県の音楽科　傾向と対策

徳島県の音楽科の問題は，解答方式が記述式であることや，一問あたりの配点が高い問題もあることが特徴である。作曲も頻出であることから，この傾向に則った対策をしてほしい。

作曲問題は，例年複数の条件が設けられており，条件に示されている用語を正しく理解していなければ，解答は困難である。過去の作曲問題は，歌詞に旋律をつけるものやボディ・パーカッションの作曲，箏の曲の作曲，リコーダー用の旋律と伴奏の作曲など様々である。具体的には2017年度以降，リコーダーの作曲(2017年度，2020年度，2021年度)，歌唱曲の作曲(2018年度)，提示されたモチーフに続く形で2曲の変奏曲の作曲(2019年度)，ボディ・パーカッションの作曲(2022年度)，ア・カペラの混声三部合唱の作曲(2023年度)であった。2024年度はリコーダー二重奏の作曲が出題された。特にリコーダー関連の作曲が頻出であることが分かる。

また，譜例を用いた問題も多く出題されている。民族音楽に関する出題は例年ほとんど見られないが，2024年度にはポピュラー音楽，ジャズについての設問があった。ポピュラー音楽のジャンルと特徴が問われたり，ジャズの中のさらに細かな種別が問われたりと，相当な知識を要する設問であった。民俗音楽と併せて，怠らずに対策することが必要である。

以上の傾向から，徳島県の試験に向けては次のような準備が必要であることがわかる。

作曲の問題については，様々な条件を設け，学習を重ねておくことが必要である。音楽理論や楽典について，正しい知識を身に付け，作曲や編曲にも使えるようにしておこう。そうでなければ，作曲の条件を満たすことが困難である。学習で作編曲したものは，実際に音を出し，不自然な点がないかを確認しておくこと。また，他者に楽譜を確認してもらうことにより，自分では気づかなかった間違いなどに気づくことができる。

譜例を用いた問題では，曲名や作曲者をあわせて答える問題の他に，作曲者の生まれた国を問う問題もあるので正確に覚えておきたい。オペラやミュージカルの中で歌われる曲についての問題もよく出題されるので，あらすじや登場人物，曲名などをまとめておくと役に立つだろう。

音楽理論や楽典の問題では，楽語，音程や調判定が頻出である。日本伝統音楽についての出題範囲は広い。

その他，学習指導要領に関する問題は語句の穴埋めとして出題される場合が多い。選択式でなく，語句を書かせる形式であることがほとんどなので，取りこぼしのないよう同解説を熟読し，覚えておきたい。

過去5年間の出題傾向分析

分類	主な出題事項		2020年度	2021年度	2022年度	2023年度	2024年度
A 音楽理論・楽典	音楽の基礎知識		●	●	●	●	●
	調と音階		●	●	●	●	●
	音楽の構造					●	●
B 音楽史	作曲家と作品の知識を問う問題		●	●	●	●	●
	音楽様式，音楽形式の知識を問う問題		●	●	●	●	●
	文化的背景との関わりを問う問題		●			●	●
	近現代の作曲家や演奏家についての知識		●				●
C 総合問題	オーケストラスコアによる問題					●	●
	小編成アンサンブルのスコア， 大譜表（ピアノ用楽譜）による問題				●		
	単旋律による問題						
D 楽器奏法	リコーダー						
	ギター						
	楽器分類						
E 日本伝統音楽	雅楽						
	能・狂言						
	文楽						
	歌舞伎						
	長唄等						
	楽器（箏，尺八，三味線）		●		●		
	民謡・郷土芸能					●	
	総合問題					●	
F 民族音楽	音楽のジャンルと様式	(1)アジア（朝鮮，ガムラン，インド，トルコ）					
		(2)アフリカ　打楽器					
		(3)ヨーロッパ，中南米					●
		(4)ポピュラー					●
	楽器	(1)楽器分類（体鳴，気鳴，膜鳴，弦鳴）		●			
		(2)地域と楽器					

分類	主な出題事項		2020年度	2021年度	2022年度	2023年度	2024年度
G 学習指導要領	(A)中学校	目標	●				●
		各学年の目標と内容		●	●	●	
		指導計画と内容の取扱い	●	●	●	●	●
		指導要領と実践のつながり					
	(B)高校	目標	●				
		各学年の目標と内容	●	●	●		●
		指導計画と内容の取扱い		●			●
H 教科書教材	総合問題						
	旋律を書かせたりする問題						
	学習指導要領と関連させた指導法を問う問題						
I 作曲・編曲	旋律，対旋律を作曲		●				
	クラスの状況をふまえた編成に編曲						
	新曲を作曲		●		●	●	●
J 学習指導案	完成学習指導案の作成						
	部分の指導案の完成						
	指導についての論述						

第２部

徳島県の
教員採用試験
実施問題

2024年度　実施問題

【中高共通】

【１】次の楽譜は，モーツァルト作曲オペラ・ブッファ「フィガロの結婚」の第2幕第3場のアリア「恋とはどんなものかしら(邦題)」である。この楽譜を見て，(1)～(9)の問いに答えなさい。

(1)　①～⑤の音程を答えなさい。(移調楽器の音程は実音で考えること)

(2)　⑥を調号を用いて実音に書き換えなさい。

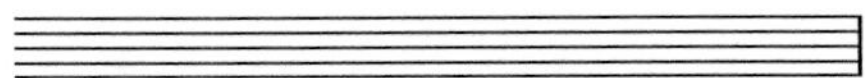

(3)　⑦の和音をコードネームで答えなさい。

(4)　楽譜のCHERUBINO(ケルビーノ)はメゾソプラノの歌手が担当する役である。

(a)　⑧を調号を用いてメゾソプラノ譜表に書き換えなさい。

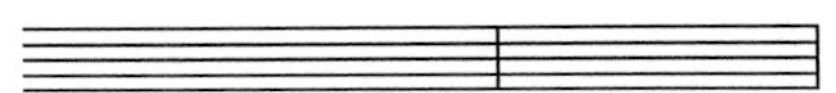

(b)　⑧には「恋とはどんなものかしら(邦題)」を原語訳した言葉(歌詞)が入る。次のア～カから，最も適切なものを選び，記号で答えなさい。

ア　O mio babbino caro　　イ　Vieni sul Mar

ウ　Un mei di, vedremo　　エ　La donna è mobile

オ　Voi che sapete　　カ　Non Ti Scordar Di Me

(5)　A～Dのそれぞれの枠の中では，転調が行われている。何調から何調へ転調しているのかを答えなさい。

(6)　(5)のA・B・Dの転調の種類は全て同じであるがCはそれらとは異なる転調の種類である。(a)A・B・D，(b)Cの転調を近親調や遠隔調などのそれぞれの種類で答えなさい。

(7)　「フィガロの結婚」「魔笛」とともに，モーツァルトの三大オペラに挙げられるもう1つの作品名を答えなさい。

(8)　モーツァルトの三大交響曲と言われる作品の中で，ローマ神話の主神ユーピテルの名前を標題につけた交響曲の番号を答えなさい。

(9)　古典派の説明として適切なものをア～オの中から2つ選び，記号で答えなさい。

ア　協奏曲という新しい器楽曲が誕生する。独奏と合奏が互いに競争するかのように演奏し，そこから生まれる音の強弱や音色の対比が，音楽に躍動感を与えた。

イ　王侯貴族が邸宅で演奏会を開いたり楽譜出版の援助をしたりしたことから，音楽家の仕事も多くなり，たくさんの音楽家たちがヨーロッパ各地からウィーンに集まった。

ウ　ピアノは18世紀後半にイタリアで発明され「フォルテピアノ」と呼ばれていた。ショパンの時代にはさらに発展し，性格的小品が数多く作曲された。

エ　多声音楽が，各声部が独立した旋律からなる様式へと発展した。ジョスカン・デプレは，各声部の旋律がバランスを保って絡まり合う均整のとれた美しい音楽を作った。

オ　合理的，理性的なものを尊ぶ啓蒙思想の影響から，芸術においても調和や均整のとれた形式美が追求された。教会や宮廷で庇護されていた作曲家たちはしだいに自立し，市民社会の中で自由に活動するようになった。

(☆☆☆◎◎◎◎)

【２】ポピュラー音楽について，次の(1)・(2)の問いに答えなさい。

(1)　次の文を読み，ポピュラー音楽のジャンルについて，①～⑥にあてはまる最も適切なジャンル名を，以下のア～コからそれぞれ1つ選び，記号で答えなさい。

①　スペイン語やポルトガル語による中南米及びイベリア半島の音楽。独特な歌唱法や特徴的な打楽器を用いる。

②　1960年代後半にジャマイカで生まれ，ドラムス，ベース，ギターが織りなすリズムが特徴的である。

③　アメリカ南部の白人労働者階級から生まれたバラードやフォークの総称。フィドル，ギター，バンジョーなどが用いられる。

④　19世紀後半以降，アフリカ系アメリカ人の中から生まれた。12小節からなるコード進行や憂鬱な内容の3行詩などを特徴とする。

⑤　20世紀後半最大のジャンルで，さまざまなスタイルに分けられ

る。強いビート感，エレキギターやエレキベースによる大音量，ヴォーカルのシャウトなどが特徴である。

⑥ 1960～1970年代にアフリカ系アメリカ人を中心に誕生した。リズムセクションが多様化し，ストリングスやホーンセクションが加わった。

ア R&B　イ ラテン　ウ ファンク　エ EDM
オ カントリー　カ ソウル　キ ブルース　ク レゲエ
ケ ロック　コ ヒップホップ

(2) ジャズについて，次の①～⑤の問いに答えなさい。

① 次の文を読み，ジャズの歴史について，(a)～(h)にあてはまる最も適切な語句を，以下のア～ケからそれぞれ1つ選び，記号で答えなさい。ただし，同じ記号には，同じ語句が入るものとする。

ジャズは，1890年代，主に(a)音楽のリズムやメロディーと，西洋音楽の楽器やハーモニーの要素が融合して生まれた。

1900～1940年代には，グループでの即興演奏を特徴とする(b)の後，ビッグ・バンドによる即興演奏の要素が弱いダンス音楽の(c)などが主流となった。

ジャズの黄金期と呼ばれる，1940～1960年代には，即興的なメロディーや細分化されたリズム，拡張されたコードを特徴とする(d)，穏やかなリズムや楽曲の統一感などの雰囲気を重視した(e)，洗練された即興演奏で(d)を発展させた(f)，旋法を用いて従来のコード進行の規則から解放された(g)などが生まれた。

1960～1980年代には，コード進行にとらわれない自由な演奏で自己表現を強調する(h)，フュージョンなど，スタイルが多様化した。

1980～2000年代以降も，スタイルの再構成や，融合などにより，今も新しい道をたどっている。

ア　アフリカ　　イ　東洋
ウ　ビ・バップ　　エ　クール・ジャズ
オ　フリー・ジャズ　　カ　モード・ジャズ
キ　スウィング・ジャズ　　ク　ハード・バップ
ケ　ニューオーリンズ・ジャズ

② ジャズ音楽の音階は，長音階のⅢ・Ⅴ・Ⅶの音を半音下げて作曲されることが多い。この半音下がる音のことを何というか，答えなさい。

③ ジャズ音楽のハーモニーは，クラシック音楽のハーモニーを基盤としながら，独自の和声システムを構築したが，基本コードからさらに積み上げて構成し，「拡張」や「緊張」を意味するコードを何というか，答えなさい。

④ ドラム奏者が演奏するシンバルビートによく現れるジャズのリズムで，2つの連続する音符のうち1つめをやや長めにとり，2つめをやや遅めに入れるリズムを何というか，答えなさい。

⑤ ジャズアンサンブルにおいて，自由な発想で演奏を変化させ，ソロ・プレイヤーとともに即興的な演奏を繰り広げることを何というか，答えなさい。

(☆☆☆◎◎◎)

【3】次の文を読んで，(　①　)～(　⑤　)にあてはまる最も適切な語句を，以下のア～ソからそれぞれ1つ選び，記号で答えなさい。ただし，同じ番号には，同じ語句が入るものとする。

著作財産権は著作者の財産的な利益を保護する権利であり，複製権，演奏権，(　①　)などさまざまな権利に分かれている。著作者人格権は著作者の人格的な利益を保護する権利であり，(　②　)，(　③　)，同一性保持権などの権利がある。例えば(　③　)の場合，作曲者がペンネームで公表した作品に関しては，作曲者名としてそのペンネームを表示しないとその権利を侵害することになる。著作隣接権とは著作物の伝達に重要な役割を果たしている人の利益を保護する権利であり，実演家，レコード製作者，(　④　)などに認められている。著作者(作者など)には，それら著作物を保護するための権利「著作権」があり，日本国内の場合は創作した時から著作者の死後(　⑤　)年間保護される。

ア	共同著作物	イ	利用の許諾	ウ	頒布権
エ	YouTuber	オ	70	カ	公衆送信権
キ	氏名表示権	ク	視聴者	ケ	引用
コ	80	サ	放送事業者	シ	私的使用
ス	公表権	セ	譲渡	ソ	100

(☆☆☆◎◎◎◎)

【4】授業でアルトリコーダーの二重奏に取り組む。【条件】の(1)～(6)を全て満たした二重奏曲を創作しなさい。

【条件】

(1)　16小節で二部形式の曲であること。

(2)　拍子は任意とし，ト長調で作曲すること。

(3)　A1とA2のいずれにも主旋律を演奏する部分をつくること。

(4)　アルトリコーダーで演奏できる音域とし，調号や記譜等，楽譜が正確であること。

(5)　速度記号(または速度標語)及び強弱記号(変化を表す記号も可)を示すこと。また，フレーズに合ったブレスの位置を記号で示すこと。

(6)　高校入学直後の生徒を対象とした中学校3年生程度の難易度とし，曲としてのまとまりがあること。

(☆☆☆☆◎◎◎◎◎)

【中学校】

【1】中学校学習指導要領「第2章　各教科」「第5節　音楽」について，次の(1)・(2)の問いに答えなさい。

(1)　次の文は「第1　目標」である。(　a　)～(　h　)にあてはまる語句を書きなさい。ただし，同じ記号には同じ語句が入るものとする。

表現及び鑑賞の(　a　)活動を通して，音楽的な見方・考え方を働かせ，(　b　)の音や音楽，(　c　)と豊かに関わる資質・能力を次のとおり育成することを目指す。

(1)　曲想と音楽の構造や背景などとの関わり及び音楽の(　d　)について理解するとともに，(　e　)を生かした音楽表現をするために必要な技能を身に付けるようにする。

(2)　音楽表現を(　e　)することや，音楽のよさや美しさを味わって聴くことができるようにする。

(3)　音楽活動の楽しさを体験することを通して，音楽を(　f　)を育むとともに，音楽に対する(　g　)を豊かにし，音楽に(　h　)を養い，豊かな情操を培う。

(2)　次の文は，「第3　指導計画の作成と内容の取扱い」の一部である。(　a　)～(　g　)にあてはまる語句を書きなさい。ただし，同じ記号には同じ語句が入るものとする。

2　第2の内容の取扱いについては，次の事項に配慮するものとする。

(2)　各学年の「A表現」の(1)の歌唱の指導に当たっては，次のとおり取り扱うこと。

ア　歌唱教材は，次に示すものを取り扱うこと。

(ウ)　我が国で長く歌われ親しまれている歌曲のうち，我が国の自然や(　a　)の美しさを感じ取れるもの又は我が国の(　b　)や(　c　)のもつ美しさを味わえるもの。なお，各学年において，以下の共通教材の中から(　d　)曲以上を含めること。

「赤とんぼ」	三木露風作詞	山田耕筰作曲
「荒城の月」	土井晩翠作詞	滝廉太郎作曲
「早春賦」	吉丸一昌作詞	(　e　)作曲
「夏の思い出」	(　f　)作詞	中田喜直作曲

「花」	武島羽衣(たけしまはごろも)作詞	滝廉太郎(たきれんたろう)作曲
「花の街」	(　f　)作詞	團伊玖磨(だんいくま)作曲
「浜辺の歌」	林古溪(はやしこけい)作詞	(　g　)作曲

(☆☆◎◎◎◎◎)

【高等学校】

【1】高等学校学習指導要領「第2章　第7節　芸術　第2款　各科目」について，次の(1)・(2)の問いに答えなさい。

(1) 次の文は，「第1　音楽Ⅰ　1　目標」である。次の(　a　)～(　j　)にあてはまる語句を書きなさい。ただし，同じ記号には，同じ語句が入るものとする。

> 音楽の(　a　)活動を通して，音楽的な見方・考え方を働かせ，生活や社会の中の音や音楽，(　b　)と幅広く関わる資質・能力を次のとおり育成することを目指す。
>
> (1) 曲想と音楽の構造や文化的・歴史的背景などとの関わり及び音楽の(　c　)について理解するとともに，(　d　)を生かした音楽表現をするために必要な技能を身に付けるようにする。
>
> (2) (　e　)のイメージをもって音楽表現を(　d　)することや，音楽を(　f　)しながらよさや美しさを(　g　)味わって聴くことができるようにする。
>
> (3) 主体的・協働的に音楽の(　a　)活動に取り組み，生涯にわたり音楽を(　h　)を育むとともに，(　i　)を高め，(　b　)に親しみ，音楽によって生活や社会を明るく(　j　)にしていく態度を養う。

(2) 次の文は，「第1　音楽Ⅰ　3　内容の取扱い」の一部である。次の(　a　)～(　e　)にあてはまる語句を書きなさい。

> 3　内容の取扱い
> (10)　音楽活動を通して，それぞれの(　a　)に応じ，生徒が音や音楽と生活や社会との関わりを(　b　)できるよう指導を工夫する。なお，適宜，(　c　)や(　d　)などについても取り扱い，(　e　)への関心を高めることができるよう指導を工夫する。

(☆☆◎◎◎◎◎)

解答・解説

【中高共通】

【1】(1)　①　短10度(1オクターブと短3度)　②　短3度　③　長6度　④　完全8度　⑤　完全5度

(2)

(3)　E dim^{7}

(4)　(a)

(b)　オ　(5)　(転調前→転調後)　A　変ロ長(調)→変ホ長(調)　B　ハ長(調)→ヘ長(調)　C　ニ長(調)→ト短(調)　D　ヘ長(調)→変ロ長(調)　(6)　(a)　下属調　(b)　下属調から同主調　(7)　ドン・ジョヴァンニ(ドンジョバンニ，Don Giovanni)　(8)　(交響曲第)41(番)　(9)　イ，オ

〈解説〉(1) ① クラリネットはin B♭なので，実音は長2度低い。ファとラ♭で短10度である。 ② ファ♯とラで短3度である。ヴィオラの方が音が低いことに気をつけること。 ③ レ♭とシ♭で長6度である。 ④ ホルンはin E♭で実音は長6度低いので，ファとファで完全8度である。 ⑤ シ♭とファで完全5度である。 (2) この曲は変ロ長調で，ホルンはin E♭なので長6度高くハ長調で記譜されている。調号♭2つの変ロ長調に戻し，長6度下に書きかえる。 (3) 構成音はミ・ソ・シ♭・レ♭でEを根音とした減三和音＋短3度の減七の和音である。 (4) (a) メゾソプラノ譜表は，ハ音記号のドが第2線となる。 (b) このアリアの歌い出しはよく知られている。スコアを確認しておくこと。 (5) セカンドバイオリンの和音が調の判断材料になりやすい。Aは始まりの変ロ長調からラの♭が1つ加わって変ホ長調，Bはミに♮がついてハ長調から，根音がファになり，ラに♮がついてへ長調，Cはファに♯がつきレ・ファ♯・ラのニ長調から，ソ・シ♭・レのト短調，その後ミに♮がついていたへ長調からDで再びミにも♭がついてもとの変ロ長調に戻っている。 (6) (a) もとの調からみて転調した先の調が下属調にあたる。 (b) ニ長調から下属調のト長調の同主調であるト短調に転調している。 (7) この3作品はスコアをあわせて聴いておくこと。物語の内容と主なアリアを理解しておきたい。 (8) モーツァルトの三大交響曲は後期に作曲された，第39番，第40番，第41番「ジュピター」である。音源を確認しておくこと。 (9) 古典派は，18世紀中頃～19世紀始めの時代である。アはバロック，ウはロマン派，エはルネサンスの説明である。

【2】(1) ① イ ② ク ③ オ ④ キ ⑤ ケ ⑥ カ
(2) ① a ア b ケ c キ d ウ e エ f ク g カ h オ ② ブルー(・)ノート ③ テンション(・)コード ④ スウィング ⑤ アド(・)リブ

〈解説〉(1) ポピュラー音楽についてこの選択肢程度の説明はできるよう学習しておくこと。正答以外の選択肢について，アはリズム・アンド・ブルースで，1940年代にアメリカで確立した。ウは1960年代にジャズをベースに，西アフリカ音楽とアフロアメリカンの労働歌の融合によって誕生した。エはエレクトロニック・ダンス・ミュージックのことで，1970年代に電子音楽をもとに，ヨーロッパで生まれた。コは，1970年代のニューヨークで生まれた，MCのラップなどが含まれるリズミカルな音楽である。　(2)　①　ジャズだけでなく，ポピュラー音楽の歴史と成り立ち，特徴を整理して覚えること。　②　ブルーノートの「ブルー」は，西洋音楽の長音階に比べて，この下げられた音たちが陰鬱な感じに聞こえたためにつけられ，その後定着したといわれている。　③　9th，11th，13thなどのことである。　④　連続する2つの音を，最初の音を3連符で2つ分，次の音を1つほどに長さをずらして演奏する。　⑤　アドリブの演奏がジャズのアンサンブルの特徴である。

【3】①　カ　　②　ス　　③　キ　　④　サ　　⑤　オ

〈解説〉著作権法は2018年に改正された。音楽科には関わることが多いので，最新の情報を確認しておくこと。著作権の保護期間が，著作者の死後50年から70年に延長されたことは改正の大きなポイントである。

【4】解答略

〈解説〉与えられた6つの条件は1つにつき5点満点で採点される。16小節の曲はそれほど複雑にはできないのでシンプルに創作するのが良い2部形式など，生徒も演奏しやすいものにしたい。主旋律をそれぞれのパートに登場させなければならないので，まず主旋律を考え，A1とA2に振り分け，それにハーモニーや対旋律を足していくという方法も良いだろう。またアルトリコーダーに適した音域を必ず意識すること。

【中学校】

【1】(1) a 幅広い b 生活や社会の中 c 音楽文化 d 多様性 e 創意工夫 f 愛好する心情 g 感性 h 親しんでいく態度 (2) a 四季 b 文化 c 日本語 d 1 e 中田章(なかだあきら) f 江間章子(えましょうこ) g 成田為三(なりたためぞう)

〈解説〉(1) 中学校学習指導要領の教科の目標から文言の穴埋め記述式の問題である。目標は，教科の目標，学年の目標について違いを整理して文言は必ず覚えること。 (2) 指導計画の作成と内容の取扱いから，内容の取扱いについての配慮事項(2)の歌唱共通教材についての項目から出題された。中学校では，歌唱共通教材は各学年に1曲以上含めることとなっている。示された7曲は，作詞・作曲者名だけでなく，歌詞や旋律も書けるように教材研究を重ねておこう。

【高等学校】

【1】(1) a 幅広い b 音楽文化 c 多様性 d 創意工夫 e 自己 f 評価 g 自ら h 愛好する心情 i 感性 j 豊かなもの (2) a 教材等 b 実感 c 自然音 d 環境音 e 音環境

〈解説〉(1) 高等学校学習指導要領から，音楽Ⅰの目標について，語句の穴埋め記述式の問題である。目標は，教科の目標，学年の目標について違いを整理して文言は必ず覚えること。 (2) 音楽Ⅰの内容の取扱いは全部で11項目示されている。ここでは(10)から出題されたが，他の項目も確認しておくこと。

2023年度　実施問題

【中高共通】

【1】次の楽譜は，シューベルト作曲「交響曲第7番ロ短調　D759　第2楽章」の一部である。(記譜の無いパートは省略)。この楽譜を見て，(1)～(8)の問いに答えなさい。

(1)　①～⑤の音程を答えなさい。

(2)　⑥と⑦の各和音の種類(増三和音など)を答えなさい。

(3)　⑧のCorniの楽譜上に「＋」や「bouché」,「chiuso」などと表記されている場合の奏法を次のア～エの中から1つ選び，記号で答えなさい。

ア　flageolet　　イ　gestopft　　ウ　Gegensatz　　エ　Flatterzunge

(4)　aを調号を用いてアルト譜表に書き換えなさい。また，bを調号を用いて実音に書き換えなさい。

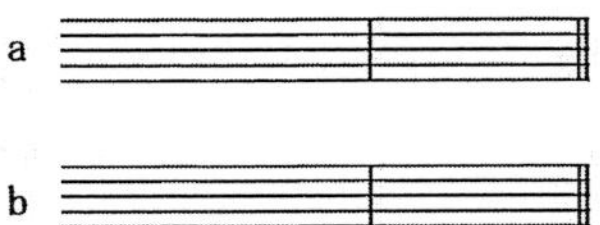

(5)　A～Cの調性を判定し，日本語で答えなさい。

(6)　次の(i)・(ii)について，(　　)に当てはまる関係調の種類(属調など)を答えなさい。

(i)　BはAに対して(　　)である。

(ii)　CはBに対して(　　)である。

(7)　シューベルトの連作歌曲集として適切なものをア～クの中から2つ選び，記号で答えなさい。

ア　詩人の恋　　イ　優しい歌

ウ　冬の旅　　エ　魔王

オ　亡き子をしのぶ歌　　カ　美しき水車小屋の娘

キ　糸を紡ぐグレートヒェン　　ク　女の愛と生涯

(8)　ロマン派の音楽の説明として適切なものをア～キの中から2つ選び，記号で答えなさい。

ア　オペラの序曲などから発展した交響曲，さまざまな器楽のためのソナタ，弦楽四重奏など，新たなジャンルが生まれた。

イ　オペラ・ブッファ，オペラ・セリアのほかに，ドイツ語圏ではセリフの入ったジングシュピールも現れた。

ウ　リストはベートーヴェンの交響曲を継承し，物語性を排した絶対音楽を主に追究した。

エ　文学や絵画などの結びつきを重視した標題音楽が盛んとなる。

オ　ヴァーグナーは音楽，台本，演出を融合させた交響詩を発表した。

カ　自国の民謡などを基に民族色豊かな音楽を作ることで，民族の心を表現しようとした作曲家たちを国民楽派と称した。スメタナ，パガニーニ，シベリウスなどが挙げられる。

キ「夜想曲」,「即興曲」,「舟歌」など，特定の気分や性質を想起させるような名をもつ，比較的小規模で自由な形式のピアノ曲が数多く作られた。

(☆☆☆◎◎◎◎◎)

【2】次の文を読み，(1)・(2)の問いに答えなさい。

民謡は労働や信仰，娯楽といった人々の生活の中から生まれ，(　①　)によって歌い継がれてきた音楽である。そのため，土地ごとに歌詞や旋律がさまざまに変化して歌われている。民謡の分け方にはいろいろあるが，歌う場所や目的によって，次のように分類されることが多い。

(a)　[　A　]…さまざまな労働作業から生まれた歌。木挽歌，茶摘み歌，牛追歌など。

(b)　[　B　]…正月や婚礼，新築などを祝う歌。長持歌，酒盛歌，正月歌など。

(c)　踊り歌…踊りを伴う歌。歌いながら踊る場合と，歌い手に合わせて踊る場合とがある。

(d)　[　C　]…酒宴を和やかにするための歌。

(e)　子守歌…子どもを眠らせるときの歌や，子守の大変さを歌った歌。

音階は，(　②　)，(　③　)，(　④　)，沖縄の4種類が用いられることが多い。また，リズムの特徴から(　⑤　)でメリスマが比較的少ない八木節様式と，(　⑥　)でメリスマが多い追分様式の2種に分類することができる。

一方，芸能の多くは季節や信仰と深く結び付いている。芸能は演じる内容などによって次のように分類されることがある。

(a) 神楽…神々を招いて一夜をともに過ごし，歌舞を奉納するもの。宮廷で行われるのは「(⑦)」，民間で行われるのは「(⑧)」という。

(b) [D]…稲作に関する芸能の総称。田植の際に行うもの，豊作を祈願するものなど。

(c) [E]…着飾った人々がおおぜい集まってにぎやかに行う芸能の総称。盆踊りなど。

(d) 語り物・祝福芸…語り物は(⑨)など，祝福芸は万歳など。

(e) 延年・おこない…延年は寺院で大法会の後に行う芸能の総称。おこないは年頭に行う五穀豊穣を祈願する祭り。

(f) 渡来芸・舞台芸…渡来芸は(⑩)や舞楽など，舞台芸は能，人形芝居，(⑪)など。

(g) その他…九州南端から沖縄県の芸能，アイヌの人々の芸能など。

(1) [A]～[E]にあてはまる最も適切な語句を，次のア～カからそれぞれ1つ選び，記号で答えなさい。

ア 田楽　イ 祝い歌　ウ 仕事歌　エ 座興歌
オ 風流　カ 口説

(2) (①)～(⑪)にあてはまる最も適切な語句を，次のア～サからそれぞれ1つ選び，記号で答えなさい。

ア 御神楽　イ 都節　ウ 浄瑠璃　エ 拍節的
オ 里神楽　カ 歌舞伎　キ 律　ク 無拍節的
ケ 口伝え　コ 獅子舞　サ 民謡

(☆☆◎◎◎◎)

【3】次の楽曲の一部分を実際の音として鳴らそうとするとき，以下に示す移調楽器ではどのように記譜するか，それぞれについて臨時記号を用いて，高音部譜表で答えなさい。

(☆◎◎◎)

【中学校】

【1】授業でア・カペラの混声三部合唱(ソプラノ，アルト，男声)に取り組む。次の詩を用い，【条件】の(1)～(6)を全て満たした無伴奏混声三部合唱曲を創作しなさい。ただし，歌詞は変更や省略をせず，全て用いること(言葉の繰り返しは可とする)。

空

空を見上げると
どこまでも続く
青い空

悲しみにしずんでる
私の心を包んでくれる

そんなやさしい

青い空 (生徒作品)

【条件】

(1) 2段の楽譜とし，高音部譜表上に女声パート(ソプラノとアルト)，低音部譜表上に男声パートを書くこと。また，歌詞をそれぞれのパートにふさわしい位置に書き入れること(のばす場合は音符の下に「－」を書くこと)。

(2) 16小節で創作し，少なくとも創作曲の半分以上は混声三部合唱とすること。また，中学校2，3年生程度の難易度とし，曲としてのまとまりがあること。

(3) 拍子，調は任意とするが，調号や記譜等，楽譜が正確であること。

(4) 1小節以上の転調を含み，終わりは原調へもどすこと。

(5) 和声的な禁則を含まないこと。

(6) 速度記号(または速度標語)及び強弱記号(変化を表す記号も可)を示すこと。

(☆☆☆☆☆◎◎◎◎◎)

【2】中学校学習指導要領「第2章　各教科」「第5節　音楽」について，次の(1)・(2)の問いに答えなさい。

(1) 次の文は「第2　各学年の目標及び内容」〔第2学年及び第3学年〕「1　目標」である。(　a　)～(　d　)にあてはまる語句を書きなさい。

> (1) 曲想と音楽の構造や背景などとの関わり及び音楽の多様性について理解するとともに，創意工夫を生かした音楽表現をするために必要な歌唱，器楽，創作の技能を身に付けるようにする。
>
> (2) (　a　)音楽表現を創意工夫することや，音楽を(　b　)しながらよさや美しさを味わって聴くことができるようにする。

(3)　主体的・(　c　)に表現及び鑑賞の学習に取り組み，音楽活動の楽しさを体験することを通して，(　d　)に親しむとともに，音楽によって生活を明るく豊かなものにし，音楽に親しんでいく態度を養う。

(2)　次の文は「第3　指導計画の作成と内容の取扱い」の一部である。(　a　)～(　k　)にあてはまる語句を書きなさい。

1　指導計画の作成に当たっては，次の事項に配慮するものとする。

(4)　第2の各学年の内容の「A表現」の(1)，(2)及び(3)並びに「B鑑賞」の(1)の指導については，それぞれ(　a　)のみに偏らないようにするとともに，必要に応じて，〔(　b　)〕を(　c　)として各領域や(　d　)の関連を図るようにすること。

2　第2の内容の取扱いについては，次の事項に配慮するものとする。

(4)　歌唱及び器楽の指導における合わせて歌ったり演奏したりする表現形態では，他者と共に一つの音楽表現を(　e　)を大切にするとともに，生徒一人一人が，担当する声部の役割と(　f　)について考え，主体的に創意工夫できるよう指導を工夫すること。

(7)　各学年の「A表現」の(3)の創作の指導に当たっては，(　g　)に音を出しながら音の(　h　)を試すなど，音を音楽へと(　i　)していく体験を重視すること。その際，(　j　)に偏らないようにするとともに，必要に応じて作品を(　k　)を工夫させること。

(☆◎◎◎◎◎)

【高等学校】

【1】授業でア・カペラの混声三部合唱(ソプラノ，アルト，男声)に取り組む。次の詩を用い，【条件】の(1)～(6)を全て満たした無伴奏混声三部合唱曲を創作しなさい。ただし，歌詞は変更や省略をせず，全て用いること(言葉の繰り返しは可とする)。

> 空
>
> 空を見上げると
> どこまでも続く
> 青い空
>
> 悲しみにしずんでる
> 私の心を包んでくれる
>
> そんなやさしい
> 青い空
>
> (生徒作品)

【条件】

(1) 2段の楽譜とし，高音部譜表上に女声パート(ソプラノとアルト)，低音部譜表上に男声パートを書くこと。また，歌詞をそれぞれのパートにふさわしい位置に書き入れること(のばす場合は音符の下に「−」を書くこと)。

(2) 16小節で創作し，少なくとも創作曲の半分以上は混声三部合唱とすること。また，高校入学直後の生徒を対象とした中学校3年生程度の難易度とし，曲としてのまとまりがあること。

(3) 拍子，調は任意とするが，調号や記譜等，楽譜が正確であること。

(4) 1小節以上の転調を含み，終わりは原調へもどすこと。

(5) 和声的な禁則を含まないこと。

(6)　速度記号(または速度標語)及び強弱記号(変化を表す記号も可)を示すこと。

(☆☆☆☆☆◎◎◎◎◎)

【2】高等学校学習指導要領「第2章　第7節　芸術　第2款　各科目」について，次の(1)・(2)の問いに答えなさい。

(1)　次の文は，「第1　音楽Ⅰ　2　内容」の一部である。次の(　a　)～(　k　)にあてはまる語句を書きなさい。ただし，同じ記号には，同じ語句が入るものとする。

A　表現

表現に関する資質・能力を次のとおり育成する。

(2)　器楽

器楽に関する次の事項を身に付けることができるよう指導する。

ア　器楽表現に関わる知識や技能を得たり生かしたりしながら，(　a　)をもって器楽表現を創意工夫すること。

イ　次の(ア)から(ウ)までについて理解すること。

(ア)　曲想と(　b　)や文化的・(　c　)との関わり

(イ)　曲想と(　d　)や(　e　)との関わり

(ウ)　様々な(　f　)による器楽表現の特徴

ウ　創意工夫を生かした器楽表現をするために必要な，次の(ア)から(ウ)までの技能を身に付けること。

(ア)　曲にふさわしい奏法，(　g　)などの技能

(イ)　(　h　)を意識して演奏する技能

(ウ)　(　f　)の特徴を生かして演奏する技能

〔共通事項〕

表現及び鑑賞の学習において共通に必要となる資質・能力を次のとおり育成する。

(1) 「A表現」及び「B鑑賞」の指導を通して，次の事項を身に付けることができるよう指導する。
ア　音楽を形づくっている要素や(i)を知覚し，それらの働きを(j)しながら，知覚したことと(j)したこととの関わりについて考えること。
イ　音楽を形づくっている要素及び音楽に関する用語や(k)などについて，音楽における働きと関わらせて理解すること。

(2) 次の文は，「第1　音楽Ⅰ　3　内容の取扱い」の一部である。次の(a)～(d)にあてはまる語句を書きなさい。

3　内容の取扱い
(7) 内容の「A表現」の(3)〔創作〕の指導に当たっては，(a)に音を出しながら音の(b)を試すなど，音を音楽へと(c)することを重視するとともに，作品を(d)を工夫させるものとする。

(☆◎◎◎◎◎)

解答・解説

【中高共通】

【1】(1)　①　完全5度　②　増4度　③　長3度　④　完全1度
⑤　短6度　(2)　⑥　長三和音　⑦　属七の和音　(3)　イ

(4)

a

b

(5)　A　ホ長調　B　ホ短調　C　ト長調　(6)　(i)　同主調
(ii)　平行調　(7)　ウ，カ　(8)　エ，キ

〈解説〉(1)　①は実音シとファ♯で完全5度，②はラとレ♯で増4度，③はドと実音ミで長3度，④はシと実音シで完全1度，⑤はミとドで短6度である。移調楽器の実音を正しく読み取ること。　(2)　⑥の構成音はソ♯・シ♯・レ♯で長3度＋短3度の長三和音，⑦の構成音はシ・レ♯・ファ♯・ラで，長三和音＋短3度で属七の和音である。

(3)　Corniはホルンで，ゲシュトップ奏法は右手でベルを塞いでミュートをかけた演奏である。　(4)　アルト譜表は，ハ音記号が第3線の上にくる。ここが一点ハ音なので，音の高さに気をつけて解答すること。クラリネットA管は，実音が記譜音より短3度低いので，ホ長調で書き換える。　(5)　A　2楽章は，ホ長調より始まる。和音構成もミ・ソ♯・シでホ長調。　B　構成音がミ・ソ・シでソが♮になり，ホ短調。　C　ソ・シ・レでホ短調の平行調であるト長調である。

(6)　近親調の関係は，必ず理解しておくこと。　(7)　ドイツリートの問題は頻出である。シューベルトの3つの歌曲集，シューマンの歌曲集については，曲名も学習しておくこと。　(8)　それぞれの時代と特徴と，キーワードとなる音楽の概念を表す用語，代表的な作曲家と曲を整理して学習すること。正答以外の選択肢について，アとイは古典派の説明である。ウは標題音楽のリストではなく，絶対音楽を表現し

たブラームスの説明である。オのヴァーグナーが発表したのは，交響詩ではなく楽劇である。カの国民楽派にパガニーニは含まれない。

【2】(1) A ウ　B イ　C エ　D ア　E オ
(2) ① ケ　② イ　③ キ　④ サ　⑤ エ　⑥ ク
⑦ ア　⑧ オ　⑨ ウ　⑩ コ　⑪ カ

〈解説〉(1) 教科書に掲載されている民謡の分類は理解しておくこと。民謡は，旋律と地域，音階，様式，使用楽器など整理してセットで覚えておきたい。 (2) 日本の音階4つは楽譜にも書けるようにしておきたい。追分様式と八木節様式の問題は頻出なので，必ず学習しておくこと。各地の芸能について，歴史と流れを理解しておきたい。

【3】

〈解説〉(1) クラリネットB♭管は，実音が記譜音より短2度低いので，長2度高く記譜する。 (2) ホルンF管は，実音が記譜音より完全5度低いので，完全5度高く記譜する。 (3) アルトサクソフォンE♭管は実音が記譜音より長6度低いので，長6度高く記譜する。

【中学校】

【1】解答略

〈解説〉徳島県では作曲の問題が毎年出題される。過去問で傾向をみて，様々な条件で練習を重ねること。条件に気をつけることと，時間をかけずに解答できるように意識して取り組みたい。ここで気をつけることは，学年にあわせた難易度と各声部の音域，また転調を含むことである。

【2】(1)　a　曲にふさわしい　　b　評価　　c　協働的　　d　音楽文化　　(2)　a　特定の活動　　b　共通事項　　c　要　　d　分野　　e　つくる過程　　f　全体の響き　　g　即興的　　h　つながり方　　i　構成　　j　理論　　k　記録する方法

〈解説〉(1)　中学校学習指導要領の第2学年及び第3学年の目標に関する問題である。目標については，教科，学年ごとの違いを整理して文言は必ず覚えること。　(2)　指導計画の作成と内容の取扱いから，指導計画の作成に当たっての配慮事項の(4)，内容の取扱いに関する配慮事項の(4)と(7)から出題された。指導計画の作成に関する配慮事項は全部で6項目，内容の取扱いについての配慮事項は10項目あり，いずれも授業に直結する具体的で重要な内容なので，文言を覚えるだけでなく，深い理解が必要である。

【高等学校】

【1】解答略

〈解説〉徳島県では作曲の問題が毎年出題される。過去問で傾向をみて，様々な条件で練習を重ねること。条件に気をつけることと，時間をかけずに解答できるように意識して取り組みたい。ここで気をつけることは，難易度と各声部の音域，また転調を含むことである。

【2】(1)　a　自己のイメージ　　b　音楽の構造　　c　歴史的背景　　d　楽器の音色　　e　奏法　　f　表現形態　　g　身体の使い方　　h　他者との調和　　i　要素同士の関連　　j　感受　　k　記号　　(2)　a　即興的　　b　つながり方　　c　構成　　d　記録する方法

〈解説〉(1)　学習指導要領について，音楽ⅠのA表現から器楽の内容に関する出題である。A表現の歌唱，創作，B鑑賞について，また他学年の違いを整理して学習しておくこと。　(2)　学習指導要領の内容の取扱いから出題された。ここでは(7)から出題されたが，全部で11項目あげられている。いずれも具体的な内容なので理解を深めておきたい。

2022年度　実施問題

【中高共通】

【1】次の楽譜は，J.Brahms 作曲Ballade(「6 Klavierstücke, Op.118-3」)の冒頭部分である。この楽譜を見て，(1)～(6)の問いに答えなさい。

(1)　①～⑤の音程を答えなさい。

(2)　①～⑤の転回音程を，指定された音の上方につくり，全音符で書きなさい。

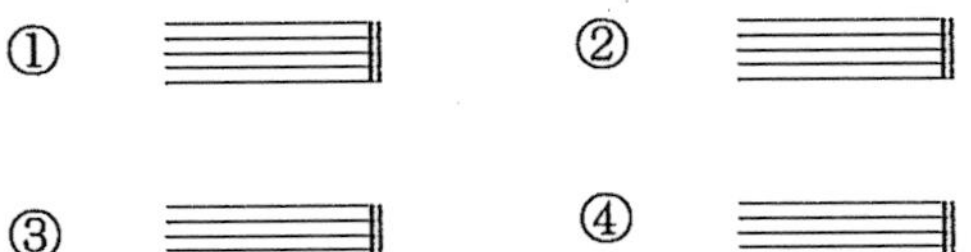

⑤

(3)　a～dの各和音の種類(短三和音など)を答えなさい。

(4)　次の(ア)・(イ)に指示された音階を，調号を用いて指定された譜表上に書きなさい。ただし，短調は和声的短音階とすること。

(ア)　aの和音を含んでいる長調の属調の平行調(高音部譜表)

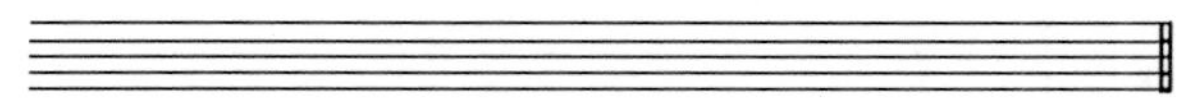

(イ)　bの和音をⅡの和音とする調の平行調(テノール譜表)

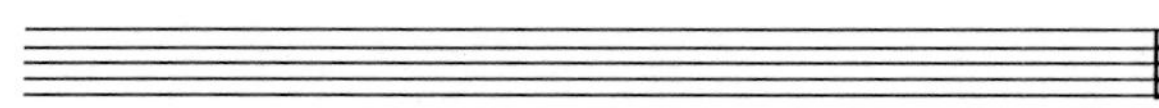

(5)　Aの部分の調性を判定し，日本語で答えなさい。

(6)　J.Brahmsの説明として，最も適切なものをア～エから選び，記号で答えなさい。

ア　ハンガリーに生まれたピアノのヴィルトゥオーソ。交響詩の創始者でもある。

イ　音楽，文学，哲学，演劇，美術，舞踊の統合を図り，総合芸術としての楽劇を完成した。

ウ　ソナタ形式による絶対音楽に優れた作品を多く残し，ウィーン古典派の基礎を築いた。

エ　作風はロマン派の中にありながら絶対音楽の枠組みを守り続けた。

(☆☆◎◎◎◎◎)

【2】次の文を読み，(1)～(5)の問いに答えなさい。

近世の尺八は(　①　)宗の法器として発展した。(　②　)の一人，(　③　)が各地に伝承する曲を整理し，芸術音楽としての尺八音楽が始まった。また，明治時代には(　④　)が新曲を次々に創作した。尺八のために作られた曲を(　⑤　)といい，「(　⑥　)」や「(　⑦　)」という曲が親しまれている。

都山流の歌口は(　⑧　)に切られていて，一尺八寸管で三・四・五孔をふさぐと(　⑨　)の音が出るが，唱歌では(　⑩　)と歌う。また，顎を突き出して音を上げる技法を(　⑪　)という。

尺八は，現在では独奏や重奏，(a)三曲合奏等のほか，(b)民謡の伴奏にも用いられている。

(1)　(　①　)～(　⑪　)にあてはまる最も適切な語句を，次のア～タからそれぞれ1つ選び，記号で答えなさい。

ア　本曲　　　　イ　内側斜め　　　ウ　黒沢琴古
エ　カリ　　　　オ　曹洞　　　　　カ　ソ
キ　千鳥の曲　　ク　初世中尾都山　ケ　巣鶴鈴慕
コ　虚無僧　　　サ　外曲　　　　　シ　鹿の遠音
ス　外側斜め　　セ　普化　　　　　ソ　レ
タ　メリ

(2)　下線部(a)に用いられる尺八以外の楽器を2つ書きなさい。

(3)　下線部(b)について，はっきりとした拍節がなく，歌詞の1音節を長く伸ばす旋律が多い民謡の様式を書きなさい。

(4)　1967年に尺八・琵琶・管弦楽のために作曲された楽曲名と作曲者名を書きなさい。

(5)　尺八の甲音の吹き方について説明しなさい。

(☆☆☆◎◎◎◎)

【3】楽曲の形式や舞曲などに関する(1)～(5)の文を読み，それぞれにあてはまる最も適切な名称を書きなさい。

(1)「触れる」というイタリア語に由来。急速なパッセージと華やかな性格を特徴とする鍵盤楽器のための楽曲。

(2)「冗談」というイタリア語に由来。一般的にテンポの速い快活な3拍子で，中間にトリオをはさむ三部形式の楽曲。

(3)　ショパンがつくった，ポーランドの民族舞曲のリズム的要素を巧妙に組み合わせた新しいピアノ音楽の領域。弱拍にアクセントがおかれる特徴的なリズムをもつ。

(4)　対位法の重要な形式の1つ。「逃走」というイタリア語に由来。1つの主題が調を変えて，いろいろな声部に追いかけるように現れる。

(5)　「ドイツの」という意味のフランス語に由来。弱起(アウフタクト)で始まるゆるやかな宮廷舞曲。

(☆☆◎◎◎◎)

【4】授業でボディーパーカッションの三重奏に取り組む。次の【記譜例】に従って，ボディーパーカッションの三重奏を創作しなさい。ただし，【条件】の(1)～(6)を満たしていること。

【記譜例】

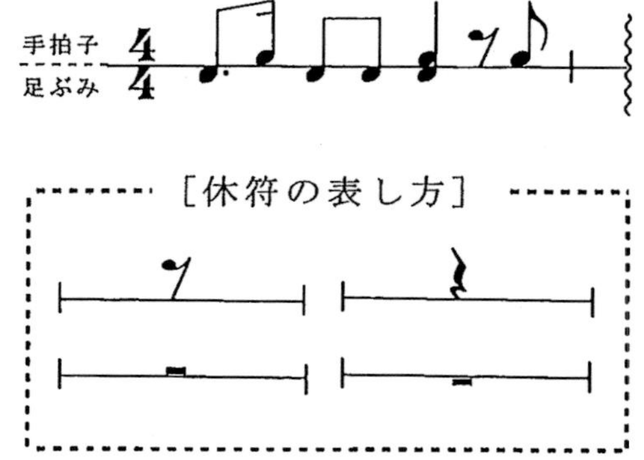

【条件】

(1)　4分の4拍子，16小節とすること。その際，拍子をA～Cそれぞれのパートの楽譜に書き入れ，楽譜を正確に書くこと。

(2)　【記譜例】を参考にして，手拍子，足ぶみの2種類と，必要に応じ，休符を使うこと。休符を表す位置については[休符の表し方]を参考にして記すこと。

(3)　パートAは1小節目から始め，パートBは最初の1小節を休んで2小節目から，パートCは最初の2小節を休んで3小節目から始めることとし，全体に三重奏としてのまとまりがあること。

(4)　パートA～Cそれぞれに，「掛け合いの部分」及び4拍以上「同じリズムを同時にたたく部分」を一か所以上つくること。

(5)　A～Cいずれかのパートに，[　　]の①～④のリズムを，指定した回数，使用すること。

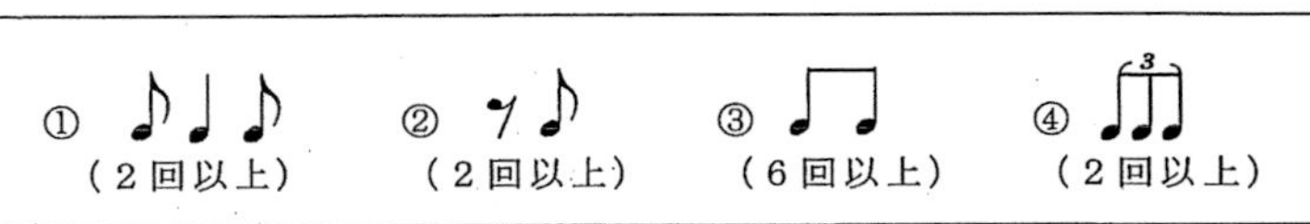

(6)　速度記号(または速度標語)及び強弱記号(変化を表す記号も可)を示すこと。

(☆☆☆☆◎◎◎◎◎)

【中学校】

【１】中学校学習指導要領「第2章　各教科」「第5節　音楽」について，次の(1)・(2)の問いに答えなさい。

(1)　次の文は「第2　各学年の目標及び内容」〔第1学年〕「2　内容」の一部である。(　a　)～(　h　)にあてはまる語句を書きなさい。(同じ記号には，同じ語句がはいるものとする。)

> A　表現
>
> (2)　器楽の活動を通して，次の事項を身に付けることができるよう指導する。
>
> ア　器楽表現に関わる知識や技能を得たり生かしたりしながら，器楽表現を創意工夫すること。
>
> イ　次の(ア)及び(イ)について理解すること。
>
> (ア)　(　a　)と(　b　)との関わり
>
> (イ)　(　c　)や響きと(　d　)との関わり
>
> ウ　次の(ア)及び(イ)の技能を身に付けること。
>
> (ア)　創意工夫を生かした表現で演奏するために必要な(　d　)，(　e　)などの技能
>
> (イ)　創意工夫を生かし，(　f　)や(　g　)などを聴きながら(　h　)演奏する技能

(2)　次の文は「第3　指導計画の作成と内容の取扱い」の一部である。(　a　)～(　g　)にあてはまる語句を書きなさい。

> 2　第2の内容の取扱いについては，次の事項に配慮するものとする。
> (1)　各学年の「A表現」及び「B鑑賞」の指導に当たっては，次のとおり取り扱うこと。
> ア　音楽活動を通して，それぞれの教材等に応じ，音や音楽が(　a　)を考えさせるなどして，生徒が音や音楽と生活や社会との関わりを実感できるよう指導を工夫すること。なお，適宜，(　b　)や(　c　)などについても取り扱い，(　d　)への関心を高めることができるよう指導を工夫すること。
> カ　自己や他者の著作物及びそれらの(　e　)を尊重する態度の形成を図るとともに，必要に応じて，音楽に関する(　f　)について触れるようにすること。また，こうした態度の形成が，(　g　)，発展，創造を支えていることへの理解につながるよう配慮すること。

(☆☆◎◎◎◎◎)

【高等学校】

【1】高等学校学習指導要領「第2章　第7節　芸術　第2款　各科目」について，次の(1)・(2)の問いに答えなさい。

(1)　次の文は，「第1　音楽Ⅰ　2　内容」の一部である。次の(　a　)～(　i　)にあてはまる語句を書きなさい。

> A　表現
> 表現に関する資質・能力を次のとおり育成する。
> (1)　歌唱
> 歌唱に関する次の事項を身に付けることができるよう指導する。

ア　歌唱表現に関わる(　a　)や(　b　)を得たり生かしたりしながら，(　c　)をもって歌唱表現を創意工夫すること。
イ　次の(ア)から(ウ)までについて理解すること。
(ア)　曲想と(　d　)や(　e　)，(　f　)との関わり
(イ)　(　g　)と曲種に応じた発声との関わり
(ウ)　様々な(　h　)による歌唱表現の特徴
ウ　創意工夫を生かした歌唱表現をするために必要な，次の(ア)から(ウ)までの技能を身に付けること。
(ア)　曲にふさわしい発声，言葉の発音，身体の使い方などの技能
(イ)　(　i　)を意識して歌う技能
(ウ)　表現形態の特徴を生かして歌う技能

(2)　次の文は，「第1　音楽Ⅰ　3　内容の取扱い」の一部である。次の(　a　)～(　f　)にあてはまる語句を書きなさい。

3　内容の取扱い
(9)　内容の「A表現」及び「B鑑賞」の教材については，学校や地域の実態等を考慮し，我が国や(　a　)を含む我が国及び諸外国の様々な音楽から(　b　)ようにする。また，「B鑑賞」の教材については，(　c　)の音楽を含めて扱うようにする。
(11)　自己や他者の著作物及びそれらの(　d　)を尊重する態度の形成を図るとともに，必要に応じて，音楽に関する(　e　)について触れるようにする。また，こうした態度の形成が，(　f　)，発展，創造を支えていることへの理解につながるよう配慮する。

(☆☆◎◎◎◎◎)

解答・解説

【中高共通】

【1】(1)　①　短6度　②　短3度　③　減5度　④　増4度
⑤　短3度

(2)

①　②

③　④

⑤

(3)　a　属七の和音　b　減三和音　c　増三和音　d　長三和音

(4)

(ア)

(イ)

(5)　ト長調　(6)　エ

〈解説〉(1)　①　ファ♯とレで短6度。　②　ドとミ♭で短3度。　③　シ♮とファで減5度。　④　右手のト音記号のラ♭の方が音高が低く，ラ♭とレなので増4度。　⑤　同じく下からシ♭とレ♭で短3度。　(2)　それぞれの転回音程を書き留めてから記譜するとよい。音程問題は難易度が高くないので，時間をかけずに解答したい。　(3)　a　構成音はレ・ファ♯・ラ・ドで属七の和音である。四和音について，属七，減七，長七，短七，導七，増七など構成を理解しておくこと。　b　構成音はミ・ソ・シ♭で短3度＋短3度の減三和音である。　c　構成音はミ♭・ソ・シ♭で長3度＋長3度の増三和音である。　d　構成音はレ・ファ♯・ラで長3度＋短3度の長三和音である。　(4)　(ア)　a

が属七の和音ということはレを属音にもつ調で，ファに♯がついているので長音階でト長調である。ト長調の属調はニ長調，その平行調はロ短調である。和声短音階と指示があるので気をつけること。
(イ)　bがⅡの和音となる調はbが減三和音であることから短調と判断でき，ニ短調で，その平行調はヘ長調である。　(5)　調号♭2つのト短調である。ミの♮，ファの♯は導音上がりと考えられる。　(6)　正答以外の選択肢について，アはリスト，イはワーグナー，ウはハイドンの説明である。

【2】(1)　①　セ　②　コ　③　ウ　④　ク　⑤　ア
⑥　ケ　⑦　シ　⑧　ス　⑨　カ　⑩　ソ　⑪　エ
(2)　地歌三味線，箏　(3)　追分様式　(4)　楽曲名…ノヴェンバー・ステップス　作曲者名…武満徹　(5)　息を鋭く吹く
〈解説〉(1)　尺八の歴史や代表曲等に関する説明文である。いずれも基本的な事項であるので，覚えておくこと。尺八以外の日本の芸能についても，この程度の知識は必要である。　(2)　三曲合奏は，元々尺八ではなく胡弓が用いられていたが，江戸時代頃から尺八にとってかわられる場合が多くなった。尺八や箏曲，地歌の曲が多い。地歌以外の三味線音楽では，三曲合奏はほとんど使われない。　(3)　はっきりとした拍節をもつものを八木節様式という。頻出問題なので確認しておくこと。　(4)　ノヴェンバー・ステップスは教科書にも掲載されているので，スコアと音源を確認しておきたい。　(5)　乙音の1オクターブ上が甲音である。

【3】(1)　トッカータ　(2)　スケルツォ　(3)　マズルカ　(4)　フーガ　(5)　アルマンド
〈解説〉(1)　イタリア語で「触れる」という意味のtoccareに由来する。曲を弾く前に，調律や楽器に異常がないかを調べるために，音階やアルペジオなどを様々な音域で試し弾き，技巧的な指慣らしをして「触って」確かめたことに由来する。　(2)　イタリア語で「冗談」という

意味のscherzareに由来する。スケルツォの多くは，舞曲であるメヌエットの発展形であり，音楽的な観点から自由度が高い様式である。
(3)　マズルカとは，4分の3拍子を基本とする特徴的なリズムを持つポーランドの民族舞曲およびその様式である。ポロネーズについても確認しておきたい。　(4)　フーガは遁走曲ともいい，主題がほかの声部によって模倣反復されていく様式である。J.S.バッハにより芸術的に高められた。　(5)　古典組曲に用いられることが多い。古典組曲の形式について学習しておくこと。アルマンド，クーラント，サラバンド，ジーグの順に4つの舞曲を配列し，メヌエット，ガボット等挿入されることもある。

【4】解答例

〈解説〉全ての条件を満たしているか，よく注意し創作すること。パートごとの開始位置の指定があったため，解答例ではカノンのように追いかける形をとっている。また，区切りである4小節ごとの区切りごとにリズムを揃えることで，全体のまとまりを出した。ただし，12小節目のAパートについては，次の盛り上がりを暗示させるため，8分音符を入れている。速度は，遅く設定すると全体像を捉えるのが難しくなりすぎるが，3連符を無理なく演奏できるよう指示したい。徳島県では作曲の問題は毎年必ず出題されるので，過去問で傾向を見て，練習を重ねよう。時間をかけすぎずに作曲できるようにしておきたい。

【中学校】

【1】(1)　a　曲想　　b　音楽の構造　　c　楽器の音色　　d　奏法　　e　身体の使い方　　f　全体の響き　　g　各声部の音　　h　他者と合わせて　　(2)　a　生活に果たす役割　　b　自然音　　c　環境音　　d　音環境　　e　著作者の創造性　　f　知的財産権　　g　音楽文化の継承

〈解説〉中学校学習指導要領に関する記述式の語句穴埋め問題である。「内容」についてはA表現の器楽からであったが，歌唱，創作，B鑑賞についても確認し，学年ごとに整理して，文言は必ず覚えておくこと。「指導計画の作成と内容の取扱い」については，内容の取扱いについての項目(1)についての出題であった。この事項は(1)～(10)まで10項目あるので確認しておくこと。授業に直結する具体的で重要な部分なので，文言を覚えるのはもちろん，内容について深い理解が必要である。また指導計画の作成に当たっての配慮事項は(1)～(6)まで6項目あるので同様に学習しておくこと。

【高等学校】

【1】(1)　a　知識　　b　技能　　c　自己のイメージ　　d　音楽の構造　　e　歌詞　　f　文化的・歴史的背景　　g　言葉の特性　　h　表現形態　　i　他者との調和　　(2)　a　郷土の伝統音楽　　b　幅広く扱う　　c　アジア地域の諸民族　　d　著作者の創造性　　e　知的財産権　　f　音楽文化の継承

〈解説〉高等学校学習指導要領の記述式の語句穴埋め問題である。「内容」についてはA表現の歌唱からであったが，器楽，創作，B鑑賞についても確認し，学年ごとに整理して，文言は必ず覚えておくこと。「内容の取扱い」については，高校Ⅰでは一番多く11項目示されている。すべての項目について，文言を覚えるだけでなく，学年ごとの比較もしながら理解すること。

2021年度　実施問題

【中高共通】

【1】次の楽譜を見て，(1)～(7)の問いに答えなさい。

(1)　この楽曲の作曲者名，作曲者の国籍を書きなさい。また，次の文の(　a　)～(　c　)にあてはまる最も適切な語句を書きなさい。

> この楽曲の曲名は，冒頭の歌詞から「(　a　)」と呼ばれている。このように呼ばれる楽曲はたくさんあるが，その中でも，J. S. バッハ作曲「平均律クラヴィーア曲集」より「前奏曲第1番」を伴奏にして，作曲家の(　b　)が歌曲を作曲したものや，P. マスカーニ作曲の歌劇「(　c　)」の「間奏曲」のメロディーにP. マッツォーニが歌詞を付けたものなどがよく演奏されている。

(2)　①～⑥の伴奏部分の和音を，コードネームで答えなさい。

(3)　この伴奏の右手の奏法を何というか，答えなさい。

(4)　この楽曲の演奏速度に最もふさわしいものはどれか，次のア～エから1つ選び，記号で答えなさい。

ア　♩=120　　イ　♩=80　　ウ　♩=60　　エ　♩=40

(5)　この楽曲の調の，①平行調と，②下属調の増2度上の調の音階を，それぞれ調号を用いて高音部譜表に全音符で書きなさい。

ただし，短調の場合は旋律的短音階とすること。

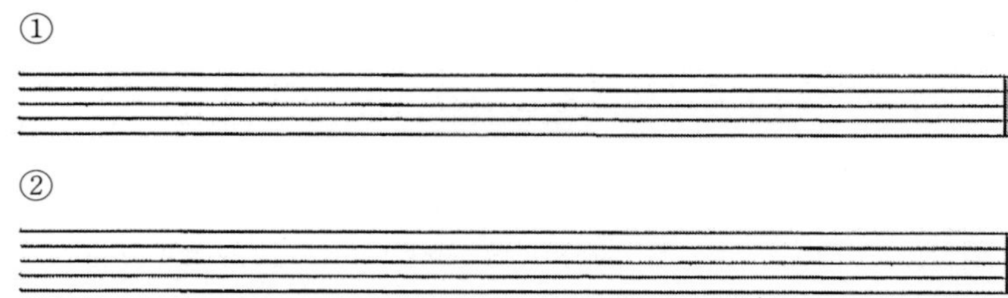

(6)　この楽曲の主音を第3音として，①長三和音，②短三和音，③増三和音，④減三和音を，それぞれ臨時記号を用いてアルト譜表に全音符で書きなさい。

(7)　この楽曲の歌の部分の旋律を，B♭クラリネットで演奏するために，調号を用いて楽譜を書き直しなさい。

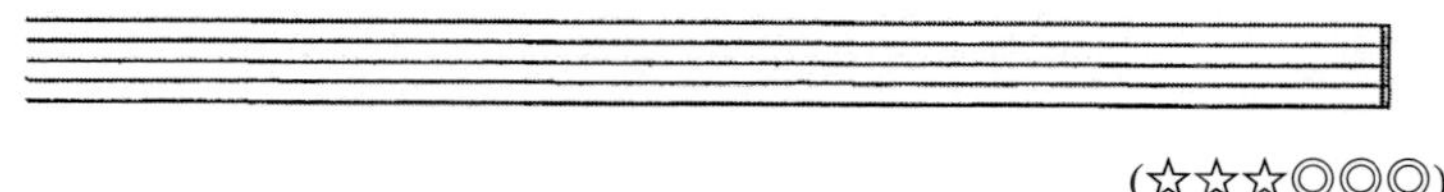

(☆☆☆◎◎◎)

【2】次の2つの文を読み，(1)～(3)の問いに答えなさい。

○中世の時代には教会の礼拝で用いられる音楽が整備され，こうした音楽は教会制度の確立に貢献した教皇の名前にちなんで(　①　)と呼ばれた。(　①　)は単旋律の音楽で，歌詞は(　②　)で書かれている。また，(a)<u>音の高さは示されているが，音の長さについては不明確な古い記譜法</u>が用いられている。もともとは単旋律で歌われていたが，(b)<u>新しい声部が加えられて歌われる</u>ようになり，後の多声音楽の原点となった。

○日本音楽には横笛の種類が数多くあり，雅楽だけでも，唐楽で用いられる(　③　)の他，高麗楽などで用いられる(　④　)，国風歌舞で用いられる(　⑤　)の3種類がある。沖縄の組踊では，「ファンソー」という中国の(　⑥　)が伝来したとされる横笛が用いられる。

(1)　(　①　)～(　⑥　)にあてはまる最も適切な語句を，次のア～セからそれぞれ1つ選び，記号で答えなさい。(同じ番号には，同じ語句が入るものとする。)

ア　イタリア語	イ　明笛	ウ　モサラベ聖歌
エ　ラテン語	オ　神楽笛	カ　フランス語
キ　篠笛	ク　グレゴリオ聖歌	ケ　スペイン語
コ　竜笛	サ　ガリア聖歌	シ　アンブロジオ聖歌
ス　高麗笛	セ　パレストリーナ	

(2)　下線部(a)の記譜法を何というか，書きなさい。

(3)　下線部(b)について，このことを何というか，書きなさい。

(☆☆☆☆◎◎◎)

【3】楽器の名称や分類について，(1)・(2)の問いに答えなさい。

(1)　次の(a)～(j)は，日本で何とよばれる楽器か，下のア～チからそれぞれ1つ選び，記号で答えなさい。

(a)　arpa(伊)	(b)　Posaune(独)	(c)　tromba(伊)
(d)　gran cassa(伊)	(e)　piatti(伊)	(f)　tam-tam(伊)
(g)　Pauken(独)	(h)　ottavino(伊)	(i)　corno(伊)
(j)　campanelli(伊)		

ア　ティンパニ	イ　トランペット	ウ　小太鼓
エ　トロンボーン	オ　チャイム	カ　木琴
キ　シンバル	ク　大太鼓	ケ　ホルン
コ　ピッコロ	サ　鉄琴	シ　銅鑼
ス　コルネット	セ　ハープ	ソ　フルート
タ　オーボエ	チ　サクソフォーン	

(2)　次の文の(　①　)・(　②　)にあてはまる，最も適切な語句を書きなさい。

あらゆる楽器は，音がつくり出される仕組みの違いによって，大きく4つに分類することができる(電子楽器は除く)。トライアングルは体鳴楽器にあたるが，ウードやセタールは(　①　)にあたる。また，空気の振動によって音がつくり出される楽器は(　②　)に分類される。

(☆☆☆☆◎◎◎)

【４】アルトリコーダーで演奏する器楽曲を作曲しなさい。ただし，次の(1)～(10)の条件を満たしていること。

【条件】

(1)　16小節で二部形式の曲であること。

(2)　弱起の曲であること。

(3)　Cを基準の音とした沖縄音階を使って作曲すること。ただし，曲の後半(9小節目以降)で沖縄音階に含まれない音を3～6回入れること。

(4)　この曲の旋律にふさわしい和音を，旋律の上部にコードネームで表記すること。ただし，4種類以上のコードを使用すること。

(5)　拍子は任意とするが，拍子記号で示し，楽譜を正確に書くこと。

(6)　アルトリコーダーの実際に出る音(実音)が，楽譜に書かれた音より1オクターヴ高いことを表す記号を楽譜の適切な位置に示し，それに従って記譜をすること。

(7)　速度記号か速度標語を示すこと。

(8)　強弱記号(変化を表す記号も可)を楽譜中に3か所以上示すこと。

(9)　中学2，3年生がアルトリコーダーで演奏することを前提として，音域を考慮して作曲すること。

(10)　フレーズに合ったブレスの位置を記号で示すこと。

(☆☆☆☆☆◎◎◎◎◎)

【中学校】

【1】中学校学習指導要領「第2章　各教科」「第5節　音楽」について，次の(1)・(2)の問いに答えなさい。

(1)　次の文は「第2　各学年の目標及び内容」〔第2学年及び第3学年〕「2　内容」の一部である。(a)～(h)にあてはまる語句を書きなさい。(同じ記号には同じ語句が入るものとする。)

> A　表現
> (1)　歌唱の活動を通して，次の事項を身に付けることができるよう指導する。
> ア　歌唱表現に関わる知識や技能を得たり生かしたりしながら，曲に(a)歌唱表現を創意工夫すること。
> イ　次の(ア)及び(イ)について(b)すること。
> (ア)　(c)と音楽の構造や歌詞の内容及び(d)との関わり
> (イ)　声の音色や響き及び(e)と曲種に応じた(f)との関わり
> ウ　次の(ア)及び(イ)の技能を身に付けること。
> (ア)　創意工夫を生かした表現で歌うために必要な(f)，言葉の発音，身体の使い方などの技能
> (イ)　創意工夫を生かし，全体の響きや(g)などを聴きながら(h)と合わせて歌う技能

(2)　次の文は「第3　指導計画の作成と内容の取扱い」の一部である。(a)～(g)にあてはまる語句を書きなさい。

1　指導計画の作成に当たっては，次の事項に配慮するものとする。

(5)　障害のある生徒などについては，学習活動を行う場合に生じる(　a　)に応じた指導内容や指導方法の工夫を計画的，(　b　)に行うこと。

2　第2の内容の取扱いについては，次の事項に配慮するものとする。

(1)　各学年の「A表現」及び「B鑑賞」の指導に当たっては，次のとおり取り扱うこと。

エ　生徒が様々な(　c　)を関連付けて音楽への理解を深めたり，主体的に学習に取り組んだりすることができるようにするため，コンピュータや教育機器を(　d　)に活用できるよう(　e　)すること。

(9)　各学年の〔共通事項〕に示す「音楽を形づくっている要素」については，指導のねらいに応じて，音色，リズム，速度，旋律，テクスチュア，強弱，(　f　)，構成などから，適切に選択したり(　g　)して指導すること。

(☆☆◎◎◎◎◎)

【高等学校】

【1】高等学校学習指導要領「第2章　第7節　芸術　第2款　各科目」について，次の(1)・(2)の問いに答えなさい。

(1)　次の文は，「第1　音楽Ⅰ　2　内容」の一部である。次の(　a　)～(　g　)にあてはまる語句を書きなさい。

> B　鑑　賞
>
> 鑑賞に関する資質・能力を次のとおり育成する。
>
> (1)　鑑賞
>
> 鑑賞に関する次の事項を身に付けることができるよう指導する。
>
> ア　鑑賞に関わる知識を得たり生かしたりしながら，次の(ア)から(ウ)までについて考え，音楽のよさや美しさを自ら味わって聴くこと。
>
> (ア)　曲や演奏に対する評価とその根拠
>
> (イ)　自分や(　a　)にとっての音楽の(　b　)
>
> (ウ)　(　c　)の共通性や固有性
>
> イ　次の(ア)から(ウ)までについて(　d　)すること。
>
> (ア)　(　e　)や表現上の効果と音楽の構造との関わり
>
> (イ)　音楽の特徴と文化的・歴史的背景，(　f　)との関わり
>
> (ウ)　我が国や郷土の伝統音楽の(　g　)とそれぞれの特徴

(2)　次の文は，「第1　音楽Ⅰ　3　内容の取扱い」の一部である。次の(　a　)～(　h　)にあてはまる語句を書きなさい。

3 内容の取扱い

(1) 内容の「A表現」及び「B鑑賞」の指導については，(a)との関連を十分に考慮し，それぞれ(b)のみに偏らないようにするとともに，必要に応じて，〔(c)〕を要として(d)の関連を図るものとする。

(8) 内容の「A表現」及び「B鑑賞」の指導に当たっては，思考力，判断力，(e)の育成を図るため，音や音楽及び言葉による(f)を図り，芸術科音楽の特質に応じた(g)を適切に位置付けられるよう指導を工夫する。なお，内容の「B鑑賞」の指導に当たっては，(h)について根拠をもって批評する活動などを取り入れるようにする。

(☆☆◎◎◎)

解答・解説

【中高共通】

【1】(1) 作曲者…フランツ・シューベルト　国籍…オーストリア　a アヴェ マリア　b シャルル・グノー　c カヴァレリア・ルスティカーナ　(2) ① A♭　② Fm6　③ E♭7　④ Fm　⑤ B♭m/D♭　⑥ E♭7　(3) ノンレガート(奏法)

(4) エ

(5) ①

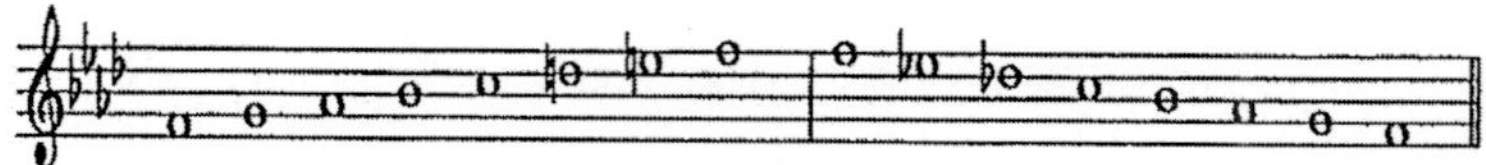

〈解説〉(1)　楽譜はシューベルト作曲の歌曲「アヴェ　マリア」である。「アヴェ　マリア」と呼ばれる楽曲は，作曲者不詳のものも含め数多くある。高校の教科書に掲載されているものもあるので，楽譜をあわせて鑑賞しておこう。　(2)　構成音及びベース音に着目して，判断しよう。すべて構成音が使用されているので判断は難しくない。6(シックスス)は，トライアドに第6音を重ねたものである。セブンスは，トライアドに第7音を重ねたものである。ベース音が根音ではない場合，B♭m/D♭のように指定して表記する。　(3)　スラーとスタッカートが用いられていることから，ノンレガート(奏法)であることが判断できる。ノンレガート奏法も含め，主な奏法について生徒への説明の仕方を考えておくと良いだろう。　(4)　Sehr langsamは，ドイツ語で「非常に遅く」を意味する。　(5)　この楽曲は，As durである。
①　平行調はf moll(♭4つ)で，旋律的短音階と指定されているので上行形では第6音と第7音を半音上げ，下行形では戻すこと。　②　下属調(Des dur)の増2度上の調はE dur(♯4つ)である。　(6)　As durの主音はラ♭である。三和音のそれぞれの音程間を理解し，第3音であるラ♭を軸として，第1音と第5音を導き出す。　(7)　in B♭のクラリネットは記譜音が実音より長2度低いので，原調のAs durを長2度上げてB

durで記譜する。

【2】(1) ① ク　② エ　③ コ　④ ス　⑤ オ
⑥ イ　(2) ネウマ譜　(3) オルガヌム

〈解説〉(1) 中世の教会音楽であるグレゴリオ聖歌について，そして，日本で用いられている横笛について問われた。どちらも，歴史的な知識を要する問題である。音楽史等について学習する際には，体系的に情報をまとめ，理解することを心がけよう。　(2) ネウマ譜は4本線で書かれ，ハ音とヘ音の音部記号が存在した。記譜法の変遷についても学習しておこう。　(3) 聖歌の旋律である主声部に対して，同じ旋律を完全4度または完全5度下に第2の声部としてつけるのが平行オルガヌム。オルガヌム声部が自由に動くタイプを自由オルガヌムという。12世紀後半までは2声の音楽が一般的であった。これがポリフォニーへと発展していった。

【3】(1) (a) セ　(b) エ　(c) イ　(d) ク　(e) キ
(f) シ　(g) ア　(h) コ　(i) ケ　(j) サ　(2) ① 弦鳴楽器　② 気鳴楽器

〈解説〉(1) イタリア語及びドイツ語での楽器のよび方について，対応する日本でのよび方を選択する問題である。オーケストラで用いられる楽器は，イタリア語，ドイツ語，フランス語，英語でのよび方を確認しておこう。スコアから楽器名を答える問題は頻出である。
(2) その他，膜鳴楽器で4つ，電鳴楽器を含めると5つの楽器分類法である。分類法の出題は頻出であるので発音原理を理解し，分類できるようにしておこう。

【4】解答略

〈解説〉アルトリコーダーの作曲問題である。条件の数が多いので気を付けて作曲しよう。音楽理論・楽典について，基本的な事項の理解が欠かせない。今回の問題に対応するには，アルトリコーダーの音域，二部形式，沖縄音階，コードネームについての理解が必要である。本自治体では，作曲の問題は必ず出題されている。過去問で傾向を確認し，同程度の作曲問題について練習を重ねておこう。短時間で作曲できるようにすることも大切である。

【中学校】

【1】(1) a ふさわしい b 理解 c 曲想 d 曲の背景
e 言葉の特性 f 発声 g 各声部の声 h 他者
(2) a 困難さ b 組織的 c 感覚 d 効果的
e 指導を工夫 f 形式 g 関連付けたり

〈解説〉(1) 学習指導要領の「各学年の目標及び内容」の第2学年及び第3学年の「内容」の歌唱に関して，空欄にあてはまる語句を記述する問題である。このような問題に対応するためには，学習指導要領を十分に読み込み文言を理解し，各項目で述べられている内容を説明できるようにしておこう。また，各学年の違いを整理しておくことも重要である。 (2) 学習指導要領の「指導計画の作成と内容の取扱い」についての出題である。各学年の〔共通事項〕の「音楽を形づくっている要素」については，要素はすべて覚えることと，それぞれ指導することを考えて説明できるようにしておこう。

【高等学校】

【1】(1) a 社会 b 意味や価値 c 音楽表現 d 理解
e 曲想 f 他の芸術 g 種類 (2) a 中学校音楽科
b 特定の活動 c 共通事項 d 各領域や分野 e 表現力等
f コミュニケーション g 言語活動 h 曲や演奏

〈解説〉(1) 学習指導要領について音楽Ⅰの内容の鑑賞に関して，空欄にあてはまる語句を記述する問題である。このような問題に対応するためには，学習指導要領を十分に読み込み文言を理解し，各項目で述べられている内容を説明できるようにしておこう。また，各科目の違いを整理しておくことも重要である。 (2) 学習指導要領の内容の取扱いに関して，あてはまる語句を記述する問題である。指導を行う上での留意点が記されているため，十分に読み込んでおこう。中学校音楽科との関連を考慮することは，実際に指導を行う上でも欠かせない。中学校音楽科の学習指導要領を理解した上で，高等学校の学習指導要領を読み込もう。そうすることで，より一層理解が深まるであろう。

2020年度　実施問題

【中高共通】

【1】次の楽譜を見て，(1)～(7)の問いに答えなさい。

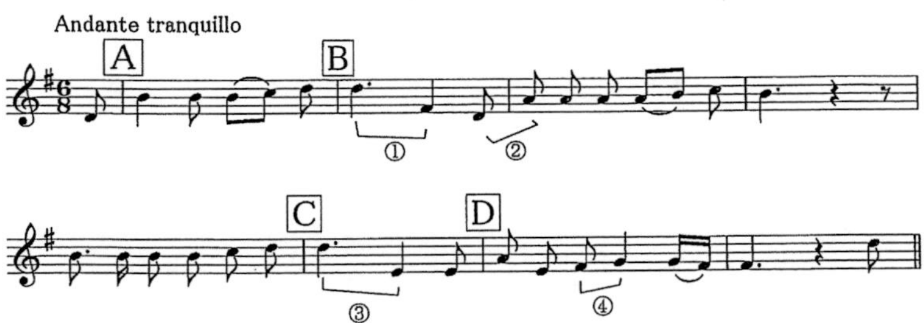

(1)　この楽曲の曲名，作曲者名，作曲者の国籍を書きなさい。

(2)　この作曲者の作品について，次の(　①　)～(　③　)にあてはまる最も適切な語句を書きなさい。

> この作曲者の「(　①　)協奏曲ホ短調」は名作として名高く，劇付随音楽「(　②　)」や，全8巻からなるピアノ曲集「(　③　)」も代表作として有名である。

(3)　この曲のA～Dの小節の伴奏としてふさわしい和音を，次のア～シのコードネームから1つ選び，記号で答えなさい。ただしコード進行は原曲に従うものとする。

ア　C　　イ　E　　ウ　E♭　　エ　F　　オ　G

カ　B　　キ　D_7　　ク　E_7　　ケ　A_7　　コ　Em_7

サ　$F\#m_7$　　シ　Bm

(4)　①・②の2音間の音程と，③・④の2音間の転回音程を書きなさい。

(5)　この楽曲の調の①属調の平行調と，②平行調の同主調を，調号を用いて高音部譜表に全音符で書きなさい。ただし，短調の場合は旋律的短音階とすること。

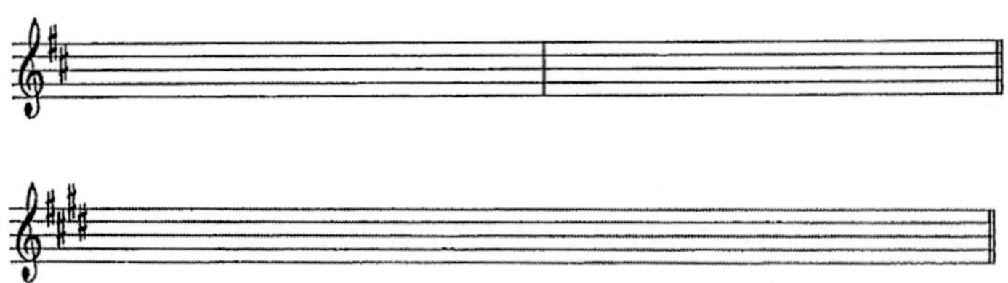

(6)　この楽曲の調の主要三和音と，属七の和音を，臨時記号を用いてアルト譜表にそれぞれ書きなさい。

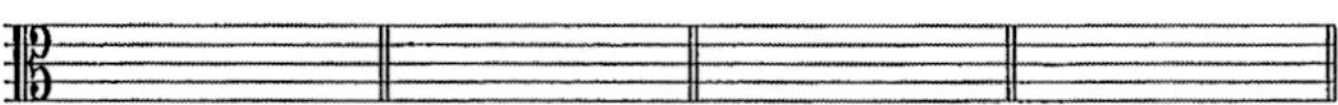

(7)　この楽曲の主音を第3音として，長三和音，短三和音，減三和音，増三和音を，臨時記号を用いて低音部譜表にそれぞれ書きなさい。

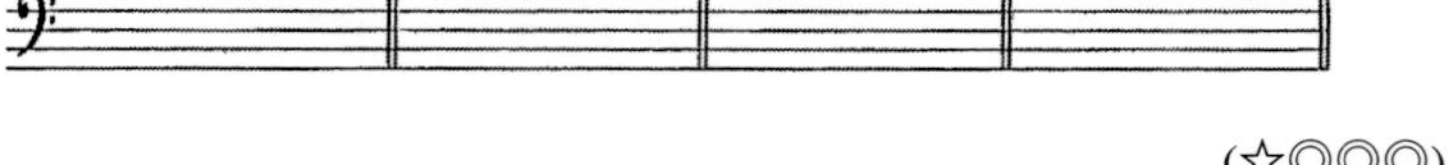

(☆◎◎◎)

【2】次の文章の(　①　)～(　⑭　)にあてはまる最も適切な語句をあとのア～トから1つ選び，記号で答えなさい。(同じ番号には同じ語句が入るものとする。)

(1)　7世紀頃日本に伝わった琵琶は，はじめは雅楽に用いられ(　①　)と呼ばれていた。やがて(　②　)という盲目の芸能者が現れ，鎌倉時代には「平家物語」を語る(　③　)という芸能が生まれた。そこで使用されたのが(　④　)である。

また，(　②　)の中に経文を唱え宗教活動を行う盲僧が現れ，彼らは(　⑤　)を使用した。

江戸中期になると(　⑥　)が町人や武士の娯楽として盛んに演奏された。やがて明治時代になると(　⑦　)が(　⑥　)とともに全国的に流行した。第2次世界大戦後は(　⑥　)の流れをくむ錦琵琶を用いた(　⑧　)が現代邦楽で活動している。

(2)　浄瑠璃にあわせて演じられる人形芝居を(　⑨　)という。その代表的なものに(　⑩　)を用いる文楽がある。文楽では原則として(　⑪　)といって1体の人形を操り，人形の首と右手を担当する(　⑫　)，人形の左手を操る左遣い，人形の足を操る足遣いというように役割を分担する。

(　⑨　)の主な演目には(　⑬　)，(　⑭　)などがある。

ア　義太夫節　　イ　山田流　　ウ　平家琵琶
エ　三十三間堂棟木由来　　オ　右遣い　　カ　薩摩琵琶
キ　人形浄瑠璃　　ク　琵琶法師　　ケ　田楽
コ　盲僧琵琶　　サ　平曲(平家)　　シ　雅琵琶
ス　楽琵琶　　セ　船弁慶　　ソ　三人遣い
タ　鶴田流　　チ　筑前琵琶　　ツ　虚無僧
テ　曽根崎心中　　ト　主遣い

(☆☆☆◎◎◎◎◎)

【3】次の(a)～(e)の作曲家について，(1)～(4)の問いに答えなさい。

(a)　シューベルト	(b)　モーツァルト
(c)　チャイコフスキー	(d)　滝廉太郎
(e)　ドビュッシー	

(1)　それぞれの作曲家の代表的な作品を次のア～コから1つ選び，記号で答えなさい。

ア　白鳥の湖　　イ　月の光　　ウ　赤とんぼ
エ　花　　オ　愛の夢　　カ　美しい5月に
キ　菩提樹　　ク　火の鳥　　ケ　カルミナ・ブラーナ
コ　Ave verum corpus

(2)　(a)が作曲した，3大歌曲集を書きなさい。

(3)　(d)の作曲で，土井晩翠作詞の楽曲名を書きなさい。

(4)　(e)に代表される，外界のイメージから喚起される心情を表現するような動きを何主義というか，書きなさい。また，(1)で答えた楽曲が含まれる組曲の名前を書きなさい。

(☆☆☆◎◎◎◎◎)

【4】ソプラノリコーダーとアルトリコーダーによる二重奏を創作しなさい。ただし，次の(1)～(10)の条件を満たしていること。

【条件】

(1)　中学2，3年生が授業の中で演奏できる程度の二重奏とすること。

(2)　ヘ長調で創作し，調号や記譜等，楽譜が正確であること。

(3)　上段がソプラノリコーダーパート，下段がアルトリコーダーパートとし，それぞれのリコーダーの音域で創作すること。

(4)　前半(1～4小節)はソプラノリコーダーが主旋律，後半(5～8小節)はアルトリコーダーが主旋律となるように創作すること。

(5)　8小節で創作し，二重奏としてのまとまりがあること。

(6)　一部形式であること。

(7)　拍子は任意とするが，示すこと。

(8)　速度記号か速度標語を指定すること。

(9)　強弱記号(変化を表す記号も可)を示すこと。

(10)　それぞれのパートにアーティキュレーションを2か所以上つけること。

(☆☆☆◎◎◎◎◎)

【中学校】

【1】中学校学習指導要領「第2章　各教科」「第5節　音楽」について，次の(1)・(2)の問いに答えなさい。

(1)　次の文は「第1　目標」である。(　a　)～(　h　)にあてはまる語句を書きなさい。

> 第1　目標
>
> 　表現及び鑑賞の幅広い活動を通して，音楽的な見方・考え方を働かせ，(　a　)の中の(　b　)，音楽文化と豊かに関わる資質・能力を次のとおり育成することを目指す。

(1) 曲想と(c)や(d)などとの関わり及び(e)について理解するとともに，創意工夫を生かした音楽表現をするために必要な技能を身に付けるようにする。

(2) 音楽表現を創意工夫することや，音楽のよさや美しさを(f)聴くことができるようにする。

(3) 音楽活動の楽しさを体験することを通して，音楽を愛好する心情を(g)とともに，音楽に対する感性を豊かにし，音楽に(h)態度を養い，豊かな情操を培う。

(2) 次の文は「第3 指導計画の作成と内容の取扱い」の一部である。(a)~(g)にあてはまる語句を書きなさい。

2 第2の内容の取扱いについては，次の事項に配慮するものとする。

(1) 各学年の「A表現」及び「B鑑賞」の指導に当たっては，次のとおり取り扱うこと。

ウ 知覚したことと感受したこととの関わりを基に(a)を捉えたり，思考，判断の過程や結果を表したり，それらについて他者と共有，共感したりする際には，適宜，(b)も取り入れるようにすること。

(2) 各学年の「A表現」の(1)の歌唱の指導に当たっては，次のとおり取り扱うこと。

ア 歌唱教材は，次に示すものを取り扱うこと。

(イ) 民謡，長唄などの我が国の伝統的な歌唱のうち，生徒や学校，地域の実態を考慮して，伝統的な(c)の特徴を感じ取れるもの。なお，これらを取り扱う際は，その表現活動を通して，生徒が我が国や郷土の伝統音楽のよさを味わい，(d)ことができるよう工夫すること。

(8) 各学年の「B鑑賞」の指導に当たっては，次のとおり取り扱うこと。

イ　第1学年では(　e　)したり，第2学年及び第3学年では(　f　)したりする活動を取り入れ，曲や演奏に対する(　g　)を明らかにできるよう指導を工夫すること。

(☆☆☆◎◎◎◎◎)

【高等学校】

【1】高等学校学習指導要領「第2章　第7節　芸術　第2款　各科目」について，次の(1)・(2)の問いに答えなさい。

(1)　次の文は，「第1　音楽Ⅰ　1　目標」である。次の(　a　)～(　h　)にあてはまる語句を書きなさい。(同じ記号には同じ語句が入るものとする。)

1　目　標

音楽の幅広い活動を通して，音楽的な見方・考え方を働かせ，(　a　)の中の(　b　)，音楽文化と幅広く関わる資質・能力を次のとおり育成することを目指す。

(1)　曲想と(　c　)や文化的・歴史的背景などとの関わり及び(　d　)について理解するとともに，創意工夫を生かした音楽表現をするために必要な技能を身に付けるようにする。

(2)　自己のイメージをもって音楽表現を創意工夫することや，音楽を(　e　)しながらよさや美しさを(　f　)聴くことができるようにする。

(3)　(　g　)に音楽の幅広い活動に取り組み，生涯にわたり音楽を愛好する心情を育むとともに，(　h　)，音楽文化に親しみ，音楽によって(　a　)を明るく豊かなものにしていく態度を養う。

(2)　次の文は，「第1　音楽Ⅰ　2　内容」の一部である。次の(　a　)～(　g　)にあてはまる語句を書きなさい。

2 内 容
A 表 現
表現に関する資質・能力を次のとおり育成する。
(3) 創作
創作に関する次の事項を身に付けることができるよう指導する。
ア 創作表現に関わる(a)を得たり生かしたりしながら，自己のイメージをもって創作表現を創意工夫すること。
イ 音素材，音を連ねたり重ねたりしたときの響き，(b)などの特徴及び(c)の特徴について，(d)イメージと関わらせて理解すること。
ウ 創意工夫を生かした創作表現をするために必要な，次の(ア)から(ウ)までの技能を身に付けること。
(ア) 反復，変化，対照などの手法を(e)音楽をつくる技能
(イ) 旋律をつくったり，つくった旋律に副次的な旋律や(f)などを付けた音楽をつくったりする技能
(ウ) 音楽を形づくっている要素の働きを変化させ，(g)をする技能

(☆☆☆◎◎◎)

解答・解説

【中高共通】

【1】(1)　曲名…歌の翼に　　作曲者名…メンデルスゾーン　　国籍…ドイツ　　(2)　①　ヴァイオリン　　②　真夏の夜の夢　　③　無言歌集　　(3)　A　オ　　B　キ　　C　コ　　D　ケ　　(4)　①　短6度　　②　完全5度　　③　長2度　　④　長7度

(5)　①

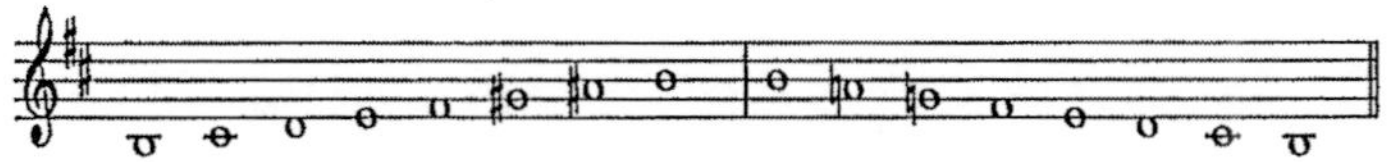

②

(6)

(7)

〈解説〉(1)　この楽曲は，歌曲集「6つの歌曲」の第2曲目であり，ハイネが1827年に発表した『歌の本』の詩をもとに作曲された。　(2)　この他にも，交響曲や室内楽曲，合唱曲など数多くの作品を生み出した。指揮者，ピアニスト，オルガニストとしても活躍した。また，バッハの音楽の復興に取り組んだことも大きな功績といえるであろう。

(3)　楽譜よりG durの楽曲であると判断できる。構成音や和音の進行をもとに，コードを選択することが可能である。ピアノ伴奏を知っていれば，和音の構成音がそのままアルペジオで弾かれているので，容易に解答できる。　(4)　①　半音を2つ含む場合は短6度，1つ含む場合は長6度である。 ② 半音を1つ含む完全5度である。 ③ E－Dは短7度なので，転回音程は長2度である。 ④ Fis－Gは短2度なので，転回音程は長7度である。 (5) ① この曲はG durなので，属調はD durで，その平行調はh mollである。旋律的短音階と指定されているので，上行形の第6音と第7音を半音上げ，下行形では♮で戻すこと。 ② 平行調はe mollで，その同主調はE durである。 (6) 主要三和音とは，Ⅰ(主和音)，Ⅳ(下属和音)，Ⅴ(属和音)である。長調でも短調でも，長三和音になる。また，属七の和音とは，属音上に作られた七の和音である。短7度の音を重ねる。 (7) 長三和音は，根音と第3音の音程が長3度，第3音と第5音の音程が短3度。短三和音は，根音と第3音の音程が短3度，第3音と第5音の音程が長3度。減三和音は，根音と第3音の音程が短3度，第3音と第5音の音程が短3度。増三和音は，根音と第3音の音程が長3度，第3音と第5音の音程が長3度。G durの主音はGで，これを第3音に固定しそれぞれ根音と第5音をつけていく。

【2】(1) ① ス ② ク ③ サ ④ ウ ⑤ コ ⑥ カ ⑦ チ ⑧ タ (2) ⑨ キ ⑩ ア ⑪ ソ ⑫ ト ⑬ エ ⑭ テ

〈解説〉(1) 琵琶は7世紀頃に日本に伝わり，長い歴史を有する楽器である。楽琵琶，盲僧琵琶，平家琵琶，薩摩琵琶，筑前琵琶などがある。薩摩琵琶は，現代音楽に用いられることもあり，武満徹の「ノヴェンバー・ステップス」「エクリプス」などが有名である。 (2) 文楽は，太夫，三味線，人形が三位一体となった総合芸術である。義太夫節，人形の扱い，演目のあらすじなども，あわせて学習しておきたい。

【3】(1) (a) キ (b) コ (c) ア (d) エ (e) イ
(2) 白鳥の歌，美しい水車屋の娘，冬の旅 (3) 荒城の月
(4) 主義…印象(主義) 組曲名…ベルガマスク(組曲)

〈解説〉(1) 選択肢の他の楽曲については，「赤とんぼ」は山田耕筰，「愛の夢」はリスト，「美しい5月に」はシューマン，「火の鳥」はスト

ラヴィンスキー，「カルミナ・ブラーナ」はオルフの作曲である。(2)　シューベルトはこれらの歌曲集の他にも，「野ばら」「魔王」「ます」など数多くの歌曲を作曲した。　(3)　1901年に作曲された。日本の音階ではなく，西洋音楽を取り入れた日本の歌曲として，歴史的に大きな意味を持つ。中学校唱歌の作曲募集に応募し，当選したものである。　(4)「ベルガマスク組曲」は，ピアノ独奏曲で，「前奏曲」「メヌエット」「月の光」「パスピエ」の4曲からなる。ドビュッシーは印象派を代表する作曲家である。

【4】解答略

〈解説〉条件が設けられた作曲問題は頻出である。モチーフを提示された変奏曲，歌詞を指定された歌曲の旋律，リコーダー二重奏，和音を指定されたアルトリコーダーの旋律，旋律とコードを指定されたピアノ伴奏，曲名を指定された箏曲の旋律，ボディ・パーカッション等，様々な条件がある。条件は様々だが，授業で使う程度のシンプルなものであるので，各楽器の音域はしっかり把握し，授業の現場で必要な能力であることをふまえて学習すること。

【中学校】

【1】(1)　a　生活や社会　b　音や音楽　c　音楽の構造　d　背景　e　音楽の多様性　f　味わって　g　育む　h　親しんでいく　(2)　a　音楽の特徴　b　体を動かす活動　c　声や歌い方　d　愛着をもつ　e　言葉で説明　f　批評　g　評価やその根拠

〈解説〉学習指導要領に関する問題は，毎年出題されている。文言を確認しておくのは勿論のこと，学習指導要領解説などを使って詳細に学習しておくことが望ましい。また，選択ではなく記述しなければならないので，読み込んでしっかり理解しておくことが必要である。各学年の目標と内容，指導計画と内容の取扱いの出題傾向が高い。しかし，今年度は，教科の目標に関しても出題された。

【高等学校】

【1】(1) a　生活や社会　b　音や音楽　c　音楽の構造　d　音楽の多様性　e　評価　f　自ら味わって　g　主体的・協働的　h　感性を高め　(2) a　知識や技能　b　音階や音型　c　構造上　d　表したい　e　活用して　f　和音　g　変奏や編曲

〈解説〉学習指導要領に関する問題は，毎年出題されている。学習指導要領解説などを使って学習しておきたい。音楽Ⅰ，Ⅱ，Ⅲで，少しずつ違いがあるので，相違点を整理しておぼえること。

2019年度　実施問題

【中高共通】

【1】次の楽譜を見て，(1)〜(6)の問いに答えなさい。

(1)　この楽曲の曲名，作詞者，作曲者を書きなさい。ただし，人名は漢字で書くこと。また，この作品が発表された児童文学雑誌の名前を書きなさい。

(2)　この楽曲と同じ作詞者，作曲者によって書かれた曲名を2つ書きなさい。

(3)　この楽譜の必要なところに，テヌートを2か所，メッゾ・スタッカートを3か所書き入れなさい。また，最後の小節の不要な部分を○で囲みなさい。

(4)　この楽曲のテンポとして最もふさわしいものは次のどれか，記号で答えなさい。

(5)　①〜③の2音間の音程を書きなさい。

(6)　この楽曲の調の，属調の音階と，平行調の音階を調号を用いて高音部譜表に全音符で書きなさい。ただし，短調の場合は旋律的短音階とすること。

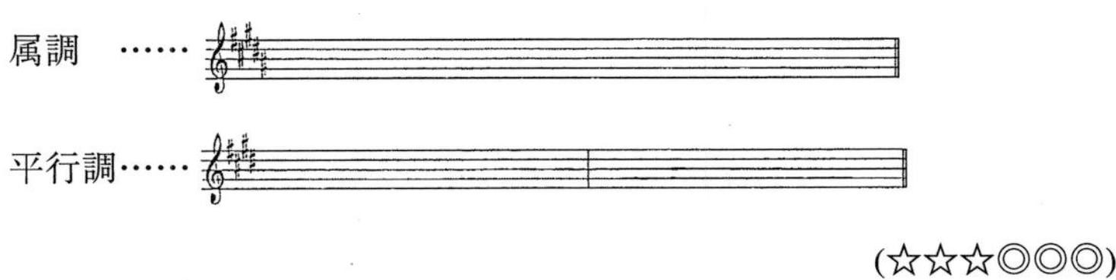

(☆☆☆◎◎◎)

【2】次の(1)・(2)の問いに答えなさい。

(1) 変ロを第5音として，①長三和音，②短三和音，③減三和音，④増三和音を臨時記号を用いて低音部譜表にそれぞれ書きなさい。

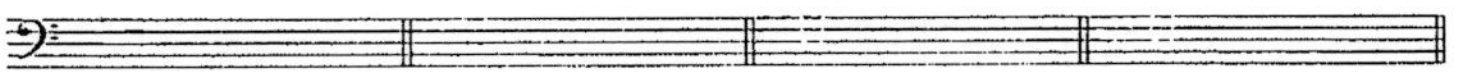

(2) 嬰ヘ長調の①主要三和音，②属七の和音を，調号を用いずにアルト譜表に書きなさい。

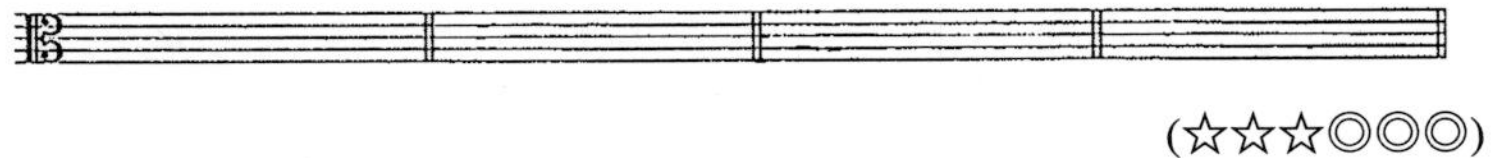

(☆☆☆◎◎◎)

【3】次の文章は，それぞれ(1)バロック時代までの弦楽器，(2)歌舞伎「勧進帳」について述べたものである。(①)～(⑯)にあてはまる語句を，あとのア～ヌから選び，記号で答えなさい。(同じ番号には，同じ語句が入るものとする。)

(1) 古代ギリシャにおいては(①)といわれる共鳴胴に立てた2本の木を結ぶ横木に弦を張ったものや，(①)とよく似た形状の箱形の竪琴である(②)などの自然の材料を加工した弦楽器が作られた。

中世になると，ヴァイオリンの前身となった(③)という世俗的な擦弦楽器が現れた。ルネサンス時代になるとアラビアのウードを祖先とする(④)が幅広く愛好された。また，「脚のヴィオラ」という意味の(⑤)は18世紀後半には，ほぼ廃れてしまった。

バロック時代になると，ヴァイオリンが豊かな音量で響くように改良され，(　⑥　)をはじめとする卓越した楽器製作者が現れた。

(2)　歌舞伎「勧進帳」の主要な登場人物は，源頼朝との不和により追われる身となった(　⑦　)，(　⑦　)の家臣の(　⑧　)，安宅の関の関守(　⑨　)である。観どころとしては，(　⑩　)，(　⑪　)，(　⑫　)，(　⑬　)，(　⑭　)，(　⑮　)などがある。「勧進帳」のように長唄が舞台上に並んで演奏する形式を(　⑯　)という。

ア　奉納の舞　　イ　リュート　　ウ　源義経
エ　飛び六法　　オ　リラ　　カ　締め六法
キ　延年の舞　　ク　フィドル　　ケ　カタラ
コ　出囃子　　サ　読み上げ　　シ　平清盛
ス　弁慶　　セ　ストラディヴァリウス　　ソ　富樫左衛門
タ　キタラ　　チ　ヴィオラ・ダ・ガンバ　　ツ　水折檻
テ　山伏問答　　ト　詰め寄せ　　ナ　関守問答
ニ　杖折檻　　ヌ　フィオリーニ

(☆☆☆◎◎◎)

【４】次の(a)～(e)の作曲家について，(1)～(5)の問いに答えなさい。

(a)　メシアン	(b)　ブラームス	(c)　ラヴェル
(d)　シューマン	(e)　ジョン・ケージ	

(1)　(a)の作曲家の生まれた国と第二次世界大戦中ドイツ軍の収容所で作曲した楽曲名を書きなさい。

(2)　(b)は「ドイツの三大B」の一人であるが，残りの二人の作曲家名を書きなさい。

(3)　(c)の作曲したバレエ音楽を2つ書きなさい。

(4)　(d)の作曲した歌曲集のうち，第1曲目が「美しい五月に」である歌曲集名を書きなさい。

(5)　(e)の作曲家が考案した，グランドピアノの弦の間にボルトやねじなどを挟み，音色を変化させたピアノのことを何というか書きなさい。

(☆☆☆◎◎◎)

【5】次の2小節の【モチーフ】(動機)を使い，その【モチーフ】に続く楽曲を創作しなさい。また，その楽曲の変奏曲を2曲創作しなさい。ただし，≪条件≫①～⑥を満たすこと。

≪条件≫

① 【モチーフ】(動機)に続けて6小節創作し，***D.C.*** と ***Fine*** を使い，全部で12小節の楽曲とすること。

② 変奏曲Ⅰは，調性を変えて創作すること。

③ 変奏曲Ⅱは，拍子を変えて創作すること。

④ 上記の①～③の3曲とも，小三部形式(A－B－A)12小節とし，それぞれの楽曲にアーティキュレーションを2か所以上付けること。

⑤ 3曲とも必ず調性感をもち，主音で終わること。

⑥ 3曲ともアルトリコーダーで演奏することを前提とすること。

(☆☆☆◎◎◎)

【中学校】

【1】中学校学習指導要領「第2章　各教科」「第5節　音楽」について，次の(1)・(2)の問いに答えなさい。

(1) 次の文は「第2　各学年の目標及び内容」〔第1学年〕「2　内容」の一部である。

(a)～(i)にあてはまる語句を書きなさい。

A　表現

(3) 創作の活動を通して，次の事項を身に付けることができるよう指導する。

ウ　(a)を生かした表現で(b)をつくるために必要

な，課題や(　c　)に沿った(　d　)などの技能を身に付けること。

B　鑑賞

(1)　鑑賞の活動を通して，次の事項を身に付けることができるよう指導する。

ア　鑑賞に関わる(　e　)を得たり生かしたりしながら，次の(ア)から(ウ)までについて(　f　)に考え，音楽のよさや美しさを味わって聴くこと。

(ア)　曲や演奏に対する評価と(　g　)

(イ)　生活や社会における音楽の(　h　)

(ウ)　音楽表現の(　i　)

(2)　次の文は「第3　指導計画の作成と内容の取扱い」の一部である。(　a　)～(　f　)にあてはまる語句を書きなさい。

2　第2の内容の取扱いについては，次の事項に配慮するものとする。

(1)　各学年の「A表現」及び「B鑑賞」の指導に当たっては，次のとおり取り扱うこと。

イ　音楽によって(　a　)自己のイメージや感情，音楽表現に対する(　b　)，音楽に対する評価などを伝え合い(　c　)など，音や音楽及び言葉によるコミュニケーションを図り，音楽科の特質に応じた言語活動を適切に位置付けられるよう指導を工夫すること。

(6)　我が国の伝統的な歌唱や和楽器の指導に当たっては，(　d　)との関係，姿勢や(　e　)についても配慮するとともに，適宜，(　f　)を用いること。

(☆☆☆◎◎◎◎)

【高等学校】

【1】高等学校学習指導要領「第2章　第7節　芸術　第2款　各科目」について，次の(1)～(3)の問いに答えなさい。

(1)　次の文は，「第1　音楽Ⅰ　2　内容」の一部である。次の(　a　)～(　h　)にあてはまる語句を書きなさい。

> 2　内容
>
> A　表現
>
> 表現に関して，次の事項を指導する。
>
> (1)　歌唱
>
> ア　曲想を歌詞の内容や(　a　)とかかわらせて感じ取り，イメージをもって歌うこと。
>
> (3)　創作
>
> ア　(　b　)を選んで旋律をつくり，その旋律に(　c　)や和音などを付けて，イメージをもって音楽をつくること。
>
> B　鑑　賞
>
> 鑑賞に関して，次の事項を指導する。
>
> ア　声や楽器の(　d　)と表現上の効果とのかかわりを(　e　)鑑賞すること。
>
> ウ　楽曲の(　f　)や，作曲者及び演奏者による(　g　)を理解して鑑賞すること。
>
> エ　我が国や(　h　)の種類とそれぞれの特徴を理解して鑑賞すること。

(2)　次の文は，「第2　音楽Ⅱ　1　目標」である。(　　)にあてはまる言葉をすべて書きなさい。

> 音楽の諸活動を通して，生涯にわたり音楽を愛好する心情を育てるとともに，(　　)，音楽文化についての理解を深める。

(3)　次の文は，「第2　音楽Ⅱ　2　内容」の一部である。次の(　a　)～(　d　)にあてはまる語句を書きなさい。

> 2　内容
> 　A　表現
> 　　表現に関して，次の事項を指導する。
> 　(2)　器楽
> 　　イ　楽器の(　a　)と表現上の効果とのかかわりを理解し，(　b　)して演奏すること。
> 　　エ　(　c　)とそれらの(　d　)を理解して演奏すること。

(☆☆☆◎◎◎◎)

解答・解説

【中高共通】

【1】(1)　曲名…この道　　作詞者…北原白秋　　作曲者…山田耕筰　雑誌名…赤い鳥　　(2)　からたちの花，かやの木山の，砂山，まちぼうけ，ペチカ，あわて床屋，鐘がなります　など

(3)

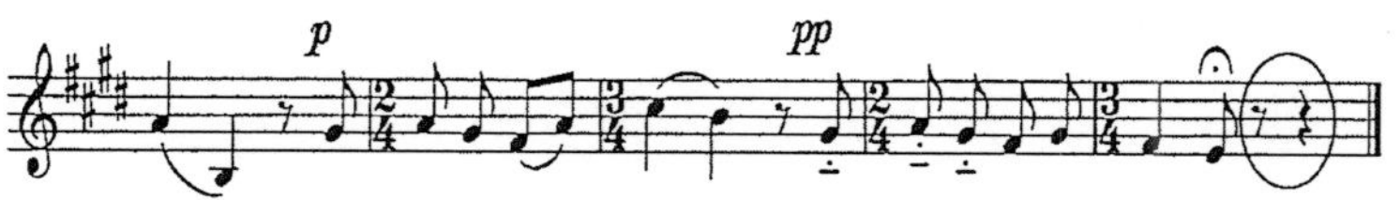

(4)　ア　　(5)　①　長6度　　②　完全4度　　③　短7度

(6)

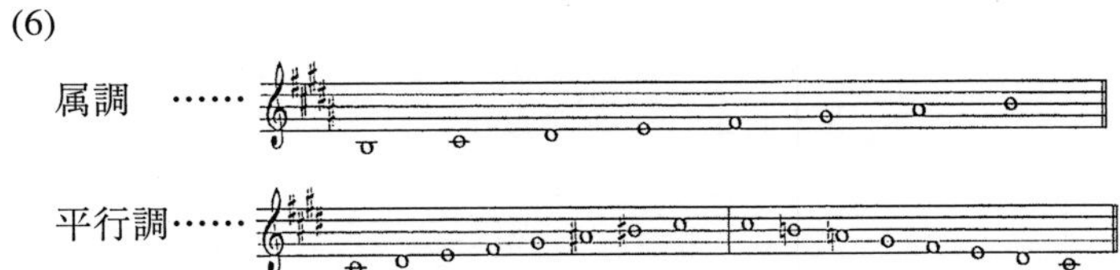

〈解説〉(1) 提示されている楽譜は「この道」(北原白秋作詞，山田耕筰作曲)である。この曲が発表された雑誌は「赤い鳥」である。

(2) 「からたちの花」や「ペチカ」など多数ある。 (3)・(4) 「この道」は歌唱共通教材ではないが，試験でも多く出題される傾向にある。歌詞や楽語など，細部までチェックしておく必要がある曲である。

(5) ①はH－Gで半音2つを含む短6度だが，Gisで幅が広がるので長6度。②はH－Eで半音1つを含む完全4度。③はH－Aで半音2つを含む短7度。 (6) まずこの曲の調はE durである。属調はH durで，平行調はcis mollである。

【2】(1)

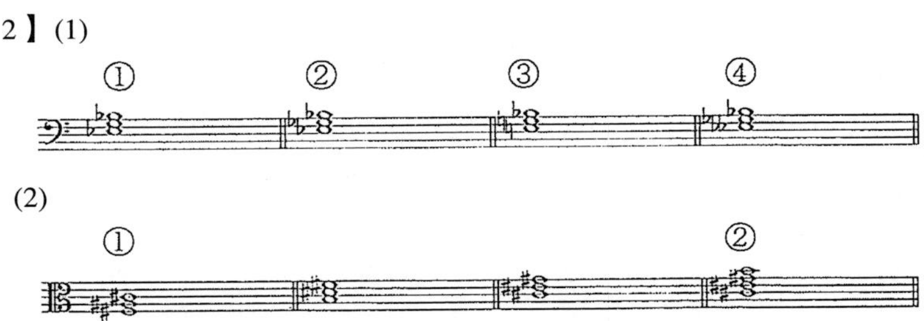

〈解説〉変ロ(B)を第5音として指定された和音を書けばよい。臨時記号を用いること，低音部譜表に書くことに注意する。 (2) 嬰ヘ長調(Fis dur)の指定された和音を書けばよい。なお，主要三和音とはⅠ，Ⅳ，Ⅴのことである。アルト譜表上に書く点に注意する。

【3】(1) ① オ ② タ ③ ク ④ イ ⑤ チ ⑥ セ (2) ⑦ ウ ⑧ ス ⑨ ソ ⑩ エ ⑪ キ ⑫ サ ⑬ テ ⑭ ト ⑮ ニ ⑯ コ

〈解説〉(1)　時代区分は古代ギリシャまで遡る。リラやキタラは頻出度が低いが，念のため画像を見てどんな楽器が確認しておくこと。フィドルもあまり出題されないが，ヴァイオリンの前身楽器だということを知っておくこと。ウードを祖先とするリュートについては，比較的出題がある。「脚のヴィオラ」は語群から選ぶ場合，容易に想像がつく。ストラディヴァリウスはイタリアのクレモナで17世紀から18世紀頃にかけて制作され，現在は数が少ないことから，貴重なヴァイオリンとして使用されている。　(2)　歌舞伎の「勧進帳」の登場人物は頼朝，義経，弁慶，富樫左衛門である。一度観劇してみると言葉と演出(演技)が結びつくのでよいと思われる。長唄の唄方と三味線方がともに舞台上に並んで演奏する形式を出囃子という。

【4】(1)　国名…フランス　　楽曲名…世の終わりのための四重奏
(2)　J. Sバッハ，ベートーヴェン　　(3)　マ・メール・ロア，ボレロ
(4)　詩人の恋　　(5)　プリペアド・ピアノ

〈解説〉選択肢中一番古い時代の作曲家がロマン派のシューマン(1810～1856年)で，最も新しいのがメシアン(1908～1992年)とジョン・ケージ(1912～1992年)である。　(1)　ヴァイオリン，クラリネット，チェロ，ピアノの編成である。　(2)　J. Sバッハ(バロック)，ベートーヴェン(古典派)，ブラームス(ロマン派)である。　(3)　他のバレエ音楽に「ダフニスとクロエ」がある。　(4)　「詩人の恋」はハイネの詩をもとにシューマンが作曲した。　(5)　ジョン・ケージの考案したプリペアド・ピアノについては頻出なので覚えておくこと。

【5】解答省略

〈解説〉提示されているモチーフに続く楽曲を創作する問題である。条件が複数あるので見落とさないように見ていこう。まず，ダカーポとフィーネを用い12小節とすること。これは大丈夫であろう。②，③の調性や拍子についても，少し工夫するだけでよい。アーティキュレーションとは表情をつけるということである。強弱をつけることが一番分

かりやすいであろう。⑤，⑥もそれほど厳しい条件ではない。落ち着いて，時間配分を考えながらシンプルにまとめるとよい。

【中学校】

【1】(1) a　創意工夫　b　旋律や音楽　c　条件　d　音の選択や組合せ　e　知識　f　自分なり　g　その根拠　h　意味や役割　i　共通性や固有性　(2) a　喚起された　b　思いや意図　c　共感する　d　言葉と音楽　e　身体の使い方　f　口唱歌(くちしょうが)

〈解説〉本問は，平成29年告示の新学習指導要領からの出題となっている。(1)　A　表現の(3)のウは，創作分野における知識に関する資質・能力である，音のつながり方の特徴を表したいイメージと関わらせて理解できるようにすることをねらいとしている。　(2)　a～c　本問のイの文章は，音や音楽及び言葉によるコミュニケーションを図ることによって，言語活動を音楽科の特質に応じたものとして適切に位置付けられるよう配慮することを示している。生徒が音楽に関する言葉を用いて，音楽によって喚起されたイメージや感情，音楽表現に対する思いや意図などを相互に伝え合う活動を取り入れることによって，結果として，音によるコミュニケーションが一層充実することに結び付いていくように配慮することが大切であることが示されている。　d～f　本問の(6)の文章では，言葉と音楽との関係で，日本語に注目する必要があることを強調しており，言葉のまとまり，リズム，抑揚，高低アクセント，発音及び音質といったものが直接的に作用し，旋律の動きやリズム，間，声の音色など，日本的な特徴をもった音楽を生み出す源となっている。このことは，歌唱に限らず，口唱歌(くちしょうが)や掛け声などに見られるように，楽器の演奏においても言葉の存在が音楽と深く関わっている。なお，今回の改訂では，適宜，口唱歌(くちしょうが)を用いるこが新たに示されている。

【高等学校】

【1】(1)　a　楽曲の背景　　b　音階　　c　副次的な旋律　　d　音色の特徴　　e　感じ取って　　f　文化的・歴史的背景　　g　表現の特徴　　h　郷土の伝統音楽　　(2)　感性を高め，個性豊かな表現の能力と主体的な鑑賞の能力を伸ばし　　(3)　a　音色や奏法の特徴　b　表現を工夫　　c　音楽を形づくっている要素　　d　働き

〈解説〉現行の学習指導要領からの出題である。高等学校においては，平成31年度から新学習指導要領の先行実施が始まる。それに伴って試験でも，新学習指導要領からの出題が中心になる可能性が高い。現行の学習指導要領から改訂された部分，新設された部分を新旧対照表等を上手く活用して，学びを深めておきたい。

2018年度　実施問題

【中高共通】

【１】次の楽譜を見て，(1)～(4)の問いに答えなさい。

A

B

C

D

(1)　A～Dはオペラ(オペレッタ)の中で歌われる楽曲の一部分である。これらの楽曲が歌われているオペラ(オペレッタ)名と作曲者名をそれぞれ書きなさい。

(2)　A～Cは何調であるか，調名を日本語で書きなさい。

(3)　次の文の(　a　)～(　d　)にあてはまる語句を書きなさい。

> オペラは1600年前後に，(a　国名)の(b　地名)で生まれた。オペラの誕生をもって(　c　)時代が幕を開けた。この時代にはオルガンや(　d　)といった鍵盤楽器のための独奏曲も多く作曲され，器楽でも大きな発展を遂げた。

(4)　Aの旋律をB♭クラリネットで演奏するために，調号を用いて高音部譜表に書きなさい。

(☆☆◎◎◎◎)

【2】次に示される音階を答えなさい。

(1)　アルト譜表に調号を用いず，嬰ト短調の旋律的短音階を書きなさい。

(2)　低音部譜表に調号を用いて，ホ長調の下属調を書きなさい。

(3)　高音部譜表に調号を用いて，ドイツ音名E，As，Cで構成される和音を含む調を書きなさい。(短調のときは和声的短音階にすること)

(☆☆☆◎◎◎)

【3】次の文章の(　①　)～(　⑭　)にあてはまる語句を，下のア～ツから選び，記号で書きなさい。

(1)　能の中の声楽を(　①　)という。(　①　)はせりふに近い(　②　)と，歌の一種である(　③　)に分かれる。(　③　)のリズムには，ビート感のあいまいな(　④　)と，八拍子が基本の(　⑤　)がある。

能の中の器楽を(　⑥　)という。太鼓，笛，小鼓，大鼓の4種類の楽器による合奏で，これらの楽器を総称して(　⑦　)ともいう。

(2)　室町時代末期に八橋検校が平調子を考案し，近世箏曲の基礎を築いた。彼の孫弟子の(　⑧　)は地歌を取り入れ(　⑨　)を起こした。また，(　⑩　)は楽器や爪を改良するとともに江戸好みの浄瑠璃を取り入れ，(　⑪　)を創始した。

箏の奏法としては代表的なものに，隣り合った2本の弦を手前にひっかくように同時に弾く(　⑫　)，左手で弦を押しさげて音を高くする(　⑬　)，弦を弾いた後左手で柱の左側の弦をつまみ，右側に寄せて音高を変化させる(　⑭　)などがある。

ア　掻き爪　　　イ　拍子不合　　　ウ　フシ
エ　割り爪　　　オ　コブシ　　　　カ　謡
キ　囃子　　　　ク　生田検校　　　ケ　山田検校

コ	生田流箏曲	サ	山田流箏曲	シ	引き色
ス	四拍子	セ	拍子合	ソ	押し手
タ	コトバ	チ	押し色	ツ	民謡

(☆☆☆☆◎◎◎)

【4】次の(a)～(e)の作曲家について(1)～(4)の問いに答えなさい。

(a) モンテヴェルディ　(b) ストラヴィンスキー
(c) スメタナ　(d) ヘンデル
(e) リムスキー・コルサコフ

(1) 各作曲家の代表的な作品を次のア～コから選び，記号で書きなさい。

ア　バレエ音楽「春の祭典」　イ　ピアノ五重奏曲「ます」
ウ　オペラ「オルフェオ」　エ　交響組曲「シェエラザード」
オ　マタイ受難曲　カ　組曲「王宮の花火の音楽」
キ　連作交響詩「我が祖国」　ク　バレエ音楽「ダフニスとクロエ」
ケ　オペラ「フィデリオ」　コ　交響詩「フィンランディア」

(2) (b)の作曲家が作曲した三大バレエ音楽の残り2曲を書きなさい。

(3) (a)～(e)の作曲家を年代の古い順に並べなさい。

(4) (e)の作曲家は「ロシア五人組」の中のひとりである。残りの4人の作曲家をすべて書きなさい。

(☆☆☆◎◎◎)

【5】次の歌詞に旋律を付け，歌唱曲を作りなさい。ただし，あとの【条件】①～⑩を満たすこと。

鳥がうたう　はちがあそぶ
ぼくの小さな庭の　かたすみに

君の小さな庭にも　クレマチスの花が咲いた

かぜがわたる　かぜがかおる こどもたちのおしゃべりを　きいているみたいに

【条件】

① 二部形式あるいは三部形式であること。
② 12小節～24小節で，まとまりがあること。
③ 言葉の抑揚やリズムを生かした旋律とすること。
④ 速度記号か速度標語を指定すること。
⑤ 拍子は任意とするが，示すこと。
⑥ 強弱記号(変化を表す記号も可)を示すこと。
⑦ 音域をト～二点トまでとすること。
⑧ 必ず調性感をもち，主音で終わること。
⑨ アーティキュレーションを2箇所以上付けること。
⑩ 歌詞を音符の下に書き入れること。ただし，歌詞を変えたり省略したりしないこと。

(☆☆☆◎◎◎)

【中学校】

【1】中学校学習指導要領「第2章　各教科」「第5節　音楽」について，次の(1)・(2)の問いに答えなさい。

(1) 次の文は「第2　各学年の目標及び内容」〔第1学年〕「2　内容」の一部である。(a)～(i)にあてはまる語句を書きなさい。

A　表現 (4) 表現教材は，次に示すものを取り扱う。 イ　歌唱教材には，次の観点から取り上げたものを含めること。 (ア) 我が国で長く歌われ親しまれている歌曲のうち，我が国の(a)や(b)の美しさを感じ取れるもの又は我が国の(c)や(d)のもつ美しさを味わえるもの

B　鑑賞

(1)　鑑賞の活動を通して，次の事項を指導する。

ア　音楽を形づくっている(　e　)や(　f　)と曲想とのかかわりを(　g　)聴き，(　h　)などして，音楽のよさや美しさを(　i　)こと。

(2)　次の文は「第3　指導計画の作成と内容の取扱い」の一部である。(　a　)・(　b　)にはあてはまる作曲者名を漢字で書き(ふりがなを必ずつけること)，(　c　)～(　f　)にはあてはまる語句を書きなさい。

2　第2の内容の指導については，次の事項に配慮するものとする。

(1)　歌唱の指導については，次のとおり取り扱うこと。

ア　各学年の「A表現」の(4)のイの(ア)の歌唱教材については，以下の共通教材の中から各学年ごとに1曲以上を含めること。

「荒城の月」　土井晩翠(どいばんすい)作詞　(　a　)作曲

「早春賦」　吉丸一昌(よしまるかずまさ)作詞　(　b　)作曲

イ　変声期について気付かせるとともに，変声期の生徒に対しては(　c　)についても配慮し，適切な(　d　)によって歌わせるようにすること。

ウ　相対的な(　e　)などを育てるために，適宜，(　f　)を用いること。

(☆☆☆☆◎◎◎◎◎)

【高等学校】

【1】高等学校学習指導要領「第2章　第7節　芸術　第2款　各科目」について，次の(1)・(2)の問いに答えなさい。

(1)　次の文は，「第1　音楽Ⅰ　2　内容」の一部である。次の(　a　)

～(h)にあてはまる語句を書きなさい。

2 内容
A 表現
表現に関して，次の事項を指導する。
(3) 創作
イ (a)の特徴を生かし，反復，(b)，(c)などの(d)して，イメージをもって音楽をつくること。
ウ 音楽を形づくっている(e)を変化させ，イメージをもって(f)をすること。
B 鑑賞
鑑賞に関して，次の事項を指導する。
イ 音楽を形づくっている要素を(g)し，それらの働きを(h)して鑑賞すること。

(2) 次の文は，「第2 音楽Ⅱ 1 目標」及び「第2 音楽Ⅱ 2 内容」の一部である。次の(a)～(g)にあてはまる語句を書きなさい。

1 目標
音楽の諸活動を通して，(a)音楽を愛好する心情を育てるとともに，感性を高め，(b)表現の能力と(c)鑑賞の能力を伸ばし，(d)についての理解を深める。
2 内容
A 表現
表現に関して，次の事項を指導する。
(1) 歌唱
ウ 様々な表現形態による(e)と(f)とのかかわりを理解し，(g)して歌うこと。

(☆☆☆☆◎◎◎◎◎)

解答・解説

【中高共通】

【1】(1) A　オペラ名…カルメン　作曲者名…ビゼー　B　オペラ名…椿姫　作曲者名…ヴェルディ　C　オペラ名…トゥーランドット　作曲者名…プッチーニ　D　オペラ名…メリー・ウィドウ　作曲者名…レハール　(2) A　ハ短調　B　ヘ長調　C　変ロ長調　(3) a　イタリア　b　フィレンツェ　c　バロック　d　チェンバロ

(4)

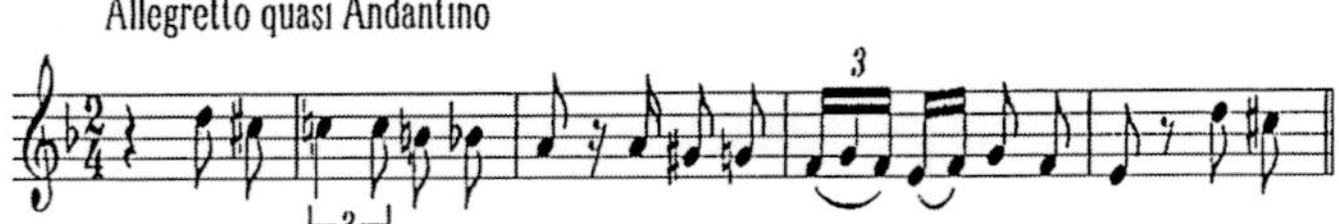

〈解説〉(1)　本問の4人はオペラの作曲家として有名である。その他の著名なオペラ作品，モーツァルトの「魔笛」「フィガロの結婚」，ロッシーニの「セビリアの理髪師」，ワーグナーの楽劇「ニーベルングの指環」は確認しておくこと。　(2)　調号から，短調ひとつ，長調ひとつの2つに絞られる(調号が１つもなければハ長調かイ短調)。短調は，導音が半音高いことに注意すること。　(3)　バロック時代の作曲家は，「無伴奏チェロ組曲第1番」など多くの器楽曲を作曲したバッハと「オペラ　メサイア」が広く知られているヘンデルの2人は覚えておくこと。　(4)　B♭の楽器なので，長2度高く演奏する。「調号を用いて」と指定されているので，ニ短調(♭ひとつ)に移調して記譜すること。

【2】(1)

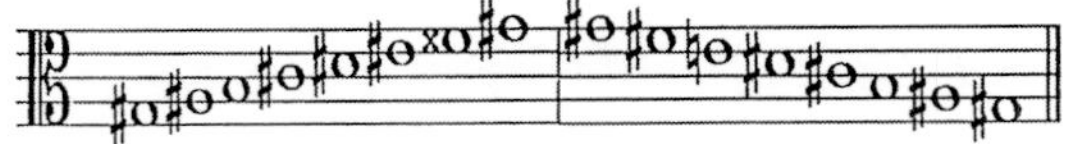

(2)

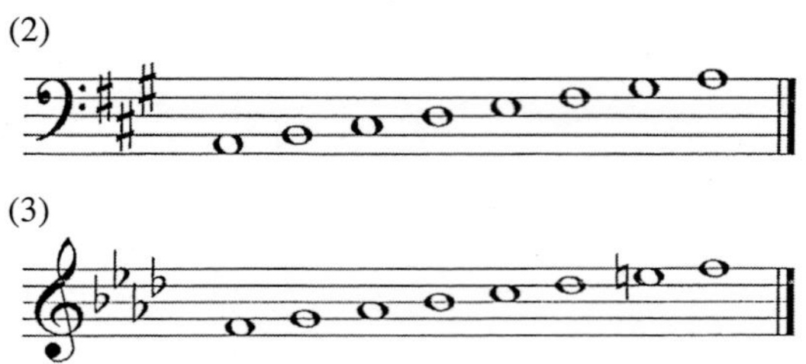

(3)

〈解説〉ピアノなどの器楽のスケールですべての調を演奏できるようにしておくとよい。「調号を用いず」と指定されている設問もあるので題意に沿って解答すること。　(1)　♯5つの短調である。アルト譜表はビオラの演奏で用いる。　(2)　ホ長調の下属調はイ長調である。低音部譜表ではヘ音記号を使う。　(3)　♭系の調は「シ，ミ，ラ，レ…」の順番で調号に♭がついていく。ラがAsであるにも関わらずミがEであることから，Eが導音のヘ短調であることが分かる。

【３】(1)　①　カ　②　タ　③　ウ　④　イ　⑤　セ　⑥　キ　⑦　ス　(2)　⑧　ク　⑨　コ　⑩　ケ　⑪　サ　⑫　ア　⑬　ソ　⑭　シ

〈解説〉日本音楽に関する出題は増えている。楽器も含め正しく漢字で記述できるようにしておくこと。　(1)　能は，室町時代初期に観阿弥・世阿弥父子によって基本的な形が整えられた。多くの演目で「シテ」と呼ばれる主役が面(能面)を着ける。　(2)　エの割り爪は，隣り合った2本の弦を人差し指，中指の順番で手前にひっかくように弾く奏法。

【４】(1)　(a)　ウ　(b)　ア　(c)　キ　(d)　カ　(e)　エ

(2)　ペトルーシュカ，火の鳥　(3)　(a)→(d)→(c)→(e)→(b)

(4)　ミリイ・バラキレフ，ツェーザリ・キュイ，モデスト・ムソルグスキー，アレクサンドル・ボロディン

〈解説〉(1)・(3)　作曲家，時代(楽派)，代表曲をセットで覚えておくこと。モンテヴェルディはルネサンス，ヘンデルはバロック時代，スメタナはチェコ国民楽派，リムスキー・コルサコフはロシア五人組(ロシア国

民楽派)，ストラヴィンスキーは20世紀を代表する作曲家である。古典派，ロマン派の作曲家についても確認しておくこと。　(2)　三大バレエ音楽はストラヴィンスキーの初期の作品であり，作風は原始主義的な傾向が強い。後の作品では，新古典主義や十二音技法を取り入れている。　(4)　19世紀半ばを過ぎると，自国の民族性や国民性を反映させた作品を作る「国民楽派」が登場する。ロシアでは「ロシア五人組」が国民楽派の代表として挙げられる。

【5】解答略

〈解説〉条件を満たすことが最も大切である。設問の【条件】の中からいくつか取り上げる。「③　言葉の抑揚やリズムを生かした旋律とすること。」については，短い歌詞だが，カタカナ書きの花の名などが使われている。言葉にはアクセントや抑揚があるので，そういった部分などのリズムに注意する。「④　速度記号か速度標語を指定すること。」については，歌詞の内容は，軽く明るいイメージであることに留意する(例：Andante，♩＝63～76　など)。「⑨　アーティキュレーションを2箇所以上付けること。」については，スラーやスタッカートなどの使用を考えるのもよいであろう。

【中学校】

【1】(1)　a　自然　　b　四季　　c　文化　　d　日本語　　e　要素　　f　構造　　g　感じ取って　　h　言葉で説明する　　i　味わう

(2)　a　滝廉太郎（たきれんたろう）　　b　中田章（なかだあきら）　　c　心理的な面　　d　声域と声量　　e　音程感覚　　f　移動ド唱法

〈解説〉(1)　本資料のどこを出題されても正解できるように読み込んでおくことが重要である。第1学年で歌唱教材として取り上げられているものは，本資料の(ア)と，もう1つ(イ)として，地域の実態を加味した「民謡，長唄などの伝統的な歌唱」が示されている。教科の目標の「表現及び鑑賞の幅広い活動」の示す内容の中の「我が国の音楽文化に愛着をもつ」ことに通じるものである。「B　鑑賞　(1)　ア」に関して，第2・3学年と比較してみると，第1学年は「～感じ取って聴き，言葉で説明するなどして，～」で，第2・3学年は「～理解して聴き，根拠をもって批評するなどして，～」としており，より発展的な内容になっている。　(2)　中学校歌唱共通教材は7曲ある。作詞者，作曲者，歌詞，旋律について出題されるので正解できるようにしておくこと。

【高等学校】

【1】(1)　a　音素材　　b　変化　　c　対照　　d　構成を工夫
e　要素の働き　　f　変奏や編曲　　g　知覚　　h　感受
(2)　a　生涯にわたり　　b　個性豊かな　　c　主体的な
d　音楽文化　　e　歌唱の特徴　　f　表現上の効果　　g　表現を工夫

〈解説〉(1)「A　表現」に関しては，(1)　歌唱，(2)　器楽，(3)　創作の3つから成り立っており，「創作」については，ア～エの4つの事項が示されている。事項アは音階，旋律，和音などについて，本設問の事項イは音素材の特徴，構成原理について，事項ウは変奏，編曲について，事項エは音楽を形づくっている要素に関する内容についてである。事項ア・イ・ウのそれぞれをエと関連付けて指導し，創作の学習の充実を図るよう示されている。「B　鑑賞」でもア～エの4つの事項が示され，事項アは声や楽器の音色の特徴，事項イは音楽を形づくっている要素，事項ウは文化的・歴史的背景，作曲者及び演奏者による表現の特徴，事項エは我が国や郷土の伝統音楽の種類と特徴に関する内容についてである。音楽Ⅰ，音楽Ⅱ，音楽Ⅲを項目ごとに比較しながら学習することで，理解を深めることができる。　(2)　音楽Ⅰは，中学校音楽を基礎に，創造的な表現と鑑賞の能力を伸ばすことをねらいとし，音楽Ⅱ・Ⅲにおける発展的な学習の基礎を養う科目である。音楽Ⅱは音楽Ⅰを履修した生徒が，次の段階として履修するために設けられている。音楽Ⅰの学習を基礎にして，個性豊かな表現の能力と主体的な鑑賞の能力を伸ばすことをねらいとしている。

2017年度　実施問題

【中高共通】

【1】次の楽譜を見て，(1)～(4)の問いに答えなさい。

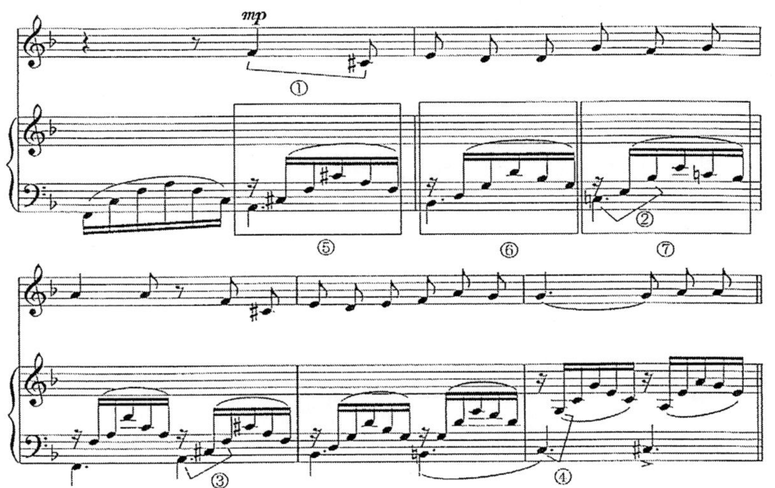

(1)　この楽曲の調名と拍子記号を書きなさい。(*原調は短3度上)

(2)　楽譜上の①～④で示された2音間の音程を書きなさい。また，⑤～⑦で囲まれた和音の種類と，コードネームを書きなさい。(例　長三和音　C)

(3)　この楽曲の作曲者名と，生まれた国を書きなさい。

(4)　この楽曲の旋律をアルト・サクソフォーンで演奏するために，調号を用いて高音部譜表に書きなさい。

(☆☆☆◎◎◎)

【2】次の(1)～(4)に示される音階を答えなさい。

(1)　アルト譜表に調号を用いず，ト短調旋律的短音階を書きなさい。

(2)　高音部譜表に調号を用いず，ヘ短調の平行調の下属調を書きなさい。

(3)　低音部譜表に調号を用いて，ホ長調の属調を書きなさい。

(4)　高音部譜表に調号を用いず，ドイツ音名Cis，F，Aで構成される和音を含む調を書きなさい。(短調のときは和声的短音階にすること)

(☆☆☆◎◎◎)

【3】次の(a)～(e)の作曲家について，(1)～(3)の問いに答えなさい。

(a)　武満徹	(b)　ビゼー	(c)　レスピーギ
(d)　シェーンベルク	(e)　山田耕筰	

(1)　各作曲家の代表的な作品を，次のア～ケから選び，記号で書きなさい。

ア　オペラ「カルメン」　　イ　平曲「那須与一」
ウ　交響詩「ローマの松」　　エ　歌曲集「女の愛と生涯」
オ　交響詩「曼陀羅の華」　　カ　箏曲「千鳥の曲」
キ　スカラムーシュ　　ク　ノヴェンバー・ステップス
ケ　浄夜

(2)　(1)のクの「ノヴェンバー・ステップス」に使用される独奏楽器を2つ書きなさい。

(3)　(1)のアのオペラの中には，カルメンが歌う(　①　)，エスカミリオが歌う(　②　)，ホセが歌う(　③　)のアリアがある。①～③にあてはまる曲名を，次のア～キから選び記号で書きなさい。

ア　冷たい手を　　イ　闘牛士の歌　　ウ　夕星のうた
エ　花の歌　　オ　歌に生き恋に生き　　カ　ハバネラ
キ　燃える心

(☆☆☆☆◎◎)

【4】下の楽器について，(1)・(2)の問いに答えなさい。

(1)　次の各文の①～⑩にあてはまる語句を書きなさい。

(a)　葦(あし)が豊富な地中海世界ではリード楽器が古代から発達した。代表的なダブルリードの楽器として，古代ギリシャにおいてはアウロスがある。そして，伝承されていく過程で，楽器の素材や形状が変わり，中国ではグァンズや(　①　)，朝鮮半島では(　②　)，日本では(　③　)へと変容を重ねた。

(b)　三味線の調弦は主に(　④　)，(　⑤　)，(　⑥　)である。また音高を決めるために左手の指で押さえる所を(　⑦　)と呼ぶ。三味線の代表的な奏法として(　⑧　)，(　⑨　)，(　⑩　)などがある。

(2)　次に示すのはドラムセットに使われている楽器である。それぞれの楽器名を書きなさい。

(a)　SD　　(b)　BD　　(c)　HHC　　(d)　CC　　(e)　RC

(☆☆☆☆◎◎)

【5】次の和音記号に従い，4分の4拍子で8小節のアルト・リコーダーの曲を作りなさい。ただし，(1)～(7)の条件を満たしていること。

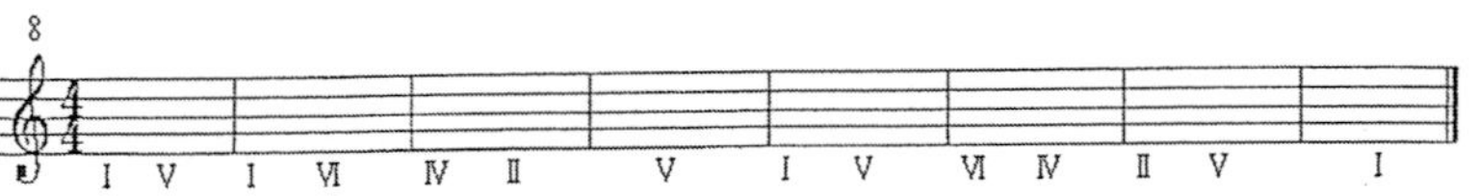

【条件】

(1)　一部形式であること。

(2)　調はヘ長調とすること。

(3)　速度記号か速度標語を指定すること。

(4)　強弱記号(変化を表す記号も可)を示すこと。

(5)　それぞれの小節に和音記号を表記すること。

(6)　次の4種類の非和声音をそれぞれ1回以上使用し，その音の上にカタカナで表記すること。

(a)　掛留音…ケ

(b)　経過音…カ

(c)　刺繍音…シ

(d)　倚　音…イ

(7)　アルト・リコーダーの音域であること。

(☆☆☆☆◎◎)

【中学校】

【1】中学校学習指導要領「第2章　各教科」「第5節　音楽」について，次の(1)・(2)の問いに答えなさい。

(1)　次の文は「第2　各学年の目標及び内容」〔第2学年及び第3学年〕「2　内容」の一部である。(　a　)～(　i　)にあてはまる語句を書きなさい。

> 「A　表現」
>
> (3)　創作の活動を通して，次の事項を指導する。
>
> イ　表現したい(　a　)をもち，(　b　)の特徴を生かし，(　c　)，変化，(　d　)などの構成や(　e　)を工夫しながら音楽をつくること。
>
> 「B　鑑賞」
>
> (1)　鑑賞の活動を通して，次の事項を指導する。
>
> ウ　我が国や(　f　)の(　g　)及び(　h　)の様々な音楽の特徴から音楽の(　i　)を理解して，鑑賞すること。

(2)　次の文は「第3　指導計画の作成と内容の取扱い」の一部である。(　a　)・(　b　)にはあてはまる楽曲名を，(　c　)～(　f　)にはあてはまる語句を書きなさい。

> 2　第2の内容の指導については，次の事項に配慮するものとする。
>
> (1)　歌唱の指導については，次のとおり取り扱うこと。
>
> ア　各学年の「A　表現」の(4)のイの(ア)の歌唱教材につ

いては，以下の共通教材の中から各学年ごとに1曲以上を含めること。

「(a)」　三木露風作詞　山田耕筰作曲

「(b)」　江間章子作詞　團伊玖磨作曲

(5) 創作の指導については，(c)に音を出しながら(d)を試すなど，音を音楽へと構成していく体験を重視すること。その際，(e)に偏らないようにするとともに，必要に応じて作品を(f)を工夫させること。

(☆☆☆◎◎◎)

【高等学校】

【1】高等学校学習指導要領「第2章　第7節　芸術　第2款　各科目」について，次の(1)・(2)の問いに答えなさい。

(1) 次の文は，「第1　音楽Ⅰ　3内容の取扱い」の一部である。次の(a)～(j)にあてはまる語句を書きなさい。

(7) 内容のA(表現)及びB(鑑賞)の教材については，(a)や(b)等を考慮し，我が国や郷土の伝統音楽を含む我が国及び(c)の様々な音楽から(d)扱うようにする。また，Bの教材については，(e)の諸民族の音楽を含めて扱うようにする。

(8) (f)と(g)とのかかわりを考えさせ，(h)への関心を高めるよう配慮するものとする。また，音楽に関する知的財産権などについて配慮し，(i)等を(j)の形成を図るようにする。

(2) 次の文は，「第2　音楽Ⅱ　2内容」の一部である。次の(a)～(e)にあてはまる語句を書きなさい。

A　表現

表現に関して，次の事項を指導する。

(1)　歌唱

ア　曲想を(　a　)や(　b　)とかかわらせて(　c　)し，イメージをもって歌うこと。

B　鑑賞

鑑賞に関して，次の事項を指導する。

ア　声や(　d　)の特徴と(　e　)とのかかわりを(　c　)して鑑賞すること。

(☆☆☆◎◎◎)

解答・解説

【中高共通】

【1】(1)　調名…ヘ長調　　拍子記号…$\frac{6}{8}$　　(2)　①　減4度　②　短7度　　③　短6度　　④　完全5度　　⑤　和音の種類…増三和音　　コードネーム…Faug　　⑥　和音の種類…短三和音　　コードネーム…Gm　　⑦　和音の種類…属七の和音　　コードネーム…C7　　(3)　作曲者…トスティ　　生まれた国…イタリア

(4)

〈解説〉(1)　調号と曲の冒頭の和音，また2小節目の属七の和音がヘ長調

の主和音に進行していることから判断する。拍子は旋律から8分音符を1拍とする拍子だと判断できる。 (2) ① 4度音程は完全系だが嬰ハ音により半音狭まり減音程となる。 ② ハ音と変ロ音間の音程。半音を2つ含むので短音程。 ③ イ音とヘ音間の音程。半音を2つ含むので短音程。 ④ ハ音とト音間の音程。5度音程は完全系。 ⑤ 和音構成音はヘ・イ・嬰ハ音で，根音と第5音が増5度関係にある。コード名はaug(オギュメント)を根音の英語音名に加える。 ⑥ 和音構成音はト・変ロ・ニ音で，根音と第3音が短三度，根音と第5音が完全5度関係にある。コード名は根音の英語名にm(マイナー)をつける。 ⑦ 和音構成音はハ・ホ・ト・変ロ音で，根音と第7音が短7度関係にある。コード名は根音の英語名に7(セブンス)をつける。 (3) この楽曲は，近代イタリア歌曲の創始者であるトスティ作曲の「夢」である。 (4) アルト・サクソフォーンの記譜音は実音より長6度高い。調号はヘ長調から長6度上のニ長調で，旋律音もすべて長6度上げて記譜する。

【2】(1)

〈解説〉(1) 上行形は第6音と第7音が半音上がり，下行形はト短調の自

然短音階，♭2つの調号を持つ短音階となる。アルト譜表なので音高の記譜に注意すること。　(2)　平行調である変イ長調の下属調は完全4度上の変ニ長調で，調号は♭5つである。　(3)　属調は完全5度上のロ長調となり，調号は♯5つとなる。　(4)　和音構成音より，へ音に♯がついていないので，嬰ハ音は調号の♯ではなく，短音階の導音で半音上がった音と判断できる。ゆえにニ短調の和声的短音階となる。

【3】(1)　(a)　ク　(b)　ア　(c)　ウ　(d)　ケ　(e)　オ
(2)　琵琶，尺八　(3)　①　カ　②　イ　③　エ

〈解説〉(1)　イは盲人音楽家が平家琵琶の伴奏で語る語り物。エはロベルト・シューマンが作曲した連作歌曲。カは二世吉沢検校が作曲した胡弓と箏の合奏曲。キはミヨー作曲の2台のピアノのための組曲。
(2)「ノヴェンバー・ステップ」は武満徹が作曲した，琵琶と尺八とオーケストラのための作品。　(3)　アはプッチーニ作曲のオペラ「ラ・ボエーム」のロドルフォのアリア。ウはワーグナー作曲の楽劇「タンホイザー」のヴォルフラムのアリア。オはプッチーニ作曲のオペラ「トスカ」のトスカのアリア。キはヴェルディ作曲のオペラ「椿姫」のアルフレードのアリア。

【4】(1)　(a)　①　スオナー　②　ピリ　③　ひちりき
(b)　④　本調子　⑤　二上がり　⑥　三下がり　⑦　勘所
⑧　ハジキ　⑨　スクイ　⑩　スリ　(2)　(a)　スネアドラム
(b)　バスドラム　(c)　ハイハットシンバル　(d)　クラッシュシンバル　(e)　ライドシンバル

〈解説〉(1)　(a)　①　ポルトガルから伝来したチャルメラと同じような形状をした中国の2枚リードの管楽器である。　②　竹で作られた笛本体に8つの穴があり，キョプソというリードをさして，縦にもって演奏する。　③　竹の管で作られ，表に7つ，裏側に2つの穴を持つ縦笛で，ダブルリードのような形をした葦舌を用いて演奏する。
(b)　④・⑤・⑥　本調子を基本にして，2の糸が高いのが二上り，3の

糸が低いのが三下がりとなる。 ⑦ 押さえる位置はだいたい決まっているので勘所という。「感所」,「坪」ということもある。

⑧・⑨・⑩ 基本動作は「うつ」「はじく」「すくう」であるが，それらを組み合わせた奏法もある。「ハジキ」は指を糸ではじく奏法，「スクイ」は撥で糸をすくう奏法，「スリ」は左手の奏法で，糸から指を離さないように棹から指を浮かして次の坪まで滑らせる奏法。

(2) 各楽器の頭文字になっている。(a)はアクセントつけるために用いるドラムで裏にスネア(響き線)が貼られている。(b)は低音を作るドラムで，右足で演奏する大太鼓。(c)はリズムを刻むために利用するもので，左足で開け閉めができるシンバル。(d)は主にアクセントをつけるためのシンバルで，クラッシュしたような音が出る。(e)はビートを載せるという意味の「ライド・ビート」に由来した名前で，主にビートを刻むために使われるシンバル。

【5】

〈解説〉条件を満たすことが優先事項である。一部形式のため4小節目で半終止，8小節目で完全終止となるように構成する。旋律に合った，またイメージに合った速度や強弱をつける。リコーダーは幅広い音量の強弱をつけることは無理なので，アーティキュレーションの変化や音の立ち上がりの違いなどによる音色の変化によって，音量の変化を表すことができる。掛留音は前の和音で音声音が引き伸ばされ，次の和音で非和声音となって，新しい和音の構成音に2度進行して解決する音のこと。経過音はある和音構成音から別の和音構成音に順次進行

でつなぐときに間にはいる非和声音のこと。刺繍音はある和音構成音から非和声音に順次進行し，元の音に戻る時の非和声音のこと。倚音は和音の変わり目に跳躍進行して非和声音となり順次進行して和音構成音に解決する非和声音のこと。楽譜より高音部譜表にオクターブ記号がついていることと，中学音楽ではソプラノ・リコーダーと同様にアルト・リコーダーも1オクターブ下げて記譜することから，アルト・リコーダーの実音を1オクターブ下げて記譜する。

【中学校】

【1】(1)　a　イメージ　b　音素材　c　反復　d　対照　e　全体のまとまり　f　郷土　g　伝統音楽　h　諸外国　i　多様性　(2)　a　赤とんぼ　b　花の街　c　即興的　d　音のつながり方　e　理論　f　記録する方法

〈解説〉(1)　a～e　第1学年で音素材の特徴を「感じ取る」指導を行っていることを踏まえ，第2学年及び第3学年では音素材の特徴を「生かす」指導を行っていく。また，音楽を構成する原理を工夫するだけでなく，それらを音楽として全体的にまとめていくことが求められる。

f～h　中学校学習指導要領解説音楽編(平成20年9月，文部科学省)では，「曲種に応じた発声や和楽器で表現したり，音楽をその背景となる文化・歴史と関連付けて鑑賞したりする活動などは，音楽文化の理解につながる学習と言える」としている。このことは，学校教育法第21条に掲げられた義務教育として行われる普通教育の目標のうち第三号「我が国と郷土の現状と歴史について，正しい理解に導き，伝統と文化を尊重し，それらをはぐくんできた我が国と郷土を愛する態度を養うとともに，進んで外国の文化の理解を通じて，他国を尊重し，国際社会の平和と発展に寄与する態度を養うこと」を達成することにつながると考えられる。　(2)　a・b　中学校音楽の共通教材は全部で7曲。曲名，作詞者，作曲者，歌詞，旋律，楽譜などの基本事項を確実に覚えておくこと。　c～f　中学校学習指導要領解説音楽編(平成20年9月，文部科学省)では，創作活動においては理論先行型の学習ではなく，

「生徒がその時の気分や気持ちにしたがって自由に音を出してみること」を大切にしている。また，「作った音楽を五線譜だけでなく，文字，絵，図，記号，コンピューターなどを用いて」記録するなどの工夫も指導する必要がある。

【高等学校】

【1】(1)　a　地域　　b　学校の実態　　c　諸外国　　d　幅広く　e　アジア地域　　f　音や音楽　　g　生活や社会　　h　音環境　i　著作物　　j　尊重する態度　　2　a　歌詞の内容　　b　楽曲の背景　　c　理解　　d　楽器の音色　　e　表現上の効果

〈解説〉(1)　a～e　幅広い教材の中から適切に教材を選ぶためにも，地域や学校の実態や生徒の特性，興味，関心等を考慮する必要がある。なお，高等学校学習指導要領解説芸術(音楽・美術・工芸・書道)編・音楽編・美術編(平成21年7月，文部科学省)によると，「アジア地域の諸民族の音楽」を含めるとしているのは，「我が国と歴史的・地理的に関係の深い」ことが理由である。　f～h　同解説では，音や音楽と生活や社会とのかかわりの指導について「生活や社会の中にある様々な音や音楽に耳を傾けることによって，(中略)人間にとっての音や音楽の存在意義などを考え，音環境への関心が高まるよう配慮することが大切である」としている。　i・j　同解説では，「日常生活の中にある音楽や将来関わっていく音楽」についても著作権があることを指摘している。著作者への権利を守り，敬意を払いつつ，適切な方法でその作品を楽しむ事ができるように指導することが必要である。

(2)　a，b，d，eに入る語句は，「音楽Ⅰ」の同項目の内容と同じである。「音楽Ⅰ」ではそれらを「感じ取る」ことがねらいであるが，「音楽Ⅱ」ではより深くとらえ，「理解」することがねらいとなる。

2016年度　実施問題

【中高共通】

【1】次のA～Dの楽譜を見て，(1)～(6)の問いに答えなさい。

(1)　A～Dはミュージカルで歌われる楽曲の一部分です。そのミュージカルの題名とそれぞれの舞台となっている国名を書きなさい。

(2)　A～Dの楽曲の拍子記号を書きなさい。

(3)　①～④の2音間の音程を書きなさい。

(4)　⑤で囲まれた部分はどのように転調しているか，調名を日本語で書きなさい。

(5)　⑥で囲まれた部分はある調の自然的短音階と考えられます。この調の属調の平行調の音階をソプラノ譜表に調号を用いて全音符で書きなさい。ただし，短調の場合は旋律的短音階とすること。

(6)　A～Dの楽曲と同じ作曲者の作品をア～オから選び，記号で書きなさい。

ア　ミス・サイゴン　　イ　オペラ座の怪人

ウ　キャンディード　　エ　マイ・フェア・レディー

オ　王様と私

(☆☆☆◎◎◎)

【2】次の(1)・(2)の楽曲の調名をドイツ語で答えなさい。

(☆☆☆☆◎◎)

【3】次の(a)～(e)の作曲家について，(1)～(3)の問いに答えなさい。

(a)　H. ベルリオーズ

(b)　P. チャイコフスキー

(c)　A. コプランド

(d)　C. サン・サーンス

(e)　W. A. モーツァルト

(1)　各作曲家の代表的な作品を，次のア～ケから選び，記号で書きなさい。

ア　組曲「大峡谷」

イ　歌劇「サムソンとデリラ」

ウ　ブランデンブルク協奏曲

エ　クラリネット五重奏曲イ長調

オ　エル・サロン・メヒコ

カ　幻想交響曲

キ　交響詩「レ・プレリュード」

ク　バレエ音楽「四季」

ケ　交響曲第6番「悲愴」

(2)　(1)のエの「クラリネット五重奏曲イ長調」のクラリネット以外の楽器編成を書きなさい。

(3)　(b)の作曲家が作曲した協奏曲を楽器別に2つ書きなさい。

(☆☆☆◎◎◎◎)

【4】日本と諸外国の楽器について，(1)・(2)の問いに答えなさい。

(1)　(a)～(h)の楽器の分類にあてはまる楽器を，下のア～クから選び，記号で書きなさい。

楽器の分類	楽　器	
体鳴楽器	(a)	(b)
膜鳴楽器	(c)	(d)
気鳴楽器	(e)	(f)
弦鳴楽器	(g)	(h)

ア　バグパイプ　　イ　こきりこ　　ウ　カヤグム
エ　バンドネオン　オ　クラベス　　カ　トーキングドラム
キ　小鼓　　　　　ク　ウード

(2)「箏」と「琴」の違いを述べなさい。

(☆☆☆◎◎)

【5】次の8小節の器楽曲に合うピアノ伴奏を作りなさい。ただし，(1)～(5)の条件を満たしていること。

【条件】(1)　前半4小節は，指定のコードネームに従うこと。

(2)　後半4小節のコードネームを記入し，それに基づいた伴奏とすること。

(3) 曲の始めの調で終わること。

(4) 速度記号か速度標語を指定すること。

(5) 強弱記号(変化を表す記号も可)を示すこと。

(☆☆◎◎)

【中学校】

【1】次の中学校学習指導要領「第2章　各教科」「第5節　音楽」について，(1)～(3)の問いに答えなさい。

(1) 次の文は「第2　各学年の目標及び内容」「2　内容」「A　表現」の一部である。(a)～(d)にあてはまる語句を書きなさい。

> (4) 表現教材は，次に示すものを取り扱う。
>
> イ　歌唱教材には，次の観点から取り上げたものを含めること。
>
> (イ) (a)，長唄(ながうた)などの我が国の伝統的な歌唱のうち，(b)や学校，(c)の実態を考慮して，伝統的な(d)の特徴を感じ取れるもの

(2)　次の文は「第3　指導計画の作成と内容の取扱い」の一部である。(a)〜(i)にあてはまる語句や数字を書きなさい。

> 2　第2の内容の指導については，次の事項に配慮するものとする。
>
> (2)　器楽の指導については，指導上の必要に応じて和楽器，弦楽器，管楽器，(a)，鍵(けん)盤楽器，(b)及び世界の諸民族の楽器を適宜用いること。なお，和楽器の指導については，3学年間を通じて(c)種類以上の楽器の表現活動を通して，生徒が我が国や(d)の伝統音楽のよさを味わうことができるよう工夫すること。
>
> (6)　各学年の「A表現」の指導に当たっては，指揮などの(e)も取り上げるようにすること。
>
> (7)　各学年の「A表現」及び「B鑑賞」の指導に当たっては，次のとおり取り扱うこと。
>
> ア　生徒が自己の(f)や思いを伝え合ったり，他者の意図に(g)したりできるようにするなど(h)を図る指導を工夫すること。
>
> ウ　音楽に関する(i)について，必要に応じて触れるようにすること。

(3)「第3　指導計画の作成と内容の取扱い」の「2　第2の内容の指導については，次の事項に配慮するものとする。」に「(8)　各学年の〔共通事項〕のイの用語や記号などは，小学校学習指導要領第2章第6節音楽の第3の2の(6)に示すものに加え，生徒の学習状況を考慮して，次に示すものを取り扱うこと。」とあるが，その中に示されているものを，次のア〜キから3つ選び，記号で書きなさい。

ア　dolce　　イ　調　　ウ　和音　　エ　Fine　　オ　𝅘𝅥𝅯.

カ　Allegretto　　キ　a tempo

(☆☆◎◎◎)

【高等学校】

【1】次の高等学校学習指導要領「第2章　第7節　芸術　第2款　各科目」について，(1)・(2)の問いに答えなさい。

(1)　次の文は，「第1　音楽Ⅰ　2内容」の一部である。次の(　a　)～(　f　)にあてはまる語句を書きなさい。

A　表現

(1)　歌唱

ウ　様々な(　a　)による歌唱の特徴を生かし，表現を工夫して歌うこと。

エ　音楽を形づくっている要素を(　b　)し，それらの働きを(　c　)して歌うこと。

(2)　器楽

ア　(　d　)を楽曲の背景とかかわらせて感じ取り，イメージをもって演奏すること。

イ　楽器の(　e　)や(　f　)の特徴を生かし，表現を工夫して演奏すること。

(2)　次の文は，「第2　音楽Ⅱ　2内容」の一部である。次の(　a　)～(　i　)にあてはまる語句を書きなさい。

A　表現

(1)　歌唱

イ　曲種に応じた(　a　)の特徴と表現上の(　b　)とのかかわりを理解し，表現を工夫して歌うこと。

(3)　創作

ア　(　c　)を選んで旋律をつくり，その旋律に(　d　)な旋律や(　e　)などを付けて，イメージをもって(　f　)に音楽をつくること。

B　鑑賞

ウ　楽曲の文化的・(　g　)背景や，(　h　)及び演奏者による表現の特徴について理解を(　i　)鑑賞すること。

(☆☆◎◎◎)

解答・解説

【中高共通】

【1】(1)　(題名，国名の順)　A　ウエスト・サイド物語(ストーリー)，アメリカ合衆国　　B　レ・ミゼラブル，フランス

C　サウンド・オブ・ミュージック，オーストリア

D　キャッツ，イギリス　　(2)　A　$\frac{4}{8}$$\left(\frac{2}{4}\text{でも可}\right)$

B　$\frac{4}{4}$　　C　$\frac{3}{4}$　　D　$\frac{12}{8}$　　(3)　①　短7度　　②　長6度

③　完全4度　　④　減5度　　(4)　変ホ長調→ヘ短調→変ト長調

(5)

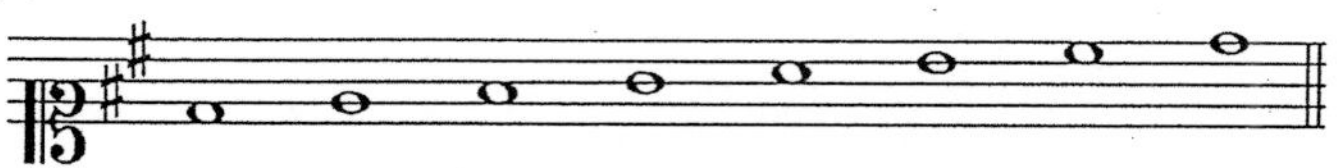

(6)　A　ウ　　B　ア　　C　オ　　D　イ

〈解説〉(1)　代表的なミュージカルについては鑑賞して試験に臨むとよい。舞台となる国も問われる場合が多いので，そうした背景の知識についても確認しておく。　(2)　Aは1小節に4分音符が2つある。Bは１小節に4分音符が4つある。Cは１小節に4分音符が3つある。Dは8分音符3つが１小節に4拍ある。　(3)　①　シとラの両方に♭がついているので，両方♭がついていないと考えても同じである。短2度の音程が2つ含まれる。　②　短2度の音程が1つ含まれる。　③　ファに♯がついており，短2度の音程が1つ含まれる。　④　レに♯がついており，短2度の音程が2つ含まれる。　(4)　始めの3つの音のコードはEs，次の3つの音のコードはFm，最後の3つの音のコードはGesである。

(5)　♯が1つの調性で短音階なのはト長調の平行調であるホ短調である。ホ短調の属調はロ短調である。ロ短調の平行調はニ長調である。ニ長調の調号はファとドである。ソプラノ譜表は，メゾソプラノ譜表，アルト譜表，テノール譜表，バリトン譜表などとともに覚えておくこと。　(6)　Aはレナード・バーンスタイン作曲，Bはクロード・ミシ

ェル・シェーンベルク作曲，Cはリチャード・ロジャース作曲，Dはアンドリュー・ロイド・ウェバー作曲である。

【2】(1)　E dur　　(2)　as moll

〈解説〉(1)　ダブル♯は調号にはないので初めの小節のファのダブル♯は調性を判断する音にはならない。また，2小節目のラの♯は次の小節では♮になり，ミも次の小節では♮になっている。このことから，これらの調号は臨時記号と考えられ，それ以外の調号から曲を判断すればファ，ド，ソ，レの4つの調号を持つホ長調である。　(2)　変ハ長調の平行調である変イ短調が正答である理由は，シ，ミ，ラ，レ，ソ，ド，ファの全てが♭になっていることと，変イ短調のⅠの和音から開始しているためである。

【3】(1)　(a)　カ　　(b)　ケ　　(c)　オ　　(d)　イ　　(e)　エ

(2)　第1ヴァイオリン，第2ヴァイオリン，ヴィオラ，チェロ

(3)　ピアノ(協奏曲)，ヴァイオリン(協奏曲)

〈解説〉(1)　アはファーディ・グローフェ作曲，ウはヨハン・セバスティアン・バッハ作曲，キはフランク・リスト作曲，クはアレクサンドル・グラズノフ作曲である。　(2)　エは，クラリネットと弦楽四重奏のための室内楽曲である。この曲を聴いたことがあれば答えられる問いである。　(3)　やや難問である。代表的な作曲家の有名な作品については，一通り押さえて試験に臨むようにする。

【4】(1)　(a)　イ　　(b)　オ　　(c)　カ　　(d)　キ

(e)　ア　　(f)　エ　　(g)　ウ　　(h)　ク　(楽器の分類ごとに順不同)

(2)　箏は柱があるが，琴は柱がない(「箏柱」「琴柱」でも可)。

〈解説〉(1)　世界の楽器の分類をする時には，弦楽器・管楽器・打楽器の区分ではなく，本問のように体鳴楽器，膜鳴楽器，気鳴楽器，弦鳴楽器と区分されることを認識しておく。こきりことは，こきりこ節を歌ったり踊ったりする時に使う楽器である。バンドネオンとはタンゴ

で使われる楽器でアコーディオンと形が似ているが，鍵盤ではなくボタン式である。　(2)　琴は中国の撥弦楽器で七弦琴ともいわれる。箏は十三弦なので，この点も大きな違いである。

【５】(1)

〈解説〉教育現場では，伴奏譜のない楽譜に自分で伴奏をつけて弾きながら指導しなければならない場面もある。そのような時に対応できるよう，旋律からコードネームを判断したり，コードネームから具体的な伴奏をできるようにしておく必要がある。楽譜から，イ短調の曲を作曲すればよいことが分かる。

【中学校】

【1】(1)　a　民謡　　b　地域　　c　生徒　　d　声
(2)　a　打楽器　　b　電子楽器　　c　1　　d　郷土
e　身体的表現活動　　f　イメージ　　g　共感　　h　コミュニケーション　　i　知的財産権　　(3)　イ，ウ，キ

〈解説〉学習指導要領からの出題は，新たに改訂され，書き加えられた部分からの出題が多い。本問も，(1)〜(3)の全てが，現行の学習指導要領で新たに加わった部分からの出題である。学習指導要領については，どこが改訂されたのかを必ず確かめるようにしたい。

【高等学校】

【1】(1)　a　表現形態　　b　知覚　　c　感受　　d　曲想　　e　音色
f　奏法　　(2)　a　発声　　b　効果　　c　音階　　d　副次的
e　和音　　f　創造的　　g　歴史的　　h　作曲者　　i　深めて

〈解説〉現行の学習指導要領は平成25(2013)年から実施されている。本問は，(1)，(2)とも旧学習指導要領から現行の学習指導要領に代わった時に改訂された箇所からの出題である。細かく語句を問われているので，逐語的に覚えて試験に臨む必要がある。

2015年度　実施問題

【中高共通】

【１】次の楽譜を見て，(1)〜(6)の問いに答えなさい。

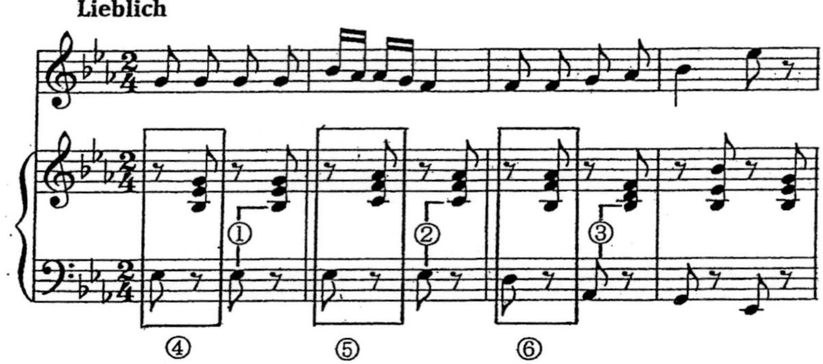

(1)　この楽曲について，次の(　a　)〜(　g　)にあてはまる語句を書きなさい。

*(　a　)には国名を入れる。

この楽曲は，(　a　)の詩人(　b　)の「(　c　)」という詩に，(　d　)が作曲した楽曲です。

この作曲者は多くの(　e　)と呼ばれる芸術歌曲を作曲し，連作歌曲集「(　f　)」，「(　g　)」などを残した。

(2)　この楽曲の速度と強弱として最も適切なものをア〜カから選び，記号で答えなさい。

ア ♩＝69　　イ ♩＝92　　ウ ♩＝112　　エ *pp*

オ *mp*　　カ *f*

(3)　Lieblichと同じ意味の楽語をア〜エから選び，記号で答えなさい。

ア　leggiero　　イ　amabile

ウ　giocoso　　エ　lamentoso

(4) 楽譜上の①～③で示された2音間の音程を答えなさい。また，④～⑥で囲まれた和音のコードネームを答えなさい。(例 Cm)

(5) この楽曲の調名を答えなさい。また，その下属調と平行調を調号を用いずアルト譜表に全音符で書きなさい。ただし，短調の場合は旋律的短音階とすること。

(6) この楽曲の旋律をB♭管クラリネットで演奏するために，調号を用いて高音部譜表に書きなさい。

(☆☆◎◎◎◎)

【2】次に示す各文は，器楽曲や声楽曲の用語を説明したものである。ア～クから適切な用語を選び，記号で答えなさい。

(1) 同じ旋律が複数の声部によって繰り返され，転調などを経て発展する音楽。

(2) 低音部に現れる主題が何度も反復される，変奏曲形式の器楽曲。

(3) 劇やオペラの幕間に演奏される器楽曲。

(4) ロマン派の時代に多く書かれた小品，即興的な要素をもつ。

(5) 宗教的なテーマによる劇音楽。

ア ラプソディ　　イ プレリュード　　ウ インテルメッツォ
エ オラトリオ　　オ フーガ　　カ アンプロンプチュ
キ パッサカリア　　ク マドリガル

(☆☆☆◎◎)

【3】次の(1)～(3)の各文を読んで，(a)～(h)にあてはまる語句を書きなさい。

(1) 室町時代の初め，観阿弥・(a)父子が大成した仮面劇が(b)である。(b)と一緒に上演されるコミカルな対話劇を(c)という。両者を合わせて(d)という。

(2) 義太夫節の演奏は(e)ひとりと(f)ひとりの編成が基本である。(f)は，(g)を用いる。

(3) 長唄は，唄を担当する唄方と三味線を担当する三味線方，鳴物を担当する(　h　)方によって演奏される。

(☆☆◎◎◎◎)

【4】次の楽譜を見て，(1)～(2)の各問いに答えなさい。

ア

イ

ウ

エ

オ

(1)　上の楽譜のア～オの楽曲名と作曲者名を答えなさい。

(2)　上の楽譜のア～オの楽曲について，作曲された年代順に古いものから新しいものに並べ，記号で答えなさい。

(☆☆☆◎◎◎)

【5】次の詩に旋律をつけ，歌唱曲を作りなさい。ただし，(1)～(7)の条件を満たしていること。

今年も　春はきました　何も無い大地にも
パッと　可憐な花が咲き　陽は輝くのです

【条件】

(1)　12～16小節でまとまりのあること。

(2)　二部形式であること。

(3)　ことばの抑揚やリズムを生かした旋律とすること。

(4)　速度記号か速度標語を指定すること。

(5)　拍子は任意とするが，示すこと。

(6)　強弱記号(変化を表す記号も可)を示すこと。

(7)　歌詞を音符の下に書き入れること。必要があれば，ことばを繰り返しても構わない。

(☆☆☆☆◎◎◎)

【6】次の(A)・(B)のどちらか1つを選択し，(1)～(3)の問いに答えなさい。

(A)　中学校学習指導要領「音楽」について，次の問いに答えなさい。

(1)　次の(　a　)～(　d　)にあてはまる語句を書き，〔共通事項〕を完成させなさい。

ア　音色，リズム，速度，旋律，(　a　)，強弱，(　b　)，構成などの音楽を形づくっている要素や要素同士の関連を(　c　)し，それらの働きが生み出す特質や雰囲気を(　d　)すること。

(2)「第3　指導計画の作成と内容の取扱い」「2(1)歌唱の指導については，次のとおり取り扱うこと。」に示されている共通教材「赤とんぼ」,「早春賦」,「夏の思い出」,「浜辺の歌」以外の楽曲名を3曲答えなさい。

(3)「第3　指導計画の作成と内容の取扱い」「2(8)各学年の〔共通事項〕のイの用語や記号などは，小学校学習指導要領第2章第6節音楽の第3の2の(6)に示すものに加え，生徒の学習状況を考慮して，次に示すものを取り扱うこと。」とあるが，示されていないものを，次のア～キから3つ選んで記号で答えなさい。

ア　序破急　　イ　𝄢　　ウ　動機　　エ　𝄐

オ　𝅘𝅥𝅱　　カ　*rit.*　　キ　***G.P.***

(B)　高等学校学習指導要領「第2章　第7節　芸術」について，次の問いに答えなさい。

(1)　次の(　a　)～(　d　)にあてはまる語句を書き，「第1款　目標」を完成させなさい。

芸術の幅広い活動を通して，生涯にわたり芸術を(　a　)する心情を育てるとともに，(　b　)を高め，(　c　)を伸ばし，(　d　)についての理解を深め，豊かな情操を養う。

(2)　次の文は，高等学校学習指導要領「第7節　芸術　第2款　各科目　第1　音楽Ⅰ　2　内容　A　表現　(2)　器楽」の一部です。

ウ　様々な表現形態による器楽の特徴を生かし，表現を工夫して演奏すること。

「様々な表現形態」とは何を指すのか，表現形態を3つ答えなさい。

(3)　次の文は，高等学校学習指導要領「第7節　芸術　第2款　各科目　第1　音楽Ⅰ　2　内容　A　表現　(2)　器楽」の一部です。(　a　)・(　b　)にあてはまる語句を書きなさい。また，「音楽を形づくっている要素」には，「音色，リズム，速度，旋律，強弱，構成」などがあるが，これら以外の要素を1つ答えなさい。

エ　音楽を形づくっている要素を(　a　)し，それらの働きを(　b　)して演奏すること。

(☆☆☆☆◎◎)

解答・解説

【中高共通】

【1】(1) a ドイツ b ゲーテ c 野ばら d シューベルト e ドイツリート f 美しき水車小屋の娘 g 冬の旅

(2) 速度…ア 強弱…エ (3) イ (4) ① 完全5度 ② 長6度 ③ 長9度 ④ E♭ ⑤ Fm7/E♭ ⑥ B♭7/D

(5) 調名…Es dur

下属調…

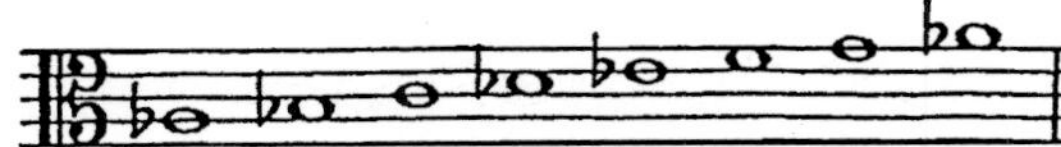

平行調…

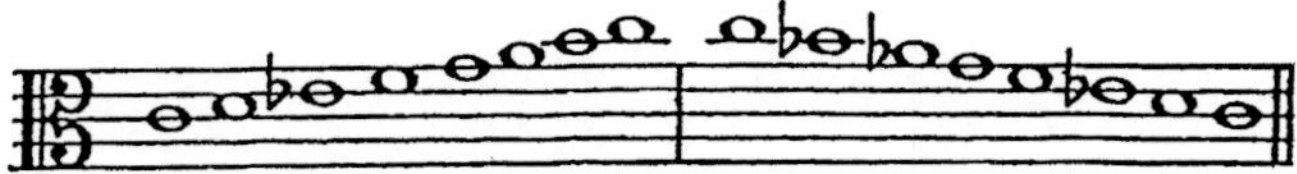

(6)

〈解説〉(1) シューベルト作曲「野ばら」は現行の教科書に掲載されている作品である。シューベルトの歌曲の分野における業績は歴史的に非常に高く評価されてきており，本問で問われている内容はいずれも基礎的な内容である。 (2) この楽曲の速度は1度でも聴いたり，歌ったりしたことがあれば答えられる。強弱記号についても，この曲を歌ったり鑑賞した経験があれば答えられるであろう。 (3) Lieblichは「愛らしく」の意味である。 ア leggieroは「軽快に，軽く，優美に」との意味である。 イ amabileは「愛らしく」との意味である。 ウ giocosoは「おどけて，楽しげに」との意味である。
エ lamentosoは「哀れな，痛ましい」との意味である。 (4) 音程については，難しく感じた時にはハ長調の時の音程を振り返って，それ

と比較しつつ照らし合わせて考えると正確に解答することができる。また，コードネームは転回形になっている和音を根音からの和音に直して考え，調号を見落とさずに考えると正確に解答できる。　(5)　調名は，第1小節目の和音をⅠの和音と考えると変ホ長調と判別できる。下属調とは完全5度下の調性で，この曲の場合は変イ長調である。平行調とは長調の場合は，同じ調号の短調であり，この曲の場合，ハ短調である。旋律的短音階は，音階の上行形の第6，7音が半音上がる。(6)　移調楽譜の問題は頻出である。B♭管で演奏する場合，長2度高く記譜する必要があることと，高音部譜表というのが所謂ト音記号であるということを理解していることが肝心である。変ホ長調の長2度上の調性はヘ長調であり，調号はロ音の♭1つのみとなる。

【2】(1)　オ　　(2)　キ　　(3)　ウ　　(4)　カ　　(5)　エ

〈解説〉他の選択肢について，アのラプソディとは狂詩曲。器楽曲で，多くは民族的または叙事的な性格を持っている。イのプレリュードとは前奏曲。導入的性格の器楽曲で，規模や構成はさまざまである。クのマドリガルとはルネサンス期の世俗音楽の一種。その音楽的特徴は軽快でユーモアに富んでいるという点にある。

【3】(1)　a　世阿弥　　b　能　　c　狂言　　d　能楽　　(2)　e　太夫　f　三味線　　g　太棹　　(3)　h　囃子

〈解説〉(1)　能楽についての基礎的な知識を問う問題であり，非常に易しい問いである。　(2)　江戸時代に発達した三味線音楽にはさまざまな種類があるが，太棹を使う分野(義太夫節等)，中棹を使う分野(清元節・地歌等)，細棹を使う分野(長唄等)とジャンルが分かれており，どの分野でどの三味線が使われているのか，知っておくと解答できる。(3)　長唄を構成する3つの分野についての基礎的な問いで，非常に易しい問いといえる。

【4】(1)　楽曲名…ア　バレエ音楽「春の祭典」から“インテルメッツォ”　イ　交響曲第5番ニ短調から第4楽章　ウ　箏曲「六段の調」　エ　ヴァイオリン協奏曲ホ短調第1楽章　オ　「四季」から“冬”第2楽章　作曲者名…ア　ストラヴィンスキー　イ　ショスタコーヴィチ　ウ　八橋検校　エ　メンデルスゾーン　オ　ヴィヴァルディ　(2)　ウ→オ→エ→ア→イ

〈解説〉(1)　ア「春の祭典」，イ「交響曲第5番ニ短調」は現行の高等学校教科書に掲載されている。ウ「六段の調」，エ「ヴァイオリン協奏曲ホ短調」，オ「四季」は『中学校学習指導要領解説　音楽編』付録に掲載の鑑賞共通教材である。但し，「四季」の中の「春」が鑑賞共通教材である。　(2)　ア「春の祭典」は1913年，イ「交響曲第5番ニ短調」は1937年，ウ「六段の調」の作曲年は定かではないが，作曲者の八橋検校の生没年は1614～85年。エ「ヴァイオリン協奏曲ホ短調」は1844年。オ「四季」は1725年。

【5】解答例省略

〈解説〉条件の二部形式とは大楽節が2つ合された曲をいう。また，12～16小節で作曲するという条件なので，6～8小節をひとまとまりとして2つの楽節をつくることになる。歌詞を前半部分と後半部分に分けてそれぞれにメロディーをつけていくのもよいだろう。このほかに5つの条件が示されているので，条件を満たすように注意すること。

【6】(A)　(1)　a　テクスチュア　b　形式　c　知覚　d　感受　(2)　荒城の月，花，花の街　(3)　イ，オ，キ　(B)　(1)　a　愛好　b　感性　c　芸術の諸能力　d　芸術文化　(2)　独奏，二重奏，四重奏　(3)　a　知覚　b　感受　要素　テクスチュア　形式

〈解説〉】(A)　(1)　中学校学習指導要領からの出題は，改訂前の学習指導要領から，改訂された現行の学習指導要領への改訂箇所からの出題が多い。今回出題の箇所も新しく変更された箇所からの出題である。こうした出題頻度が高い箇所は，よく対策しておく必要がある。　(2)

中学校学習指導要領に示された歌唱共通教材に関する問いも頻出問題である。特に曲名を問う本問は大変易しい問いであり，必ず解答できるようにしておきたいところである。　(3)　イのヘ音記号は，小学校学習指導要領で，「各学年の〔共通事項〕のイの「音符，休符，記号や音楽にかかわる用語」については，児童の学習状況を考慮して，次に示すものを取り扱うこと。」と示されている。オは32分音符，キはゲネラル・パウゼ(演奏者全員の休止)であり，学習指導要領には特に記載はない。　(B)　(1)　高等学校学習指導要領からの出題である。教科の目標，各科目の目標からの出題は，極めて頻度の高い問いである。キーワードを全て覚え，確実に解答できるように備え，試験に臨むようにしよう。　(2)　『高等学校学習指導要領解説　芸術編』の第2章第1節「3内容」「A表現」に，「我が国や諸外国の様々な音楽における独奏，二重奏，四重奏」との説明がある。出題頻度の低い問題であり，難易度が比較的高い問題といえる。　(3)　a，bは学習指導要領の空欄補充であり，容易に答えられるはずである。「要素」については，同じく『高等学校学習指導要領解説　芸術編』の第2章第1節「3内容」「A表現」に説明が記されているので，確認しておくこと。なお，「音楽を形づくっている要素」は，8つとも重要かつ頻出である。

2014年度　実施問題

【中高共通】

【1】次の楽譜を見て，(1)～(7)の問いに答えなさい。

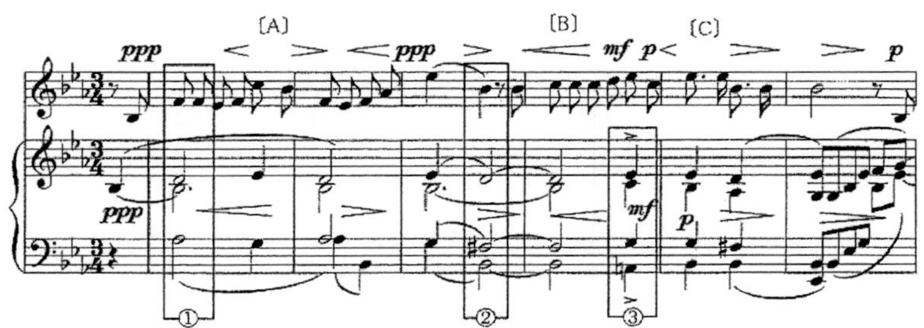

(1)　この楽譜はある歌曲の一部です。曲名を答えなさい。また，この曲の作詞者及び作曲者名を漢字で答えなさい。

(2)　楽譜上の適切な箇所に拍子記号を書き入れなさい。

(3)　この曲の速度として最も適切なものをア～エから選び，記号で答えなさい。また，ア～エを速度の速い順に記号で答えなさい。

ア　Adagio　　イ　Moderato　　ウ　Andante　　エ　Andantino

(4)　楽譜上の〔A〕～〔C〕に入る最も適切な楽語をア～エから選び，記号で答えなさい。

ア　*in fretta*　　イ　*molto riten.*　　ウ　*leggiero*　　エ　*esitando*

(5)　楽譜上の①～③で囲まれた部分の和音の種類を答えなさい。(例　長三和音など)

(6)　この楽譜をアルト・サクソフォーンとピアノで短3度低く演奏できるように調号を用いて移調しなさい。

(7)　この曲と同じ作詞者・作曲者の作品の中で，中学校または高等学校音楽Ⅰまたは Ⅱ の教科書(平成25年度版)に教材として採択されている作品名を一つ答えなさい。

(☆☆☆◎◎◎◎)

【2】次にあげる作品の作曲家名をア～オから選び，記号で答えなさい。

(a) 「涅槃交響曲」　　(b) 「水の変態」

(c) 「弦楽のためのレクイエム」

ア　宮城道雄　　イ　黛敏郎　　ウ　團伊玖磨　　エ　芥川也寸志

オ　武満徹

(☆☆☆◎◎◎)

【3】次の音群を含んでいる調をすべてドイツ語で答えなさい。ただし，短調は和声的短音階，旋律的短音階上行形，自然的短音階のすべてを含むものとする。

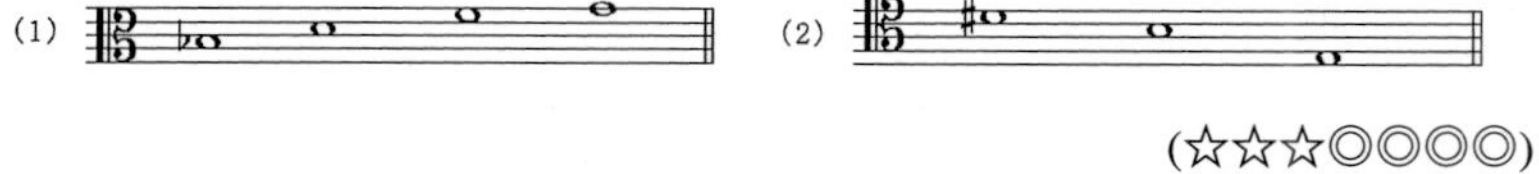

(☆☆☆◎◎◎◎)

【4】歌舞伎について，次の(1)～(4)の問いに答えなさい。

(1) 長唄「勧進帳」に使用される楽器を3種類答えなさい。

(2) 歌舞伎の演技法に「見得」があるが，どのような場面で演じられるか答えなさい。

(3) 「隈取」について，簡潔に説明しなさい。

(4) 「スッポン」とはどのような舞台装置であるのか答えなさい。

(☆☆☆◎◎◎)

【5】次の楽譜は，ある協奏曲の第1楽章再現部の一部です。この楽曲について，(1)～(4)の問いに答えなさい。

(1) この協奏曲の楽曲名と作曲者名，作曲者の出身国名を答えなさい。

(2) 楽譜中の①をオクターブ上げて，変ロ調のトランペットで演奏するとき，パート譜として適切なものをア～エから選んで記号で答えなさい。

(3) 上の楽譜に書かれている②～⑤の弦楽器名を答えなさい。

(4) 次のア～オの作曲家を生誕の順に並べ，記号で答えなさい。

ア G.ヴェルディ　　イ A.コレッリ　　ウ この協奏曲の作曲者

エ B.ブリテン　　オ P.ヒンデミット

(☆☆☆◎◎◎)

【６】「子守歌」という曲名で，五線譜に箏の曲を創作しなさい。ただし，(1)～(8)の条件を満たしていること。

【条件】

(1)　平調子の曲であること。

(2)　一部形式であること。

(3)　拍子は任意とするが示すこと。

(4)　8小節でまとまりのあること。

(5)　速度記号か速度標語を指定すること。

(6)　強弱記号(変化を表す記号も可)を示すこと。

(7)　「子守歌」らしい曲であること。

(8)　中学校2～3年生が授業の中で演奏できる程度とすること。

(☆☆☆☆◎◎◎)

【７】次の(A)・(B)のどちらか1つを選択し，(1)～(4)の問いに答えなさい。

(A)　中学校学習指導要領「音楽」について，次の問いに答えなさい。

(1)　次の〔　　〕を補って，「第1　目標」を完成させなさい。

表現及び鑑賞の幅広い活動を通して，〔　　〕豊かな情操を養う。

(2)　「第3　指導計画の作成と内容の取扱い」「2(3)　我が国の伝統的な歌唱や和楽器の指導について」に示されている配慮事項を，2つ答えなさい。

(3)　次の文は，「第2学年及び第3学年　2　内容　A　表現　(4)」の一部です。(　a　)～(　c　)にあてはまる語句を答えなさい。

ア　我が国及び諸外国の様々な音楽のうち，(　a　)に適切で，生徒の意欲を高め親しみのもてるものであること。

イ　(ア)我が国で長く歌われ親しまれている歌曲のうち，我が国の(　b　)を感じ取れるもの又は我が国の(　c　)を味わえるもの

(4)　次の文は，「第3　指導計画の作成と内容の取扱い　2」の一部です。(　a　)～(　e　)にあてはまる語句を答えなさい。

(1)イ　変声期について気付かせるとともに，変声期の生徒に対して

は(a)についても配慮し，適切な(b)によって歌わせるようにすること。

(7)イ　適宜，(c)などについても取り扱い，音環境への関心を高めたり，音や音楽が(d)を考えさせたりするなど，生徒が音や音楽と生活や社会とのかかわりを実感できるような指導を工夫すること。また，コンピュータや(e)の活用も工夫すること。

(B)　高等学校学習指導要領「第7節　芸術　第2款　各科目　第1　音楽Ⅰ」について，次の問いに答えなさい。

(1)　次の〔　　〕を補って，「1　目標」を完成させなさい。

〔　　〕音楽文化についての理解を深める。

(2)　「3　内容の取扱い　(6)　内容のB　鑑賞」に示されている，鑑賞の指導で取り入れることを答えなさい。

(3)　次の文は，「2　内容　B　鑑賞」の一部です。(a)～(c)にあてはまる語句を答えなさい。

ア　(a)と表現上の効果とのかかわりを感じ取って鑑賞すること。

ウ　楽曲の文化的・歴史的背景や，作曲者及び演奏者による(b)を理解して鑑賞すること。

エ　(c)の種類とそれぞれの特徴を理解して鑑賞すること。

(4)　次の文は，「3　内容の取扱い」の一部です。(a)～(e)にあてはまる語句を答えなさい。

(3)　内容のAの指導に当たっては，生徒の特性等を考慮し，(a)及び(b)の指導を含めるものとする。

(4)　内容のAの指導に当たっては，我が国の伝統的な歌唱及び(c)を含めて扱うようにする。また，内容のBのエとの関連を図るよう配慮するものとする。

(5)　内容のAの(3)の指導に当たっては，即興的に音を出しながら音のつながり方を試すなど，(d)することを重視するとともに，(e)を工夫させるものとする。

(☆☆☆◎◎◎◎)

解答・解説

【中高共通】

【1】(1)　曲名…からたちの花　　作詞者…北原 白秋　　作曲者…山田耕筰

(2)

(3)　速度…ウ　　速い順…イ→エ→ウ→ア　　(4)　〔A〕　エ　〔B〕　ア　　〔C〕　イ　　(5)　①　属七の和音　　②　増三和音　③　減五短七の和音

(6)

(7)　「この道」「待ちぼうけ」「砂山」「ペチカ」

〈解説〉(1)　よく知られている曲なので，曲の一部であっても判断できるであろう。　(2)　拍子記号が必要なのは4箇所。2小節目，5小節目の4分の2拍子になる箇所だけでなく，その直後(3小節目，6小節目)の4分の3拍子に戻る箇所にも付け忘れないように注意しよう。　(3)　イのModeratoは「中庸の速さで」という意味。ウのAndanteは「歩くような速さで」という意味で，Andanteに程度を弱める「-ino」をつけたものがエのAndantino。アのAdagioは「ゆるやかに，ゆっくりと」という意味。速い順に並べるとイ→エ→ウ→アとなる。　(4)　エのesitando

は「ためらって，ゆっくりと」という意味。アのin frettaは「急いで」という意味。イのmolto riten.はmolto ritenutoの略で，意味は「きわめて遅く」。　(5)　和音の構成音はB，D，F，As。Bを根音とする属七の和音である。　②　和音の構成音はB，D，Fis。Bを根音とする増三和音である。　③　和音の構成音はA，C，Es，G。Aを根音とする減五短七の和音である。　(6)　もとの楽譜の調性はEs dur(変ホ長調)。これを短3度低くするので，ピアノパートはC dur(ハ長調)に移調すればよい。さらにアルト・サクソフォーンはEs管で，実音は記譜より長6度低いので，C dur(ハ長調)の長6度上，A dur(イ長調)に移調して書けばよい。(7)　北原白秋と山田耕筰の組合せは数々の名曲を残している。教材としてもよく取り上げられるので，教材研究を徹底させておこう。なお，「砂山」は北原白秋作詞，中山晋平作曲のものもあるので注意しよう。

【2】(a)　イ　　(b)　ア　　(c)　オ

〈解説〉(a)　「涅槃交響曲」は黛敏郎の交響曲。仏教の声明や梵鐘などがアイディアとして盛り込まれている。　(b)　「水の変態」は宮城道雄が14歳で作曲した箏曲。　(c)　「弦楽のためのレクイエム」は武満徹が作曲した弦楽合奏曲。武満の出世作として知られている。

【3】(1)　F dur，B dur，Es dur，d moll，g moll，c moll，f moll

(2)　E dur，H dur，cis moll，gis moll，e moll

〈解説〉まず長調から先に考え，その後その長調の平行短調を考えよう。(1)　長調はF dur，B dur，Es dur，そしてその平行短調d moll，g moll，c mollがあてはまる。これらに加え，f mollの旋律的短音階上行形もあてはまる。　(2)　長調のE dur，H dur，その平行短調のcis moll，gis mollがあてはまる。これらに加え，e mollの和声的短音階，旋律的短音階上行形もあてはまる。

【4】(1)　三味線・笛・小鼓　　(2)　役者の演技や感情が頂点に達した時　　(3)　正義や悪などの役柄を強調するための化粧　　(4)　花道に切り穴を設けて，役者を下から登場させる仕掛け

〈解説〉(1)　長唄で主に用いられる楽器を答えればよい。　(2)　「見得」は，いったん演技を止めてポーズをとること。様々な種類があり，観客を引き付ける効果がある。　(3)　「隈取」は歌舞伎独特の化粧法。赤，藍，黒，茶など様々な色を用いるが，役柄に応じて色の使い方が決められている。　(4)　「すっぽん」は花道にある小型のせりのこと。主に亡霊や妖怪などの役が登場，退場する。

【5】(1)　チェロ協奏曲 ロ短調 作品104　　アントニン・ドボルザーク　チェコ　　(2)　エ　　(3)　②　ヴァイオリン　　③　ヴィオラ　④　チェロ　　⑤　コントラバス　　(4)　イ→ア→ウ→オ→エ

〈解説〉(1)　示された楽譜は，チェコの作曲家アントニン・ドボルザーク作曲の「チェロ協奏曲 ロ短調 作品104」の第1楽章の再現部である。この曲は「交響曲第9番『新世界より』」や「弦楽四重奏曲第12番『アメリカ』」に並ぶドボルザークの代表曲である。　(2)　変ロ調(B管)のトランペットの実音は記譜より長2度低い。もとの調はFisで始まっていることから，その長2度上のGisで始まる楽譜を選べば良いことになる。　(3)　弦楽器は通常上からヴァイオリン，ヴィオラ，チェロ，コントラバスの順に書かれ，ヴィオラのみアルト譜表で表記される。

(4)　それぞれ生誕年をみると，イのA. コレッリが1653年，アのG. ヴェルディが1813年，ウのドボルザークが1841年，オのP. ヒンデミットが1895年，エのB. ブリテンが1913年となる。細かい年号を覚える必要はないが，音楽史上どの時代に生きた作曲家かを把握しておけば並べることができるだろう。

【6】解答例省略

〈解説〉8項目というかなり細かい条件があるので，まずはこれら全てを満たすことを考えて作ろう。8小節，一部形式という短くシンプルな構成で，かつ「子守歌」であるので，あまり細かい動きは避け，ゆっくりとした速さの旋律がよいだろう。平調子の音の並びを考えた上で，難しい奏法を用いなくても出る音の構成を考えるとよい。

【7】(A)　(1)　音楽を愛好する心情を育てるとともに，音楽に対する感性を豊かにし，音楽活動の基礎的な能力を伸ばし，音楽文化についての理解を深め，　(2)　・言葉と音楽との関係　・姿勢や身体の使い方　(3)　a　指導のねらい　b　自然や四季の美しさ　c　文化や日本語のもつ美しさ　(4)　a　心理的な面　b　声域と声量　c　自然音や環境音　d　生活に果たす役割　e　教育機器

(B)　(1)　音楽の幅広い活動を通して，生涯にわたり音楽を愛好する心情を育てるとともに，感性を高め，創造的な表現と鑑賞の能力を伸ばし，　(2)　楽曲や演奏について根拠をもって批評するなどの活動を取り入れる　(3)　a　声や楽器の音色の特徴　b　表現の特徴　c　我が国や郷土の伝統音楽　(4)　a　視唱と視奏　b　読譜と記譜　c　和楽器　d　音を音楽へと構成　e　作品を記録する方法

〈解説〉(A)　(1)　教科の目標は必ず全文を覚え，正確に書けるようにしておこう。　(2)　『中学校学習指導要領解説　音楽編』第4章2の(3)においては，これらのことを配慮して指導することが，「我が国の伝統や文化を理解するための大切な基盤」になっていくとされている。

(3)　ここでは，歌唱教材の選択の観点を示している。観点は本問で出題されている(ア)の他，(イ)の伝統的な歌唱に関するものがある。

(4)　本問のように，「内容の取扱いと指導上の配慮事項」からはキーワードごとにピックアップして出題される場合が多い。全文を覚えなくとも，内容をよく理解しておけばキーワードが出てくるはずである。学習指導要領解説を熟読しておきたい。　(B)　(1)　音楽Ⅰから音楽Ⅲの教科の目標は必ず全文を覚え，正しく書けるようにしておこう。

(2)　鑑賞活動に「根拠をもって批評する」活動を取り入れることは中学校にも共通している。　(3)　指導内容については，各学年で共通したキーワードが用いられているので，本問で出題されているようなキーワードを中心に覚え，学年ごとに少しずつ異なる箇所をチェックしておこう。　(4)　「内容の取扱い」から，「A 表現」に関するものの出題。これもキーワードをおさえて覚えておくことが重要である。

2013年度　実施問題

【中高共通】

【1】次の楽譜を見て，(1)～(8)の問いに答えなさい。

(1)　この楽曲の曲名と作曲者を答えなさい。

(2)　この楽曲の原曲の種類を漢字で答え，この形式と同じ管弦楽曲を，ア～オから選んで記号で答えなさい。

ア　三角帽子　　イ　驚愕　　ウ　英雄の生涯

エ　ラ・ボエーム　　オ　無言歌集

(3)　①で示された楽語の意味を答えなさい。

(4)　この楽曲の調を答えなさい。また，その属調の音階を，調号を用いず臨時記号でアルト譜表上に二分音符で書きなさい。

(5)　この楽譜を短2度低く調号を用いないで移調し，総譜に書きなさい。

(6)　②で示された音の音名及び異名同音をドイツ語表記で答えなさい。

(7)　③④⑤で示された2音間の音程を答えなさい。

(8)　⑥で示された和音の種類を答え，第1転回形を調号を用いずテノール譜表に書きなさい。

(☆☆☆◎◎◎)

【2】次の楽譜は，ドビュッシー作曲の「ベルガマスク組曲」の一部です。
この楽曲について(1)〜(3)の問いに答えなさい。

(1)　a〜dの楽譜の楽曲名を記号で選び，ア〜エを組曲の順番に並べなさい。

ア　メヌエット　　イ　パスピエ　　ウ　月の光

エ　プレリュード

(2) a～dの楽曲の特徴をア～エから選び，記号で答えなさい。

ア　数多くの器楽曲にも編曲され親しまれている。夜の雰囲気を幻想的に表現している。

イ　楽曲の冒頭は，長調か短調の判定がつかないような，性格の弱い和音による音階的旋律で始まる。

ウ　古典的な様式を使わず，3拍子の気分や感じを自由な複合三部形式で表している。

エ　フランスのブルタニュ地方の古典舞曲で，軽快で民謡風な楽曲である。

(3) 次の文章の(　a　)～(　k　)に適切な語句を，ア～ナから選び，記号で答えなさい。

ドビュッシー作曲の「ベルガマスク組曲」は，ドビュッシーが(　a　)へ留学した時の，(　b　)地方の農民生活から受けた印象をもとに作曲した，(　c　)のための組曲である。

ドビュッシーは，フランス象徴派の詩人や東洋の音楽・(　d　)などの影響を受け，それまでの(　e　)音楽の形式にとらわれない(　f　)を開花させた。特に，豊かな色彩感や(　g　)などを用いた音楽語法は，後に続く近代・現代音楽の幕開けを告げるものとなった。

他の代表的な作品には，(　h　)，(　i　)などがある。なお，ドビュッシーは，(　j　)年に生まれたことから，本年は生誕(　k　)年の年に当たる。

ア　ピアノ組曲「子どもの情景」
イ　絵画
ウ　イタリア
エ　200
オ　管弦楽曲「牧神の午後への前奏曲」
カ　ロマン派
キ　舞踏
ク　150
ケ　印象主義音楽
コ　ピアノ
サ　1812
シ　全音音階
ス　古典
セ　フィンランド
ソ　オルガン
タ　ヴェローナ
チ　12音音楽
ツ　ベルガモ

テ　ピアノ曲「ドリー」
ト　ピアノ組曲「子どもの領分」　　　　ナ　1862

(☆☆☆◎◎◎◎)

【3】「日本の伝統芸能」について，(1)～(9)にあてはまる楽曲名・人物・用語の最も適切なものを，次の語句から選んで答えなさい。

近松半二　羽衣　隈取　観阿弥　勧進帳
主遣い　四世杵屋六三郎　シテ　新版歌祭文

伝統芸能	楽曲名	人物	用語
歌舞伎	(1)	(2)	(3)
能	(4)	(5)	(6)
文楽	(7)	(8)	(9)

(☆☆◎◎◎◎)

【4】ソプラノ・リコーダーとアルト・リコーダーの二重奏の曲を作りなさい。ただし，(1)～(8)の条件を満たしていること。

【条件】

(1)　一部形式の弱起の曲であること。
(2)　調はト長調とすること。
(3)　拍子は任意とするが，示すこと。
(4)　8小節でまとまりのあること。
(5)　速度記号か速度標語を指定すること。
(6)　強弱記号(変化を表す記号も可)を示すこと。
(7)　十六分音符，十六分休符，三連符のすべてを必ず一つ以上入れること。
(8)　中学校2～3年生が授業の中で演奏できる程度とすること。

(☆☆☆◎◎)

【5】次の(A)・(B)のどちらか1つを選択し，(1)・(2)の問いに答えなさい。

(A) 中学校学習指導要領(平成20年3月告示)「音楽」について，次の(1)・(2)の問いに答えなさい。

(1) 次の文は，「第2 各学年の目標及び内容〔第1学年〕 2内容 A表現」の一部である。(a)～(c)にあてはまる語句を書きなさい。

> (2) 器楽の活動を通して，次の事項を指導する。
> ア 曲想を感じ取り，(a)演奏すること。
> イ 楽器の特徴をとらえ，(b)を身に付けて演奏すること。
> ウ 声部の役割や全体の響きを(c)，表現を工夫しながら合わせて演奏すること。

(2) 次の文は，「第3 指導計画の作成と内容の取扱い」の一部である。(a)～(g)にあてはまる語句を書きなさい。

> 1 (3) 第2の各学年の内容については，生徒がより(a)を生かした(b)を展開できるようにするため，表現方法や表現(c)を選択できるようにするなど，学校や生徒の(d)に応じ，(e)ができるよう工夫すること。
> 2 (1) ウ 相対的な(f)などを育てるために，適宜，(g)を用いること。

(☆☆☆◎◎◎◎◎)

(B)　新高等学校学習指導要領(平成21年3月告示)「第2章　第7節　芸術」「第2款　各科目　第1　音楽Ⅰ」について，次の(1)・(2)の問いに答えなさい。

(1)　次の文は，「3　内容の取扱い」の一部である。(　a　)～(　c　)にあてはまる語句を書きなさい。

(7)　内容のA及びBの教材については，地域や学校の実態等を考慮し，我が国や郷土の(　a　)を含む我が国及び諸外国の様々な音楽から幅広く扱うようにする。また，Bの教材については，(　b　)の諸民族の音楽を含めて扱うようにする。 (8)　音や音楽と生活や社会とのかかわりを考えさせ，音環境への関心を高めるよう配慮するものとする。また，音楽に関する(　c　)などについて配慮し，著作物等を尊重する態度の形成を図るようにする。

(2)　次の文は，「2　内容　A表現　(3)創作」の一部である。(　a　)～(　g　)にあてはまる語句を書きなさい。

ア　(　a　)を選んで旋律をつくり，その旋律に副次的な旋律や(　b　)などを付けて，イメージをもって音楽をつくること。 イ　(　c　)を生かし，反復，変化，対照などの(　d　)を工夫して，イメージをもって音楽をつくること。 ウ　音楽を形づくっている(　e　)を変化させ，イメージをもって(　f　)をすること。 エ　音楽を形づくっている要素を知覚し，それらの働きを(　g　)して音楽をつくること。

(☆☆☆◎◎◎◎◎)

解答・解説

【中高共通】

【1】(1)　・曲名…フィンランディア　・作曲者名…ジャン・シベリウス　(2)　・種類…交響詩　・管弦楽曲…ウ　(3)　速く，しかし，はなはだしくなく　(4)　・調名…変イ長調

・音階

(5)

(6)　・音名…Es　・異名同音…Dis　(7)　③　1オクターブと完全4度　④　1オクターブと短3度　⑤　1オクターブと長6度

(8)　・種類…長三和音

・第1転回形

〈解説〉(1)　ジャン・シベリウス〈1865～1957年〉はフィンランドの作曲家である。特に交響詩に有名な作品が多く，「フィンランディア」は彼の作品の中で最も広く親しまれている。　(2)「三角帽子」はファリャ(1876～1946年・スペイン)作曲のバレエ音楽，「驚愕」はハイドン作曲の交響曲第94番，「ラ・ボエーム」はプッチーニ(1858～1924年・

イタリア)作曲のオペラ，「無言歌集」はメンデルスゾーン(1809～47年・ドイツ)作曲のピアノ独奏のための作品集である。　(3)　Allegro(アレグロ)は「速く」，　ma non troppo(マ・ノン・トロッポ)は「しかし，はなはだしくなく」を意味する。　(4)　調号が♭4つで長調の曲であるので，変イ長調である。「変イ」の属音は「変ホ」であるので，♭3つの変ホ長調をアルト譜表に記譜するとよい。　(5)　短2度低い調はト長調である。すべてを2度低く記譜した後，ファの音に臨時記号の♯をつける。記入漏れに注意しよう。　(6)　音名，異名同音は基本的な問題である。ドイツ語表記に慣れていない場合は，習得しておく必要がある。　(7)　本設問では，ト音記号とヘ音記号に記譜されている点に注意が必要である。1オクターブ以上離れていることを見落とさないように気をつけたい。　(8)　As，C，Esで和音を構成していることから「長三和音」である。第1転回形は第3音(ここではC)を根音にする。

【2】(1)　a　イ　　b　ウ　　c　ア　　d　エ　　・順番…エ → ア →ウ →イ　　(2)　a　エ　　b　ア　　c　ウ　　d　イ　　(3)　a　ウ　　b　ツ　　c　コ　　d　イ　　e　カ　　f　ケ　　g　シ　　h　オ　　i　ト　　j　ナ　　k　ク(h, iは順不同)

〈解説〉(1)　ドビュッシー(1862～1918年・フランス)は，印象派の作曲家として有名である。「ベルガマスク組曲」は選択肢にあげられた4曲からなるピアノのための組曲である。なかでも「月の光」は広く親しまれ，ドビュッシーの代表曲ともいえる。　(2)　ア「編曲され親しまれている」という箇所からbの「月の光」とわかる。　イ「冒頭は…性格の弱い和音」という箇所からdの「プレリュード」であることが予想できる。　エ「ブルタニュ地方の古典舞曲」という箇所からaの「パスピエ」であることがわかる。　(3)　2012年はドビュッシー生誕150年の年であった。作曲家の「生誕○○年」などの区切りの記念の年にあたる年度の採用試験では，その作曲家について出題される確率が高くなるので，チェックしておくとよい。ちなみに，1813年生まれのヴェルディ(1813～1901年・イタリア)は，2013年に生誕200年を迎える。県の試験傾向を踏まえつつ，確認しておくとよいだろう。

【3】(1)　勧進帳　(2)　四世杵屋六三郎　(3)　隈取　(4)　羽衣　(5)　観阿弥　(6)　シテ　(7)　新版歌祭文　(8)　近松半二　(9)　主遣い

〈解説〉「隈取」は，歌舞伎独特の化粧法で，主に時代物の登場人物が顔に施すものである。一方，能では面(おもて)をつけて演じる。主に「シテ」とよばれる主役が，面をつける役となることが多い。「文楽」では人形を3人の人形遣いが操り，その中心となるのが「主(おも)遣い」である。これに，左手を操る「左遣い」，両足を操る「足遣い」が加わる。なお，中学校学習指導要領の改訂により，音楽科の目標に「音楽文化についての理解を深め」という規定が加えられた。音楽文化についての理解を深めることが音楽科の重要なねらいであることから，採用試験でも，近年，日本・外国の伝統音楽に関する出題が目立って増えている。教科書に記載された内容が中心になるので，丁寧に学習しておこう。

【4】解答省略

〈解説〉作曲の経験は少ないかもしれないが，この設問では作曲の技能より基本的な記譜ができるか，という点が評価される。8小節の譜面に♯1つと拍子記号と速度記号を書くことは容易にできるはずである。難しい曲でなく，単純な曲でよいので，条件を守ることを心がけよう。条件(1)で示された「弱起」とは，楽曲が1拍目以外から始まることを意味する。「アウフダクト」ともいう。

【5】(A)　(1)　a　表現を工夫して　b　基礎的な奏法　c　感じ取り　(2)　a　個性　b　音楽活動　c　形態　d　実態　e　効果的な指導　f　音程感覚　g　移動ド唱法　(B)　(1)　a　伝統音楽　b　アジア地域　c　知的財産権　(2)　a　音階　b　和音

c　音素材の特徴　　d　構成　　e　要素の働き　　f　変奏や編曲
g　感受

〈解説〉(A)　(1)　学習指導要領からの出題は頻出である。学習法としては，まず，学習指導要領で目標，指導事項，配慮事項を読んで，そのおおよそを覚えることが大切である。各学年の目標及び内容は「第1学年」と「第2学年・第3学年」に分類されているので，比較して違いを確認しておきたい。全体をとらえられたら，次に，学習指導要領解説で「目標」や「内容」に使われている言葉の意味を確認する。なかでも，学習指導要領の改訂により新設された「共通事項」の「音楽を形づ　くっている要素」については，各要素の意味や指導法が問われることが多いので，注意が必要である。　(2)「第3 指導計画の作成と内容の取扱い」には配慮事項が記されている。歌唱共通教材，楽語，記号などの内容も示されているので確認しておこう。なお，歌唱共通教材7曲については，楽譜，歌詞をすべて書けるようにしておく必要がある。　(B)　(1)　高校においても，学習指導要領は出題頻度が高い。「音楽Ⅰ」だけでなく「音楽Ⅱ」「音楽Ⅲ」についても学習が必要である。設問の「音楽Ⅰ」の「内容の取扱い」は配慮事項などについて示したもので，全部で8項目ある。残りの6項目についても重要語句を中心に覚えておくこと。また，各文言の中の言葉の意味にも留意したい。例えば，文章中の「我が国及び諸外国の様々な音楽」とは，日本や諸外国の「芸術音楽，民俗音楽，ポピュラー音楽」を指す。こうした言葉の意味は，高等学校学習指導要領解説で確認しておこう。また，解答の「知的財産権」については，その1つに著作権が含まれることも知っておきたい。楽曲の違法ダウンロードの問題などもからみ，著作権については生徒に指導する機会もあると思われる。一通りの知識を身につけておこう。　(2)「A表現」は，「歌唱」「器楽」「創作」の3つで構成されている。設問の文は「創作」の指導事項の内容である。それぞれの指導事項について答えられるよう準備しておこう。高等学校学習指導要領解説によると，設問の文章の「知覚」とは「聴覚を中心とした感覚器官を通して音や音楽を判別し，意識すること」，

「感受」とは「音や音楽の特質や雰囲気などを感じ，受け入れること」とある。なお，文章中の「音楽を形づくっている要素」は中学校音楽科で扱われており，中学校学習指導要領解説で詳しく解説されている。各要素の意味を確認しておこう。

2011年度　実施問題

【中高共通】

【１】次の(1)～(4)の譜表上に示された各音及び和音を含む調を日本語ですべて答えなさい。ただし，短調について(1)(2)は和声的短音階及び旋律的短音階上行形で，(3)(4)は和声的短音階のみで考えること。

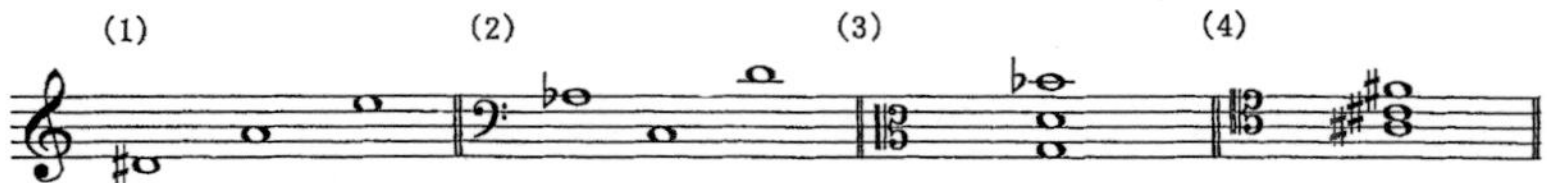

(☆☆☆☆☆◎◎)

【２】次の楽譜を見て，(1)～(5)の問いに答えなさい。

Allegro giusto,nel mode russico;senza allegrezza,ma poco sostenuto
①　②

(1)　この旋律はある組曲の冒頭部分です。この組曲の名前と作曲者名を答えなさい。

(2)　楽譜上の(A)(B)に適切な拍子記号とその拍子の種類を答えなさい。

(3)　この曲はある楽器の独奏曲です。その楽器名を答えなさい。また，後にラヴェルが編曲した管弦楽版において，この冒頭部分を演奏する楽器名を答えなさい。

(4)　この旋律をアルト・サクソフォーンの楽譜に調号を用いて書き直しなさい。

(5)　波線部①及び②の楽譜の意味として適切なものをア～カから選んで記号で答えなさい。

ア　速くおどけて　　　イ　速く正確に
ウ　速く重厚に　　　　エ　速すぎないで
オ　陽気にならないで　カ　深刻にならないで

(☆☆☆☆◎◎)

【3】次の楽譜を見て，(1)～(4)の問いに答えなさい。

(1)　この曲の作詞者及び作曲者名を漢字で書きなさい。

(2)　この曲は，ある作曲家が補作編曲したものも広く親しまれています。その作曲家の名前を漢字で書きなさい。またAの部分をその作曲家が改変した形(ニ短調：4分の4拍子)に直して五線に書きなさい。

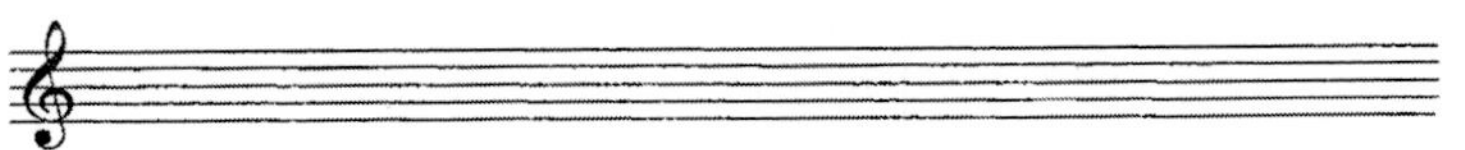

(3)　この曲の作曲者はある時期外国に留学していました。その国の出身でその当時活躍していた作曲家をア～オから一人選んで記号で答えなさい。

ア　ヴァーグナー　　イ　プッチーニ　　ウ　マーラー
エ　ブラームス　　　オ　R.シュトラウス

(4)　元の楽譜のとおり♩＝60で1～4番まで演奏すると演奏時間は約何分何秒になるか答えなさい。ただし，前奏，間奏，後奏等は含まない。

(☆☆☆☆◎◎◎)

【4】次の(1)～(4)の楽譜を見て，民謡の曲名とその都道府県名を答え，使われている音階の種類をア～カから選んで記号で答えなさい。

ア　長音階　　イ　短音階　　ウ　律音階　　エ　民謡音階

オ　都節音階　　カ　沖縄音階

(☆☆☆☆☆◎◎◎)

【5】下の旋律を動機として，一部形式の曲を作りなさい。ただし，(1)～(4)の条件を満たしていること。

【条件】

(1)　8小節でまとまりのあること。

(2)　速度記号か速度標語を指定すること。

(3)　強弱記号(変化を表す記号も可)を示すこと。

(4)　一部形式であること。

(☆☆☆☆◎◎)

【6】次の(A)・(B)のどちらか1つを選択し，問いに答えなさい。

(A)

(1)　新中学校学習指導要領(平成20年3月告示)「音楽　第2　各学年の目標及び内容　第2学年及び第3学年　1目標」の一部です。次の(　a　)～(c)にあてはまる語句を書きなさい。

(2)　多様な音楽表現の豊かさや美しさを(　a　)，表現の(　b　)を伸ばし，創意工夫して表現する能力を(　c　)。

(2)　新中学校学習指導要領(平成20年3月告示)「音楽　第2　各学年の目標及び内容　第1学年[共通事項]」について，次の(　a　)～(　g　)にあてはまる語句を書きなさい。

(1)　「A表現」及び「B鑑賞」の指導を通して，次の事項を指導する。

ア　音色，リズム，速度，(　a　)，テクスチュア，強弱，(　b　)，(　c　)などの(　d　)要素や要素同士の関連を(　e　)し，それらの働きが生み出す特質や雰囲気を(　f　)すること。

イ　(　d　)要素とそれらの働きを表す用語や記号などについて，音楽活動を通して(　g　)すること。

(B)

(1)　現行高等学校学習指導要領「第2章　第7節　芸術」の「第2款　各科目　第1　音楽Ⅰ　2内容　A表現　(3)創作」の指導内容について，次の(　a　)～(　c　)にあてはまる語句を書きなさい。

ア　いろいろな音階による(　a　)　　イ　旋律に対する和音の工夫
ウ　(　b　)の把握　　エ　いろいろな音素材を生かした(　c　)

(2)　現行高等学校学習指導要領「第2章　第7節　芸術」の「第2款　各科目　第1　音楽Ⅰ　1目標」と新高等学校学習指導要領「第2章　第7節　芸術　第2款　各科目　第1　音楽Ⅰ　1目標」について，次の(　a　)～(　g　)にあてはまる語句を書きなさい。

(現行)　音楽の(　a　)を通して，音楽を愛好する(　b　)を育てるとともに，(　c　)を高め，創造的な(　d　)と(　e　)の能力を伸ばす。

(新)　音楽の(　a　)を通して，(　f　)音楽を愛好する(　b　)を育てるとともに，(　c　)を高め，創造的な(　d　)と(　e　)の能力を伸ばし，(　g　)の理解を深める。

(☆☆◎◎◎)

解答・解説

【中高共通】

【1】(1)　ホ長調，ホ短調，嬰ハ短調　(2)　変ホ長調，ハ短調，変ホ短調，ヘ短調　(3)　ヘ長調，変ホ長調，変ロ長調，ト短調，ニ短調　(4)　嬰ヘ長調，嬰ハ長調，ロ長調，ロ短調，嬰イ短調

〈解説〉まず，判断が比較的簡単な長調から考えるとよい。臨時記号がついた音を調号としてもつ長調の種類を考え，他の音と矛盾しない調を選び出す。次に短調を考えるが，短調は臨時記号がついた音を調号としてもつもの以外に，和声的短音階で第7音が半音上がっている可能性，そして旋律的短音階上行形で第6音(及び第7音)が半音上がっている可能性があるので，それも考慮した上で選び出す。解答した長調と平行調の関係にある短調から考えるとやりやすい。また最初に解答した長調の近親調でない調でも，和声的短音階・旋律的短音階上行形を考える場合はあてはまる可能性があるので，慎重に考えること。

【2】(1)　曲名：展覧会の絵　作曲者名：ムソルグスキー
(2)　(拍子記号，拍子の種類の順)　(A)　$\frac{5}{4}$，混合拍子　(B)　$\frac{6}{4}$，複合拍子　(3)　元の楽器名：ピアノ　管弦楽版の楽器名：トランペット

(4)

(5)　①　イ　②　オ

〈解説〉(1)　示された楽譜は，ロシアのムソルグスキー作曲の組曲「展覧会の絵」の冒頭である。　(2)　小節内で最も多い音符の種類と，その音価の合計数から判断する。(A)は4分音符が基準となり，1小節に4分音符5つ分入るので，4分の5拍子。(B)も4分音符が基準となり，1小節に4分音符6つ分入るので，4分の6拍子。拍子の種類については，(A)の5拍子は異種の拍子(2拍子と3拍子)が組み合わさったものとみなす混

合拍子，(B)の6拍子は1拍が3つの小単位からなる2拍子系と考え(3拍子＋3拍子)，複合拍子である。　(3)　ムソルグスキーによる原曲はピアノ独奏のための組曲。またこの曲の数ある編曲のうちで最も有名なのはラヴェルによる管弦楽版で，そこで冒頭の旋律を奏するのはトランペットである。　(4)　アルトサックスの場合，実音は記譜よりも長6度低い。したがってもとの調(変ロ長調)を長6度高く，ト長調に調号を用いて移調し，高音部譜表に記せばよい。　(5)　①　Allegroは「速く」，giustoは「正確に」の意で，どちらもイタリア語。　②　senzaは「～なしで」，allegrezzaは「陽気」の意で，どちらもイタリア語。つまり「陽気にならないで」という意味。

【3】(1)　作詞者：土井晩翠　　作曲者：滝廉太郎　　(2)　補作編曲者：山田耕筰

(3)　オ　　(4)　約2分8秒

〈解説〉(1)　示された楽譜は，土井晩翠作詞，滝廉太郎作曲の「荒城の月」の冒頭である。　(2)　補作編曲者として有名なのは山田耕筰である。4分の4拍子，ニ短調で書き直すが，単なる移調ではなく，滝版についている2小節目のミの音の♯は山田版ではついていないため，書き直しの際，臨時記号はつけなくてよい。現在ではこの山田版が一般的に歌われているので，曲を知っていれば間違うことはないと思われる。　(3)　作曲者滝廉太郎は，1898(明治31)年に東京音楽学校を卒業した後，ドイツに1年間留学した。選択肢の中でドイツ出身の作曲家はアのヴァーグナー，エのブラームス，オのR.シュトラウスだが，時代を考えると当時ドイツで活躍していたのはR.シュトラウスである。
(4)　演奏時間は「60×曲全体の拍数(4分音符)／速度表示(4分音符)の数字＝演奏時間(秒)」で求めることができる。この曲の場合全体の拍数(4分音符)は，1番から4番までの合計が128拍となる。速度表示は4分音符＝60なので，計算式は「$60\times\frac{128}{60}$」となり，答えは「128(秒)」となる。したがって解答は約2分8秒である。

【4】(1)　曲名：谷茶前　　都道府県名：沖縄(県)　種類：カ
(2)　曲名：南部牛追(い)歌　　都道府県名：岩手県　種　類：オ
(3)　曲名：刈干切歌　　都道府県名：宮崎(県)　　種類：ウ
(4)　曲名：ソーラン節　都道府県名：北海道　種類：エ

〈解説〉(1)　示された譜例は谷茶前で，譜例を見るとド，ミ，ファ，ソ，シ，ドから成る沖縄音階で構成されていることがわかる。　(2)　示された譜例は，日本の陰音階の一つである都節音階で構成される，岩手県の南部牛追(い)歌。　(3)　示された譜例は宮崎県の刈干切歌で，譜例をみるとド，レ，ファ，ソ，ラ，ドの律音階で構成されていることがわかる。　(4)　示された譜例はソーラン節。民謡音階は日本音階の一つで「八木節」や「木曽節」もこれにあたる。

【5】解答略

〈解説〉一部形式とは，全体として一つのまとまりからできる音楽の形式のことで，それ以上細かく分けることが難しいものである。したがってここでは，与えられた動機からつなげて，8小節の完結したフレーズを作ればよい。動機から調性を判断すると，ここではハ長調が作りやすいと考えられる。8小節を前半，後半に分け，4小節目の最後(前半の最後)に属七(G7)の音をおくと次につなげやすい。最後の音はハ長調のⅠの和音である，ドの音で終止感をつけるとフレーズとしてまとまる。

【6】(A)　(1)　a　感じ取り　　b　技能　　c　高める　　(2)　a　旋律　b　形式　　c　構成　　d　音楽を形づくっている　　e　知覚　f　感受　　g　理解　　(B)　(1)　a　旋律の創作　　b　音楽の組み立て方　　c　即興的表現　　(2)　a　幅広い活動　　b　心情　　c　感性　d　表現　　e　鑑賞　　f　生涯にわたり　　g　音楽文化について

〈解説〉(A)　(1)　出題された目標(2)は表現に関する目標。aの「感じ取り」は第1学年・第2学年及び第3学年とも同じ表現である。bの「技能」も各学年に共通した言葉。cの「高める」は，第1学年においては「育てる」となっている。 (2)「音楽を形づくっている要素」とされている8つの言葉については覚えておくとよい。eの「知覚」，fの「感受」，gの「理解」については第1学年・第2学年及び第3学年とも同じ表現。

(B) (1) bの「音楽の組み立て方」とは，楽曲の構成の方法，形式などを意味する。cの「即興的表現」とは，即興的，感覚的に表現すること，生徒が自己の感性や表現の技能に基づき自己の心に浮かんだイメージを，既成の表現方法などにこだわらず自由に表現することを意味している。 (2) 目標については全文を暗記し，特に新学習指導要領に加えられた2つの項目をおさえておくこと。fの「生涯にわたり」は，従前は音楽Ⅲの目標のみに示していたが，生涯学習社会の一層の進展に対応し，生涯にわたって音楽への永続的な愛好心をはぐくんでいくことを重視し，音楽Ⅰの目標にも明記された。gの「音楽文化について」も，従前は音楽Ⅱの目標であったが，芸術科の目標に「芸術文化についての理解を深め」ることを加えたことを受け，音楽Ⅰの目標にも明記された。

2010年度　実施問題

【中高共通】

【1】次の楽譜はある楽曲の一部です。楽譜を見て(1)～(5)の問いに答えなさい。

(1)　この曲は何分の何拍子ですか。また，調性をドイツ語表記で書きなさい。

(2)　曲名と作曲者名及び生まれた国名を書きなさい。

(3)　楽譜の①～④に示された2音間の音程を書きなさい。

(4)　楽譜のA～Dに記された和音の種類を次から選んで記号で書きなさい。

ア　長三和音　　イ　短三和音　　ウ　増三和音
エ　減三和音　　オ　属七の和音　　カ　減七の和音

(5)　Aの和音の各音を音階中に含むすべての調を日本語表記で書きなさい。

(☆☆☆◎◎◎)

【2】次の(1)～(5)の語句に関係のある音楽家を下の(ア)～(ケ)から選んで記号で答えなさい。

(1)　ミュージック・セリエル　　(2)　フランドル楽派
(3)　涅槃交響曲　　(4)　原始主義
(5)　固定楽想

(ア)　ベルリオーズ　　(イ)　武満徹
(ウ)　ブーレーズ　　(エ)　シュトックハウゼン

(オ)　ジョスカン・デプレ　　(カ)　ストラヴィンスキー
(キ)　黛敏郎　　(ク)　パレストリーナ
(ケ)　シェーンベルク

(☆☆☆☆◎◎◎)

【3】次の楽譜はモーツァルトの歌劇のアリアの一部です。楽譜を見て(1)～(5)の問いに答えなさい。

(1)　この歌劇の作品名とこの作曲家の活躍した音楽史の時代名を書きなさい。

(2)　この歌劇は次の様式のどれにあてはまるか，記号で答えなさい。
ア　オペラ・セリア　　イ　オペラ・ブッファ
ウ　ジング・シュピール　　エ　オペラ・コミック

(3)　この作曲者の他の歌劇の作品名を下から選んで2つ書きなさい。
【　魔弾の射手　ドン・ジョヴァンニ　椿姫　バラの騎士　魔笛　フィデリオ　】

(4)　上の曲は何調から何調に転調しているか，その調名を日本語表記で書きなさい。

(5)　上の楽譜の5小節目から12小節目までを長2度下げ，調号を使わず移調しなさい。

(☆☆☆◎◎)

【4】雅楽について次の(1)～(3)の問いに答えなさい。

(1)　雅楽の様式についてあとの語句から適切なものを選んで(　　)に書きなさい。

ア	平安時代に新しく作られた歌	(　　　　)	(　　　　)
イ	大陸から伝来した舞と伴奏音楽	右舞(　　　　)	左舞(　　　　)
ウ	日本古来から伝わる儀式用の歌と舞	(　　　　)	(　　　　)

【　催馬楽　東遊　唐楽　朗詠　神楽　高麗楽　】

(2)　舞楽の曲が舞を伴わずに合奏だけで演奏されることを何というか，漢字で書きなさい。

(3)　雅楽の演奏で主旋律，和音，指揮の役割を担う楽器名を下から選んで書きなさい。

(ひらがなでも可)

【　鉦鼓　鞨鼓　楽琵琶　笙　楽箏　篳篥　】

(☆☆☆☆◎◎◎◎)

【５】次のコード進行により，アルト・リコーダーの旋律とピアノ伴奏を作曲しなさい。

ただし，(1)～(7)の条件を満たしていること。

【条件】

(1)　アルト・リコーダーは，中学2～3年生が，授業の中で演奏できる程度とすること。

(2)　ピアノ伴奏は，教師が演奏すると仮定すること。

(3)　前奏をつけないこと。

(4)　4小節でまとまりのあること。

(5)　速度記号か速度標語を指定すること。

(6)　強弱記号(変化を表す記号も可)を示すこと。

(7)　拍子は任意とするが，示すこと。

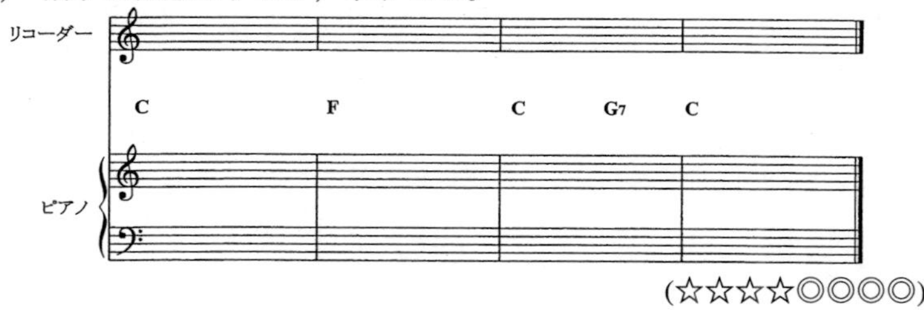

(☆☆☆☆◎◎◎◎)

【6】次の(A)・(B)のどちらか1つを選択し，問いに答えなさい。

(A)　新中学校学習指導要領(平成20年3月告示)「音楽」の内容について次の(1)・(2)の問いに答えなきい。

(1)　第1　目標について，次の①～⑥にあてはまる語句を書きなさい。

表現及び鑑賞の(　①　)活動を通して，音楽を(　②　)心情を育てるとともに，音楽に対する(　③　)を豊かにし，音楽活動の(　④　)能力を伸ばし，(　⑤　)についての理解を深め，豊かな(　⑥　)を養う。

(2)　「第3　指導計画の作成と内容の取扱い」(一部抜粋)について，次の(a)～(d)にあてはまる語句を書きなさい。

2　(5)　創作の指導については，即興的に音を出しながら音のつながり方を試すなど，(　a　)を(　b　)へと構成していく体験を重視すること。その際，理論に偏らないようにするとともに，必要に応じて作品を記録する方法を工夫させること。 2　(7)　ア　生徒が自己のイメージや(　c　)，他者の意図に共感したりできるようにするなど(　d　)を図る指導を工夫すること。

(B)　現行高等学校学習指導要領「第2章　第7節　芸術」の「第2款　各科目」の内容について次の(1)・(2)の問いに答えなさい。

(1)　「第2　音楽Ⅱ　2内容　A表現　(1)歌唱」について，次の①～⑥にあてはまる語句を書きなさい。

ア　(　①　)と曲種に応じた(　②　) イ　視唱力の(　③　) ウ　歌詞及び曲想の理解と(　④　) エ　(　⑤　)・(　⑥　)における豊かな表現

(2)　「第3　音楽Ⅲ　3内容の取扱い」(一部抜粋)について，次の(a)～(d)にあてはまる語句を書きなさい。

> (1)　(　a　)や学校の実態を考慮し，内容のAの(1)，(2)，(3)又はBのうち(　b　)以上を選択して扱うことができる。
>
> (3)　内容のBについては，我が国の伝統音楽及び(　c　)の音楽を含めて扱うようにする。アについては，音楽に対する(　d　)や感情を表現する能力の育成にも配慮するものとする。

(☆☆☆☆◎◎◎◎◎)

解答・解説

【中高共通】

【1】(1)　拍子：4分の6拍子　　調性：g moll　　(2)　曲名：バラード第1番　　作曲者：F. ショパン　　国名：ポーランド

(3)　①　短7度　　②　長10度　　③　長6度　　④　完全4度

(4)　A　イ　　B　オ　　C　ア　　D　カ　　(5)　ヘ長調，変ホ長調，変ロ長調，ト短調，ニ短調

〈解説〉(1)　譜割は2拍子系なので，2分の3拍子とはならない。2小節目からのE→Fisが短調の音階を特徴づけている。　(2)　鑑賞教材を中心に，多くの楽曲に対しての研究・分析をしておきたい。　(3)　調号や臨時記号などを見落とさないよう注意したい。　(4)　根音～第3音＋根音～第5音で，また七の和音は基準となる三和音＋根音～第7音までの音程で判断する。長三和音は長3度＋完全5度，短三和音は短3度＋完全5度，属七は長三和音＋短7度，減七は減三和音＋減7度

(5)　見落としのないよう落ち着いて確認していくこと。

【2】(1)　ウ・エ　(2)　オ　(3)　キ　(4)　カ　(5)　ア

〈解説〉(1)「総音列技法」「総音列音楽」ともいわれ，音価・強弱・アタックまでにも細かな段階が指示され十二音音楽以降研究された。

(2)　15～16世紀のフランドルを中心に活躍した，ルネサンス音楽を代表する作曲家である。ヨハネス・オケゲム，ヤーコブ・オブレヒト，ピエール・ド・ラ＝リュー，オルランド・ディ・ラッソなど多くの作曲家があげられる。　(3)　1958年初演，仏教の声明を会場で3群に散らばった男声合唱と管弦楽パートで演奏する。ホール全体を有効に利用する代表的な作品の一つである。　(4)「火の鳥」では非拍節の音楽が聴衆に興奮をもたらす。この時期の様式のことをいう。　(5)　ベルリオーズは固定楽想をイデー・フィクスとよび，幻想交響曲の中では共通の主題が特定の人物を表している。

【3】(1)　作品名：フィガロの結婚　時代名：古典派　(2)　イ

(3)　ドン・ジョバンニ，魔笛　(4)　ヘ長調から変イ長調

(5)

〈解説〉(1)　できるだけ多くの鑑賞教材を，楽譜や資料とともに聴いておきたい。　(2)　18世紀にナポリで発祥し，ローマやイタリアへ広まった。喜劇的な内容が中心で，モーツァルトはさらに悲哀感も持たせた。　(3)　他の作曲家についても代表作は複数知っておきたい。

(4)　2段目からのAs，Desで判断できる。　(5)　臨時記号や音程の間違いがないよう注意したい。

【4】(1)　ア　(催馬楽)　(朗詠)　イ　右舞(高麗楽)　左舞(唐楽)

ウ　(神楽)　(東遊)　(2)　管絃　(3)　主旋律：篳篥(ひちりき)

和音：笙(しょう)　指揮：鞨鼓(かっこ)

〈解説〉雅楽を分類する場合，観点や内容によって定義が異なってくる。特徴とともに雅楽の歴史的成立過程をくわしく研究しておきたい。ま

た，雅楽だけでなく能や狂言・歌舞伎についても併せて研究しておくことが望ましい。

【5】略

〈解説〉どの指示も満たす必要があるが，いろいろなコード進行で作曲練習して慣れることが一番大切である。たとえば，・音価は8分音符より短くしない・オクターブより広い跳躍はさける・臨時記号はできるだけ使用しない・速度はModeratoより遅く・伴奏に旋律を重ねない(副旋律は可)，などを基準に考えたい。

【6】(A)　(1)　①　幅広い　②　愛好する　③　感性　④　基礎的な　⑤　音楽文化　⑥　情操　(2)　a　音　b　音楽　c　思いを伝え合ったり　d　コミュニケーション
(B)　(1)　①　声域の拡張　②　豊かな発声　③　充実　④　個性豊かな表現　⑤　重唱　⑥　合唱　(2)　a　生徒の特性　b　一つ　c　世界の諸民族　d　イメージ

〈解説〉学習指導要領からの出題頻度は高く，語句の暗記にとどまらず内容の理解が必要であるとともに，指導要領に沿った学習計画を出題されることもある。対応できる力をつけておきたい。

2009年度　実施問題

【中高共通】

【１】次の楽譜を見て，(1)～(7)の問いに答えなさい。

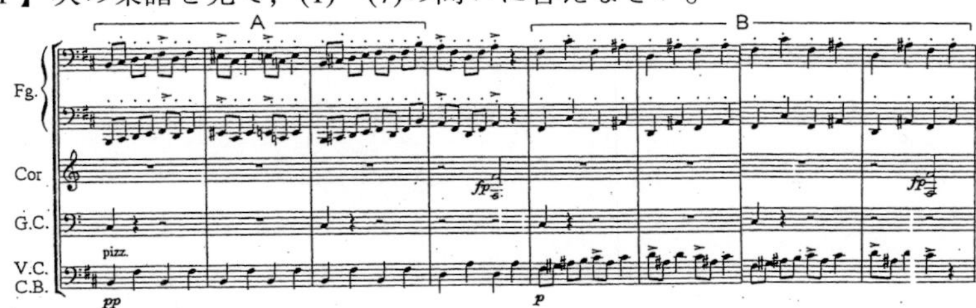

(1)　この曲はある組曲の一部です。この組曲の題名と作曲者名及び生まれた国を書きなさい。

(2)　この曲が作曲された時代には，民族意識高揚の影響を受けた作曲家が独自の音楽表現を試みるようになりました。この楽派を音楽史上何というか答えなさい。

(3)　「ロシア五人組」に属する作曲家を3人答えなさい。

(4)　Aの部分とBの部分の調性をドイツ語表記で書きなさい。また，AからみてBはどういう関係調になっているか答えなさい。

(5)　Aの調の音階とBの平行調の音階を調号を用いず臨時記号で書きなさい。ただし，短調は旋律的短音階とすること。

A

B

(6)　それぞれの楽器名を下のア～キの選択肢から選び，記号で答えなさい。

Fg.　[　]　　Cor　[　]　　G.C.　[　]　　V.C.　[　]

ア　大太鼓　　イ　コントラバス　　ウ　トランペット

エ　ファゴット　　オ　ホルン　　カ　チェロ　　キ　シンバル

(7)　pizz.について，正しい読み方とその奏法を説明しなさい。

(☆☆☆◎◎◎)

【2】次の楽譜はある曲の一部です。(1)～(3)の問いに答えなさい。

(1)　曲名と作詞・作曲者名を書きなさい。

(2)　上の旋律を短3度下げて調号を用いずに移調しなさい。

(3)　楽譜上の(　　)内に，最も適切なコードネームを下のア～カから選び，その記号を書き入れなさい。

ア　Bm　　イ　Cm　　ウ　E7　　エ　A　　オ　D　　カ　Am

(☆☆☆☆◎◎)

【3】次にあげる日本の伝統的な音楽について(1)～(4)の問いに答えなさい。

①　尺八曲　　②　義太夫節　　③　長唄　　④　箏曲

⑤　雅楽　　⑥　能

(1)　それぞれの代表作を選び，記号で答えなさい。

ア　木遣の段　　イ　羽衣　　ウ　越後獅子

エ　巣鶴鈴慕　　オ　胡蝶　　カ　乱輪舌

(2)　①の和楽器には次のような演奏技法があります。それぞれの奏法名を答えなさい。

(a)　息を強く吹き入れて雑音的な音を出す。

(b)　あごをつき出すようにして高めの音を出す。

(c)　あごを引いて低めの音を出す。

(3)　②の義太夫節と阿波踊り(よしこの)で使われる三味線には違いがあります。それぞれの種類を答えなさい。

(4)　④の分野で平調子という調弦法や段物などの形式を確立し，箏の基礎を確立したといわれている箏曲家の名前を漢字で書きなさい。

(☆☆☆☆◎◎)

【４】次の楽語の意味を書きなさい。

(1)　allargando　　(2)　maestoso

(☆☆☆◎◎◎◎)

【５】ボディ・パーカッションの楽曲を作りなさい。ただし，(1)～(6)の条件を満たしていること。

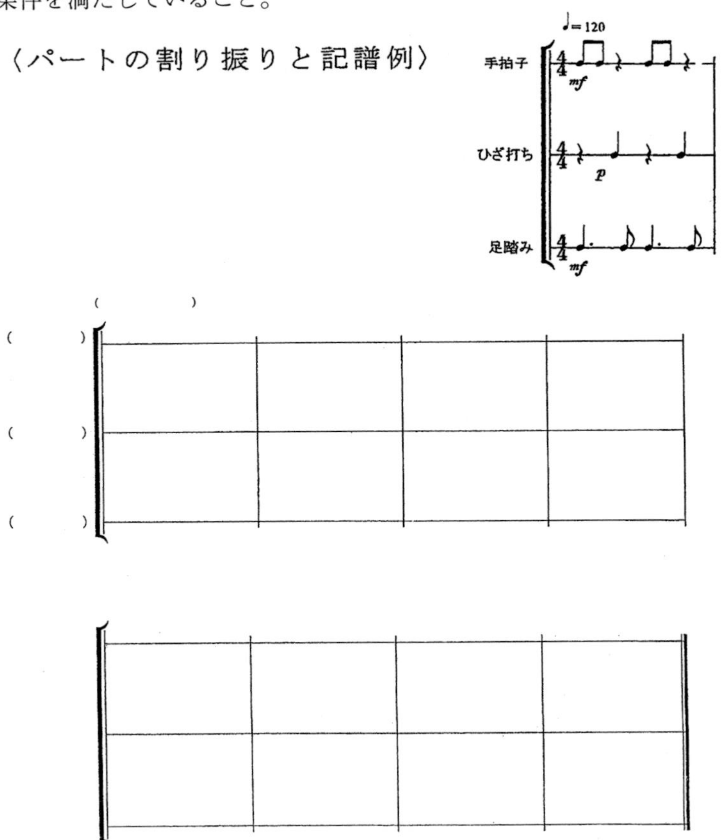

【条件】

(1)　中学2～3年生が，授業の中で1人で演奏できる程度とすること。

(2)　8小節の1部形式であること。

(3)　速度記号か速度標語を指定すること。
(4)　強弱記号(変化を表す記号も可)を示すこと。
(5)　拍子は任意とするが，示すこと。
(6)　記譜の仕方は，次の記譜例を参考にし，全体を3パートとして，それぞれのパート割りを各自で工夫して示すこと。

(☆☆☆◎◎)

【6】次の(A)・(B)のいずれか1つを選択し，問いに答えなさい。

(A)　次の文は，中学校学習指導要領「第5節　音楽」「第2　各学年の目標及び内容」〔第1学年〕「2　内容」「B　鑑賞」の内容の一部です。次の(　①　)～(　⑤　)の中にあてはまる語句を書きなさい。

声や楽器の音色，(　①　)，(　②　)，(　③　)を含む音と音とのかかわり合い，形式などの働きとそれらによって生み出される(　④　)や(　⑤　)を感じ取って聴くこと。

(B)　次の文は，高等学校学習指導要領「第7節　芸術」「第2款　各科目」「第1　音楽Ⅰ」「2　内容」「B　鑑賞」の内容の一部です。次の(　①　)～(　⑤　)の中にあてはまる語句を書きなさい。

ア　声や楽器の(　①　)と(　②　)　　イ　(　③　)の歴史的背景
ウ　(　④　)の種類と特徴　　エ　(　⑤　)の音楽の種類と特徴

(☆☆☆☆◎◎◎)

【7】次の(A)・(B)のいずれか1つを選択しその記号を記入し，問いに答えなさい。

(A)　次の(1)・(2)は，中学校学習指導要領「第5節　音楽」「第2　各学年の目標及び内容」「2　内容」「A　表現」の内容の一部です。(　①　)～(　③　)にはあてはまる語句を，(　a　)・(　b　)にはそれぞれ該当する学年を書きなさい。

(1)　歌詞にふさわしい旋律や(　①　)を生かした旋律を作り，声や楽器で表現すること。　(　a　)
(2)　短い歌詞に(　②　)したり，楽器のための(　③　)な旋律を作

ったりして声や楽器で表現すること。　(b)

(B)　次の(1)～(3)は，高等学校学習指導要領「第7節　芸術」「第2款　各科目」「第1　音楽Ⅰ」「第2　音楽Ⅱ」「第3　音楽Ⅲ」における「2　内容」「A　表現」の内容の一部です。次の(①)～(③)にはあてはまる語句を，(a)・(b)には該当する科目名を書きなさい。

(1)　いろいろな様式や(①)による楽曲の創作

(2)　(②)に関する基礎的知識の理解　(a)

(3)　いろいろな(③)による旋律の創作　(b)

(☆☆☆☆◎◎◎)

解答・解説

【中高共通】

【1】(1)　題名　「ペールギュント」組曲　　作曲者　グリーグ　　国名　ノルウェー　　(2)　国民楽派　　(3)　バラキレフ，キュイ，ボロディン，ムソルグスキー，リムスキー＝コルサコフ

(4)　A　h　moll　　B　Fis　dur　　関係調　属調の同主調

(5)　A

B

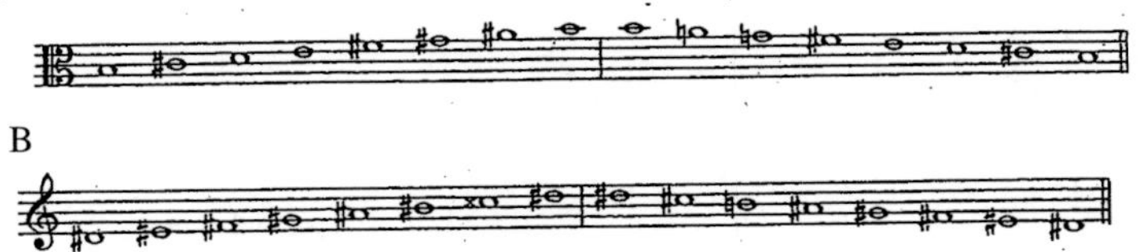

(6)　Fg.　エ　　Cor　オ　　G.C.　ア　　V.C.　カ　　(7)　読み方　ピッツィカート　　奏法　弦を直接指ではじく奏法

〈解説〉(1)　出題の総譜は，グリーグ作曲「ペールギュント」第1組曲の4曲め(終曲)「山の魔王の宮殿にて」である。　(4)　Aの部分はファゴ

ットによるh moll(ロ短調)，Bの部分はチェロとコントラバスによるFis dur(嬰ヘ長調でありAの短調のくり返しではない)と判定せねばならない。h mollの属調はfis mollであり，その同主調がFis durである。

(5)　Aのh mollをハ音記号のアルト記号に調号なしで書く。Bの平行調はdis moll(♯6つ)，その旋律短音階を書く。　(6)　Fg.はファゴット(Fagotto)，Cor.はホルン(Corno)，G.C.は大太鼓(Gran cassa catuba)，V.C.はチェロ(Violoncello)，C.B.はコントラバス(Contrabasso)である。

【2】(1)　曲名　イエスタディ　作詞・作曲　ジョン・レノン&ポール・マッカートニー

(2)

(3)　オ　　ア　　エ

〈解説〉(1)　ビートルズはジョン・レノン，ポール・マッカートニー，ジョージ・ハリスン，ピート・ベストの4人で結成されたロック・グループであるが，多くのヒット曲が誰の作曲(作詞)であるかはあまり知られていないであろう。この「イエスタディ」はポール・マッカートニー作詞・作曲であることは割によく知られている。　(3)　コードネームは和音を示す記号であるが，この出題ではコードネームそのものの設問というよりもこの曲の和声進行を考えさせるもの。従ってこの曲の特色を知らないと和声進行をコードネームで答えるのはやりにくい。例えば第1小節めは長調(D dur)で，2～3小節が短調(H moll→コードネームはBm)，4小節めから再び長調になっており和声の進行にとらわれないコードの使用など。

【3】(1)　①　エ　　②　ア　　③　ウ　　④　カ　　⑤　オ　　⑥　イ

(2)　(a)　ムラ息　　(b)　カリ　　(c)　メリ　　(3)　義太夫節　太棹三味線　　阿波踊り　細棹三味線　　(4)　八橋検校

〈解説〉(1)　①尺八曲→エ「巣鶴鈴慕」は琴古流の呼び方で，「鶴の巣籠」

とも呼ばれる。尺八の本曲(尺八のために作られた曲)である。
② 義太夫節→ア「木遣の段」は浄瑠璃の演目で,「三十三間堂棟由来」の中で演じられる。 ③ 長唄→ウ「越後獅子」は歌舞伎の長唄・舞踊で有名。 ④ 箏曲→カ「乱輪舌(みだれりんぜつ)」は八橋検校作曲と伝えられる。 ⑤ 雅楽→オ「胡蝶」は「胡蝶楽(こちょうらく)」という雅楽・高麗楽に属する舞楽。 ⑥ 能→イ「羽衣」は能。
(2) 尺八の演奏技法の代表的なものである。 (3) 義太夫節や津軽三味線では,太棹が用いられる。徳島の阿波踊りでは細棹三味線で「よしこの節」を,急調に合わせて練り踊る。

【4】(1) 強くしながらだんだん遅く (2) 荘厳に,堂々とした
〈解説〉(1)のallargandoは「強くしながらだんだんおそく」の,速さと強さの変化を示す用語。反対の意の「弱くしながらだんだんおそく」の用語には,calandoやmorendo,perdendosi,smorzandoなど多くがある。楽語については集中的に覚えたいもの。

【5】〈評価基準〉○楽譜(8小節×1) ○形式 ○速度記号・速度標語 ○強弱記号(変化を表す記号) ○拍子記号 ○パートの割り振り ○演奏のしやすさ ○曲想
〈解説〉ボディ・パーカッション用の1部形式の曲を作り,リズム譜3パートの記譜をせよ,という出題である。8小節の1部形式とのことなので,aa′又はabの形式でよいであろう。拍子や速度,強弱なども自由,パートは1人で演奏できるものとなると,記譜例のような〈手拍子〉,〈ひざ打ち〉,〈足踏み〉が適切であるが,机を前にして椅子に座っていてできるものとしては〈左手をひろげて机の上を叩く〉,〈右手指で机の上を打つ〉,〈足踏み〉もおもしろい。留意すべきは演奏しやすいリズムにすることである。

【6】(A)　①　リズム　②　旋律　③　和声　④　楽曲の雰囲気　⑤　曲想　(B)　①　特性　②　表現上の効果　③　楽曲　④　我が国の伝統音楽　⑤　世界の諸民族

〈解説〉(A)は現行学習指導要領の中学校第1学年「鑑賞」の(1)アからの設問。(B)は高校の現行学習指導要領の音楽Ⅰ「鑑賞」のア～エである。(A)，(B)ともに学習指導要領に示されている指導事項の文であり，設問が語句を書けというものだけに，覚えるような学習が必要である。

【7】(A)　①　楽器の特徴　②　節付け　③　簡単　a　第2学年及び第3学年　b　第1学年　(B)　①　演奏形態　②　編曲　③　音階　a　音楽Ⅱ　b　音楽Ⅰ

〈解説〉(A)は中学校学習指導要領「表現」からあてはまる語句と，(1)(2)の示されている学年を答える設問。　(B)は高校学習指導要領「表現」の(3)創作の指導事項から，あてはまる語句と科目名(音Ⅰ～Ⅲ)を答える設問である。(A)，(B)ともにほとんど暗記するような学習が必要となる。

2008年度　実施問題

【中高共通】

【1】ピアノの演奏を聴いて書きなさい。(演奏曲は非公開)

(☆☆☆◎◎◎)

【2】これからある曲の一部を聴きます。1～4の問いに答えなさい。(演奏曲は非公開)

1　次の曲の曲名と作曲者名及び作曲者の国名を答えなさい。

2　次の曲が演奏される劇音楽の種類と題名及び作曲者名を答えなさい。

3　次の曲を演奏している楽器名を答え，その地域をア～カから選んで記号で答えなさい。

4　次の曲の種類を選択肢から記号で選び，その曲名を答えなさい。

ア　箏曲　　イ　平曲　　ウ　雅楽　　エ　義太夫節
オ　長唄　　カ　民謡　　キ　三曲合奏　　ク　尺八曲
ケ　能

(☆☆☆◎◎◎)

【３】次の(1)～(3)については音程を，(4)・(5)については転回音程を書きなさい。

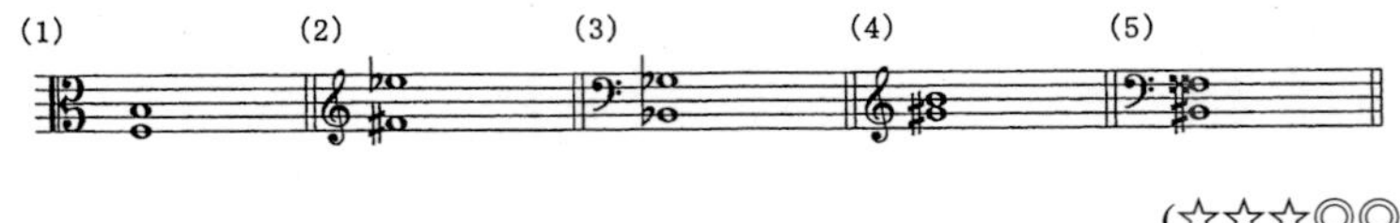

(☆☆☆◎◎)

【４】次の(1)～(4)について指示された音階を，それぞれ与えられた譜表に書きなさい。ただし，(1)・(2)は調号を用い，(3)・(4)は臨時記号を用いて全音符で書くこと。また，短調の場合は和声的短音階とする。

(1)　この音を導音とする短調の下属調

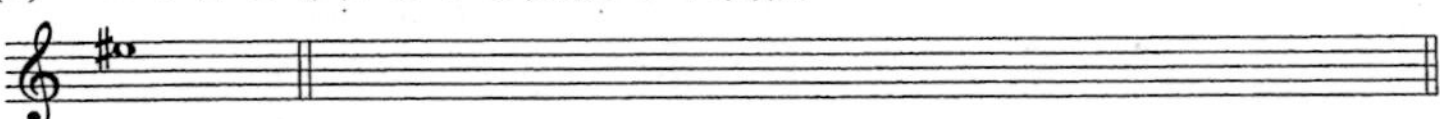

(2)　この和音をⅣ度の和音とする調の同主調の平行調

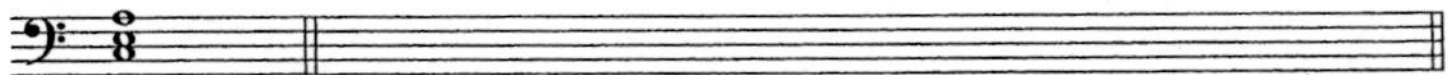

(3)　この音を終止音とするフリギア旋法

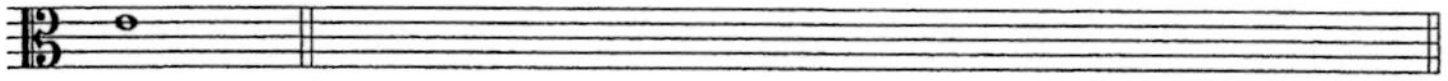

(4)　この音から始まる都節音階(陰旋法)

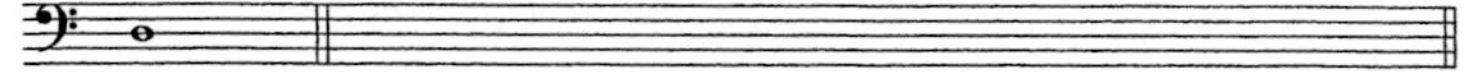

(☆☆☆◎◎◎)

【５】次の(1)・(2)の旋律はそれぞれ何調か，調名をドイツ語表記で書きなさい。

(☆☆☆◎◎◎)

【6】次のホ短調，4分の3拍子の旋律を，8分の6拍子に変更し，正しい記譜法により下の譜表に書き改めなさい。

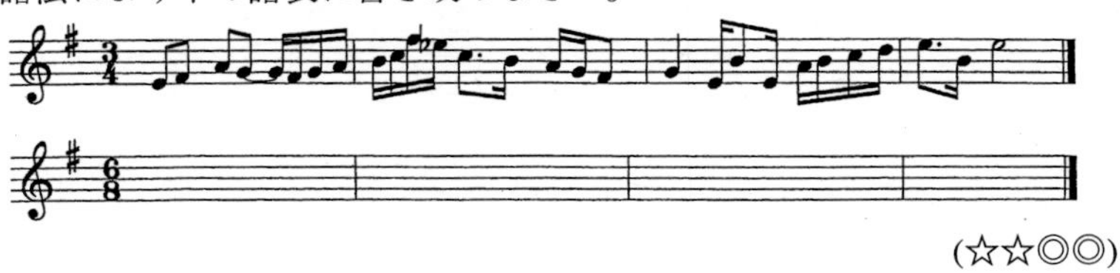

(☆☆◎◎)

【7】次の曲について，(1)～(5)の問いに答えなさい。

(1)　上の楽譜の中に，正しい拍子記号と小節線を書き込みなさい。

(2)　この曲の曲名，作詞者名，作曲者名を書きなさい。ただし，作詞者名，作曲者名は漢字で書くこと。

(3)　この曲と同じ作詞者，作曲者の組合せで作られた曲名を1つ答えなさい。

(4)　この曲は歌詞が1番から4番まであり，同じ旋律を繰り返して歌うように作曲されている。このような歌曲を何というか答えなさい。

(5)　この曲を歌唱表現させる場合の指導上の留意点を1つ書きなさい。

(☆☆☆◎◎)

【8】次の(1)・(2)の「ギターダイヤグラム(コード表)」で示された音を，それぞれ全音符であとの譜表に記し，そのコードネームを書きなさい。

(1)　　　　　　(2)

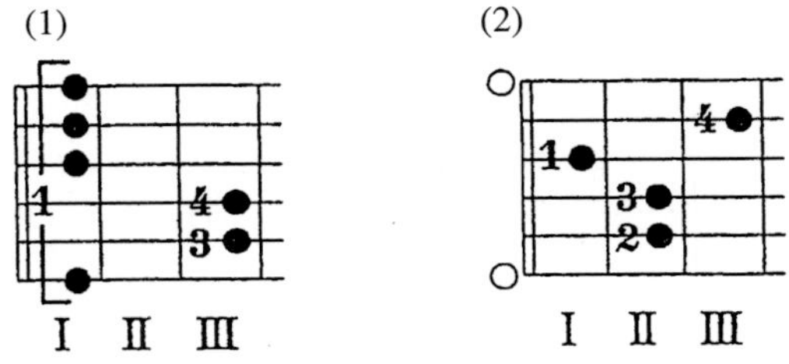

(☆☆☆◎◎)

【9】次の(1)～(4)の楽器は，ア～エのどの楽器に分類されるか，記号で答えなさい。

(1)　ムックリ　(2)　ズルナ　(3)　ダルシマー　(4)　チャンゴ

ア　体鳴楽器　イ　膜鳴楽器　ウ　弦鳴楽器　エ　気鳴楽器

(☆☆☆◎◎◎)

【10】アルト・リコーダーの二重奏曲を作りなさい。ただし，(1)～(6)の条件を満たしていること。また，実音よりも1オクターブ下で記譜してもよい。

【条件】

(1)　中学3年生が授業の中で演奏できる程度の二重奏とすること。

(2)　16小節の二部形式であること。

(3)　速度記号か速度標語を指定すること。

(4)　強弱記号(変化を表す記号も可)を示すこと。

(5)　調や拍子は任意とすること。

(6)　曲にふさわしい曲名を書くこと。

曲名「　　　　　　」

(☆☆☆◎◎◎)

【11】次の(A)・(B)のいずれか1つを選択し，問いに答えなさい。

(A) 次の文は，中学校学習指導要領「音楽」〔第2学年及び第3学年〕の「1 目標」の一部である。(①)～(⑤)にあてはまる語句を書きなさい。

音楽活動の(①)ことを通して，(②)への興味・関心を高め，(③)生活を明るく豊かなものにし，(④)音楽に(⑤)いく態度を育てる。

(B) 次の文は，高等学校学習指導要領芸術「第3 音楽Ⅲ」「1 目標」の一部である。(①)～(⑤)にあてはまる語句を書きなさい。

音楽の(①)を通して，生涯にわたり(②)心情と(③)を尊重する態度を育てるとともに，(④)，個性豊かな(⑤)を高める。

(☆☆☆☆◎◎)

【12】次の(A)・(B)のいずれか1つを選択し，問いに答えなさい。

(A) 中学校学習指導要領「音楽」「第3 指導計画の作成と内容の取扱い」について，次の(①)～(⑤)にあてはまる語句を書きなさい。

・歌唱指導における階名唱については，(①)を原則とすること。
・鑑賞教材のうち世界の諸民族の音楽については，第1学年においては主として(②)の諸民族の音楽のうちから適切なものを選んで取り上げるようにすること。
・創作指導については，(③)に偏らないようにするとともに，必要に応じて作品を記録する方法なども工夫させること。
・読譜指導については，小学校における学習の経験の上に立ち，♯や♭の意味を理解させるとともに，3学年間を通じて，(④)程度をもった調号の楽譜の(⑤)に慣れさせるようにすること。

(B) 高等学校学習指導要領芸術「第1 音楽Ⅰ」の「3 内容の取扱い」について，次の(①)～(⑤)にあてはまる語句を書きなさい。

・音楽についての総合的な理解を深め，主体的な学習態度を育てるため，(　①　)を設定して学習することができる機会を設けるよう配慮するものとする。

・内容のA及びBの教材については，地域や学校の実態を考慮し，(　②　)を含めて扱うよう配慮するものとする。

・内容のBのウについては，主として箏(そう)曲，(　③　)音楽(歌い物)，(　④　)音楽などを扱うようにする。

・内容のBのエについては，(　⑤　)の諸民族の音楽を含めて扱うようにする。

(☆☆☆☆◎◎)

解答・解説

【中高共通】

【1】

1

2

〈解説〉聴音の採点方法は，大抵の場合小節ごとである。つまり，1小節内がすべてできて部分点となる。そこで重要になってくるのが，まず小節の最初の音を正しく記譜することである。これは，音符が前後にずれないため最も重要な部分。細かい音符が出てくると一度ですべてを記譜するのは難しいため，軽く印をつけていくであろうが，最初の音符を逃してはならない。二回目以降の演奏で拍子をカウントされない場合もあるため，拍を見失わないためにも，苦手な人は，一回目の演奏で各小節の頭だけ確実に取ることも一つの手である。

二声対旋律は，上下の響きよりも，横の線の流れの方が自然に聞こえ取りやすいはずである。苦手な人は，上の旋律，下の旋律という括りで音を追うと良い。跳躍が少ないため聞き取りやすいはず。

和声聴音は，変化和音もほぼないが，転回形が出てくると，響きが少し違うので注意。原則は和声の理論に沿っているが一部例外もある。三音七音重複などはまずないだろう。ソプラノ，バスと取りやすい部分を個別に取ってしまうのも一つ，密集開離が指定されていれば，聞こえたように書いていってもいいだろう。事前対策としては，予想されるであろう調(調号があまり多くないと思われる)での練習をよく行うこと。一度にたくさんよりは，毎日4小節ずつでも継続すると慣れで聞き取ることができるようになる。

【2】1　(1)「ベルガマスク組曲」より「月の光」　ドビュッシー　フランス　(2) 交響詩「フィンランディア」　シベリウス　フィンランド　(3) ブランデンブルク協奏曲第5番　J. S. バッハ　ドイツ　(4) 弦楽四重奏曲「アメリカ」　ドヴォルザーク　チェコ　(5) カルミナ・ブラーナ　オルフ　ドイツ　2 (1) オペレッタ　メリー・ウィドゥ　レハール　(2) ミュージカル　ウェストサイド物語　バーンスタイン　(3) オペラ　ラ・ポエーム　プッチーニ　(4) バレエ　ペトルーシュカ　ストラヴィンスキー　3 (1) バグパイプ　ウ　(2) アルフー(二胡)　オ　(3) サントゥール　エ　4 (1) オ　歓進帳　(2) カ　かりぼし切り歌　(3) ク　鹿の遠音

〈解説〉1　どれも有名な作品だが，知らない曲が出たときには，その曲の雰囲気や作風から作曲家や国を想像することも必要である。フランスは和音の違いが顕著で，ドイツは堅苦しい和音，ドヴォルザークは民族的な要素が入り，となんとなく思いついたことをかきながら思い出していく。　2　ミュージカルは，アメリカンなリズムなど，種類などは容易に分かる。演奏の規模やリズムから想像できるはず。題名，作曲者は知らないと埋められないが，使われる部分は何かしらの主題など限られているはずなので，部分を絞って対策しておくと良い。
3　民族楽器は，図や写真，名称といった知識としてのみ学ぶ場合が多いが，実際に手に取ったり音を聴くことは非常に重要である。その方法は，民族楽器のCDはたくさん出ているため，知っている民族楽器のものから意識的に聴いて音色を感じておくと良い。　4　まず，楽器編成，唄の入り具合で大方絞ることができる。曲名は，3と同様に日頃から音源を聴きより多くを蓄えておくことが大切である。

【3】(1)　増4度　　(2)　減7度　　(3)　短6度　　(4)　長6度
(5)　完全4度

〈解説〉転回音程は，9度から引いて求めることができる。増減，長短はそれぞれ逆となる。

【4】

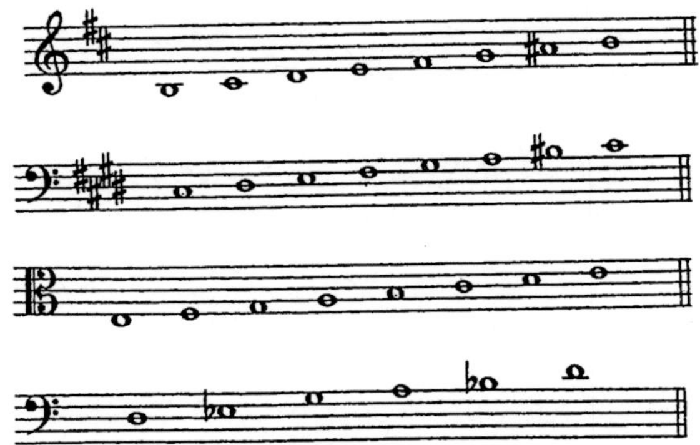

〈解説〉固有音，固有和音から調性を判断するのに加え，教会旋法，日本の音階と幅広く問われている。共通して，主音に合わせて臨時記号をきちんと表記しなくてはならない。

【5】(1)　E：dur　　(2)　b：moll

〈解説〉調判定は，でてきた臨時記号を調号と解釈するか臨時記号と解釈するかがポイントである。歌ってみると派生音だということがすぐ分かるため，容易な問題といえる。

【6】

〈解説〉拍子の書き換えは，拍とリズムの違いを分かっていなければできない問題である。記譜法は拍とリズムとの原則に沿っているため，シ

ンコペーションやタイの箇所は注意が必要である。

【7】(1)

(2)　曲名：この道　　作詞：北原白秋　　作曲：山田耕筰

(3)　待ちぼうけ，からたちの花　など　　(4)　有節歌曲　　(5)　日本語のもつリズムや抑揚と旋律とのかかわりを感じ取らせる。など

〈解説〉拍子が変わるところは注意が必要である。独特な雰囲気を出している。有節は通作に対して使われる。(5)は，他にも語感を生かすためのいろいろな要素を理解し，それらを生かした表現を工夫させる，などがある。

【8】(1)　　　　コードネーム　Fm

(2)

コードネーム　E7

〈解説〉ギターの開放弦は，下からミラレソシミである。半音ごとのフレットを考えれば，コードを覚えてなくても解くことができる。○は開放弦の意味。

【9】(1)　ア　　(2)　エ　　(3)　ウ　　(4)　イ

〈解説〉ムックリは，アイヌの民族楽器。ズルナは，古代ペルシアで生まれたダブルリードの管楽器。　ダルシマーは，ヨーロッパの古い民族楽器で，台形の箱に弦を多数張り，スティックで打奏する打弦楽器。チャンゴは，韓国の大型両面太鼓。

【10】略

〈解説〉条件の，「中学3年生」というのは，アルトリコーダーにより慣れている時期で，少々指使いが難しくても対応できることを示している。これが中学1年生となると，難易度をぐっと下げなくてはならない。日本の場合，完全に上と下というように分けたり，対等な二本の線として書いたり，どちらでも構わない。ただし，和声感などは失わないように書くこと。二部形式ということは，aabaあたりが妥当である。

【11】(A) ① 楽しさを体験する ② 音や音楽 ③ 音楽によって ④ 生涯にわたって ⑤ 親しんで (B) ① 諸活動 ② 音楽を愛好する ③ 音楽文化 ④ 感性を磨き ⑤ 音楽の能力

〈解説〉指導要領からの出題。基礎中の基礎で，良く読んでいればまったく問題のない問題。丸暗記しても十分すぎることはない。

【12】(A) ① 移動ド唱法 ② アジア地域 ③ 理論 ④ 1♯，1♭ ⑤ 視唱や視奏 (B) ① 適切な課題 ② 郷土の伝統音楽 ③ 三味線 ④ 尺八 ⑤ アジア地域

〈解説〉指導要領からの出題。基礎中の基礎で，良く読んでいればまったく問題のない問題。丸暗記しても十分すぎることはない。

2007年度　実施問題

【中高共通】

【１】次の(1)・(2)は音程を，(3)～(5)は転回音程を書きなさい。

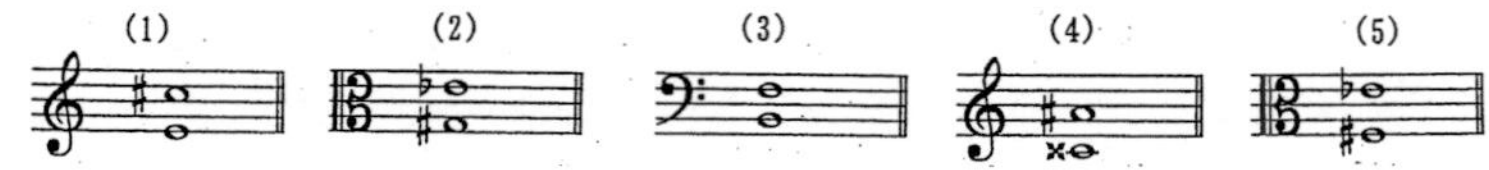

(☆☆☆◎◎◎)

【２】与えられた譜表上に，(1)・(2)は調号を用いて，(3)は臨時記号を用いて指示された音階を全音符で書きなさい。ただし短音階の場合は，和声短音階とする。

(1)　この音を下属音とする長調の平行調

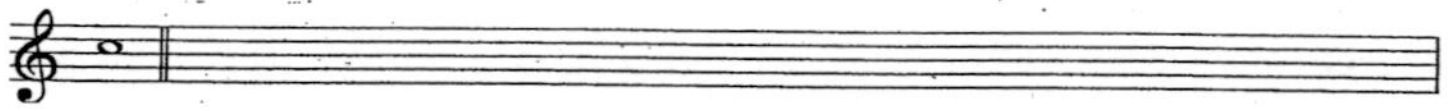

(2)　この音を属音とする長調の下属調の平行調の同名調

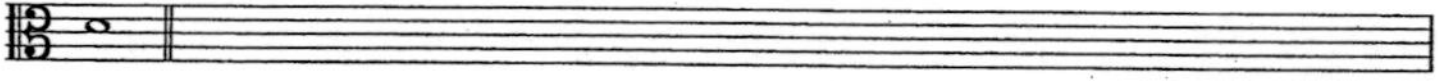

(3)　この音を上主音とする長調の属調の平行調の下属調

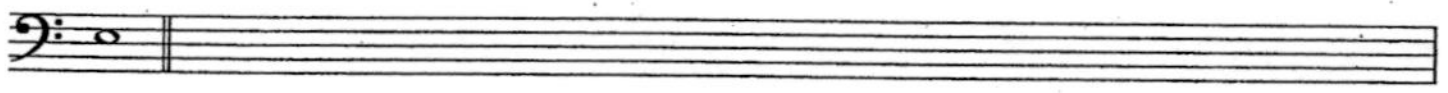

(☆☆☆◎◎◎)

【３】次の(1)・(2)の和音を含む調名をすべて書きなさい。ただし短調は和声短音階とする。

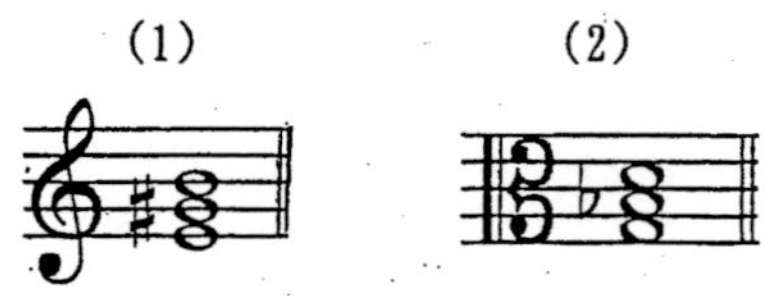

(☆☆☆◎◎)

【4】次の(1)・(2)の旋律は何調か，調名を書きなさい。

(☆☆☆☆◎◎◎)

【5】次の(1)～(3)の音楽用語の意味を説明しなさい。

(1) Auftact

(2) con sentimento

(3) Allegro non troppo

(☆☆☆◎◎◎)

【6】次の(1)～(3)の音楽用語について説明しなさい。

(1) ソナタ形式　(2) レクイエム　(3) 協奏曲

(☆☆☆◎◎◎◎)

【7】次の楽譜はある歌曲の一部である。(1)～(5)の問いに答えなさい。

(1) 作詩者名，作曲者名と曲名を答えなさい。

(2) 調子名をドイツ語の表記で答えなさい。

(3) この曲の作曲者の活躍した音楽史の時代を答えなさい。また，その時代の音楽の特徴を書きなさい。

(4) この曲を歌唱表現する場合の指導上の留意点を書きなさい。

(5) この曲はある連作歌曲集の1曲である。その歌曲集の名前を書きなさい。

(☆☆☆◎◎◎)

【8】三味線音楽について，次の(1)・(2)の問いに答えなさい。

(1)　次の表は，三味線の種類と演奏される音楽のジャンルを表したものである。①～④にあてはまる語句を書きなさい。

種　類	音楽のジャンル
①	長唄　，　民謡
②	③
太　棹	④

(2)　次の①～③の三味線の調弦法を答えなさい。

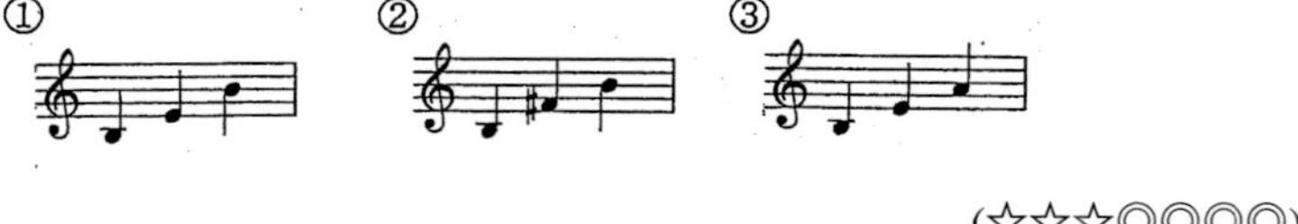

(☆☆☆◎◎◎◎)

【9】篠笛と太鼓による二重奏曲を作りなさい。ただし，(1)～(6)の条件を満たしていること。

【条件】

(1)　テーマは「祭りばやし」とし，お祭りの雰囲気をだすこと。

(2)　4分の4拍子，16小節とすること。

(3)　篠笛は，八本調子(C管)とすること。

(4)　太鼓は，和太鼓(鋲打太鼓)とすること。

(5)　調や形式は自由とすること。

(6)　中学3年生が授業の中で演奏できる程度の二重奏とすること。

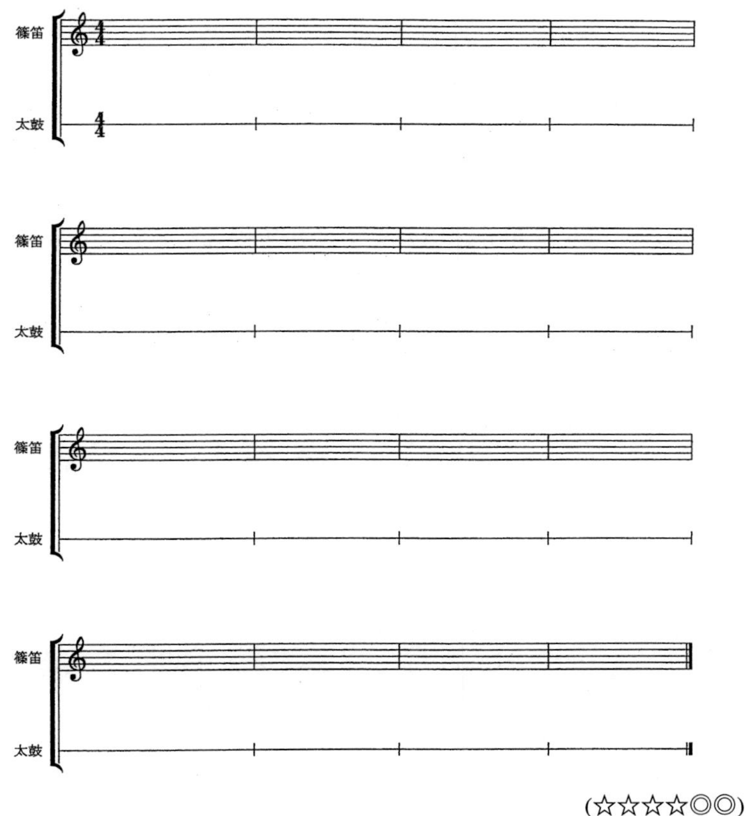

(☆☆☆☆◎◎)

【10】次の(A)・(B)のいずれか1つを選び，問いに答えなさい。

(A)　中学校学習指導要領「音楽」の「第2　各学年の目標及び内容」[第1学年][第2学年及び第3学年]の「1　目標」について，(①)～(⑤)にあてはまる語句を書きなさい。

[第1学年]　(①)の豊かさや美しさを感じ取り，(②)な表現の技能を(③)，創造的に表現する能力を育てる。

[第2学年及び第3学年]　(④)の豊かさや美しさを感じ取り，表現の技能を(⑤)，創造的に表現する能力を高める。

(B)　高等学校学習指導要領「音楽Ⅰ」,「音楽Ⅱ」の目標について,(①)～(⑤)にあてはまる語句を書きなさい。

音楽Ⅰ　音楽の(①)を通して，音楽を愛好する心情を育てるとともに，感性を高め，(②)と鑑賞の能力を伸ばす。

音楽Ⅱ　音楽の(③)を通して，音楽を愛好する心情を育てるとともに，感性を高め，(④)についての理解を深め，個性豊かな表現の能力と(⑤)な鑑賞の能力を伸ばす。

(☆☆☆◎◎◎◎)

【11】次の(A)・(B)のいずれか1つを選び，答えなさい。

(A)　中学校音楽科の「音楽への関心・意欲・態度」以外の評価の観点を答えなさい。

(B)　高等学校芸術(音楽)の「関心・意欲・態度」以外の評価の観点を答えなさい。

(☆☆☆☆◎◎)

解答・解説

【中高共通】

【１】(1)　長6度　(2)　減6度　(3)　増4度　(4)　長3度　(5)　増2度

〈解説〉(3)～(5)は転回音程を答えることに留意する。　(4)は両方の♯を1つずつ消して考えると，CisとAの音程となるので短6度，その転回音程は長3度である。　(5)はFisとEsの音程で減7度，その転回音程は増2度である。

【2】

(1)

(2)

(3)

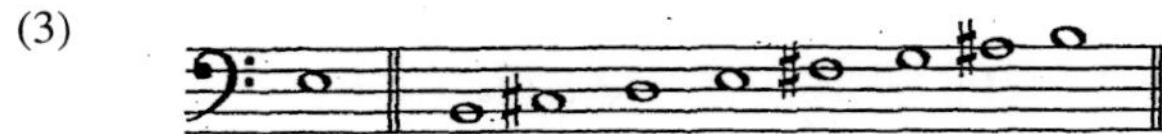

〈解説〉(1)　Cの音を下属音とする長調はG dur，その平行調はe mollである。　(2)　Dの音を属音とする長調はG dur，その下属調はC dur，その平行調はa moll，そしてその同名調はA durである。　(3)　上主音とは主音の上に位置する第2音なのでD dur，その属調はA dur，その平行調はfis moll，そしてその下属調はh mollである。

【3】(1)　A dur・E dur・H dur・a moll・gis moll　(イ長調・ホ長調・ロ長調・イ短調・嬰ト短調)　(2)　F dur・B dur・Es dur・d moll・g moll(ヘ長調・変ロ長調・変ホ長調・ニ短調・ト短調)

〈解説〉♯の付いた(1)は♯系の調の音階でまず長調を，次に短調(和声短音階)を答える。念のため五線をたくさん書き音階を記入するとか，鍵盤図を書くのもよい。　(1)　Eを主音とするE dur，gisを第7音とするA dur，H音を主音とするH durで，♯3～5付いた長調となる。短調ではgisを第7音とするa mollをみつけ，次に♯系のmollの音階を順にすべて確認するのがよい。　(2)　♭系の長調でB(変ロ)の長調を順にさがす。♭が1～3付いた長調と答えが出たら，短調もその平行調を五線に書いて確認したい。

【4】(1)　es moll　(変ホ短調)　(2)　D dur　(ニ長調)

〈解説〉(1)　調号の♭がいくつ付いているか，長・短調のどちらかを見極めることが大切。Cに♭が付いているので♭5つのGes durで読譜すると2小節までで短調と分かり，平行調のes mollと答える。　(2)　調号の♯か，それとも臨時的な記号の♯や♭(♮)かを判断すること。調号の♯が2つあるいは3つらしいと判断して両方の調で読んでみると2つらしいと分かる。2小節目のeisとgisの音は臨時的な♯である。

【5】(1)　曲が弱拍から始まること。弱起・上拍　(3)　感情的に　(4)　甚だしくなく快速に

〈解説〉Auf tactやsentimentoなどは知っているつもりでも，答えるとなると戸惑うもの。　(3)は〈快速に，しかし過度にならぬよう〉や〈速く，はなはだしくなく〉でよい。

【6】(1)　主題提示部，展開部，再現部，終曲からなる形式　(2)　死者の霊をなぐさめる為のミサ曲(鎮魂曲)　(3)　独奏楽器と管弦楽からなるソナタ。普通3楽章からなる。(コンチェルト)

〈解説〉(1)～(3)ともによく出される設問である。　(1)については第1主題と第2主題の調性関係や古典派に完成された(特にベートーヴェン)ことなどの説明もできるようにしたい。

【7】(1)　作詩者：ハイネ　作曲者：シューマン　曲名：美しい五月に　(2)　fis moll又は，A dur　(3)　時代：ロマン派　特徴：・形式よりも個人の感情を重視した。　・それぞれの楽奏に適した形式が作られた。　・歌曲，器楽曲などが多く作曲された。

(4)　(正答例)　芸術歌曲であることを理解させ，詩の内容と音楽を融合させた歌唱表現を工夫させる。　(5)　詩人の恋

〈解説〉シューマンの連作歌曲集「詩人の恋」の第1曲である。(2)この曲はmollかdurかでよく話題になるもの。ピアノと一体となった繊細な美しい旋律の曲である。

【8】(1) ① 細棹 ② 中棹 ③ 地歌(地唄)，常磐津節，清元節 ④ 義太夫節，津軽民謡 (2) ① 本調子 ② 二上り ③ 三下り

〈解説〉(1) 三味線の細棹や中棹(ちゅうざお)の種類がどんな音楽に使われるのか。これは，江戸時代の長い間に多岐のジャンルに分かれたことや，細棹や中棹といっても種目・流派によって少しずつ大きさや皮の厚さなどが違うものなので厳密には難しいことである。一般には，細棹は，長唄・端唄・小唄・荻江節・河東(かとう)節など。中棹は，常磐津節・清元節・一中節・富本節・新内節・うた沢・地歌などである。太棹は，義太夫節や津軽三味線が有名である。 (2) 調弦についてはよく知っておきたい。ただし，三味線の調弦は絶対音高ではなく，人の声に合わせて調弦するもの(箏も同じ)，それは和楽器の特色ともいえる。

【9】解答省略〔正答の基準〕・「祭りばやし」の雰囲気がでているか。 ・4分の4拍子であるか。 ・16小節であるか。 ・篠笛は，八本調子(C管)であるか。 ・中学3年生が授業の中で演奏できる程度の2重奏であるか。

〈解説〉里神楽や歌舞伎の長唄囃子で用いられる篠笛と和太鼓の二重奏曲を作る設問で，篠笛に触れたことのない場合は困惑するであろう。篠笛は7孔で長さの違う12本を使い分けるが，最も低いものから「一本(調子)」，「二本…」と呼び，普通は「五本」から「八本」の笛を用いる。「八本」の篠笛を用いると次の音高となる(7孔をふさぐと最低音)。

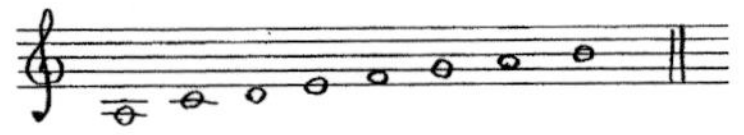

〔解答例－4小節のみ〕

【10】(A)　①　音楽表現　②　基礎的　③　身に付け　④　楽曲構成　⑤伸ばし　(B)　①　幅広い活動　②　創造的な表現　③　諸活動　④　音楽文化　⑤　主体的

〈解説〉学習指導要領の(A)中学校各学年の目標6つのうち，(2)の目標の語句を，あるいは(B)高校の音楽Ⅰ及びⅡの目標の語句を答えるもの。

【11】(A)　音楽的な感受や表現の工夫　表現の技能　鑑賞の能力
(B)　芸術的な感受や表現の工夫　創造的な表現の技能　鑑賞の能力

〈解説〉学習指導要領についての学習は十分に行う人も，生徒指導要録の評価の観点についてはとかく忘れがちである。評価とは，教科目標，学年目標などを「指導目標」として具体化し，その達成状況を把握することである。評価の観点は，学力という視点から指導目標を具体化したものでなければならない。設問では(A)中学校，(B)高校の1つを選択して答えることになっている。生徒指導要録の音楽科としての「観点別学習状況」，4項目の観点とその趣旨を学習しておきたい。

2006年度　実施問題

【中高共通】

【１】次のア・イの楽譜について，(1)～(4)の問いに答えなさい。

(1)　それぞれの曲名と作曲者名及び作曲者の生まれた国名を書きなさい。

(2)　アの楽譜のクラリネットは何管の楽器か書きなさい。

(3)　アの楽譜を弦楽四重奏で演奏できるように書きなさい。ただし，ヴィオラはアルト記号で，チェロはテノール記号で譜表に書きなさい。

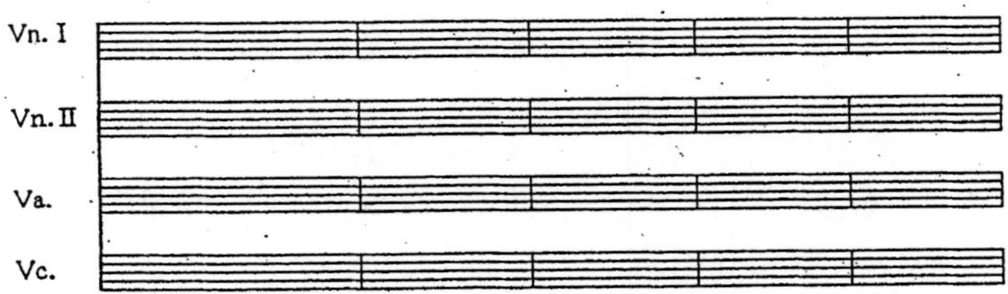

(4)　イの曲の演奏形態と，楽譜に見られるような同じ音を連続して演奏する奏法を何というか書きなさい。

(☆☆☆◎◎◎◎)

【2】前問のイの曲のように，楽器には表現の幅を広くするため特別な奏法がある。次の(1)〜(5)の奏法は，何の楽器のものか(ア)〜(カ)から選び記号で書きなさい。

(1)　スクイ　　(2)　ウナ・コルダ　　(3)　フラジョレット
(4)　ゲシュトプフト　　(5)　メリ
(ア)　ピアノ　　(イ)　尺八
(ウ)　ヴァイオリン　　(エ)　三味線
(オ)　ホルン　　(カ)　箏

(☆☆☆◎◎◎◎◎)

【3】次のア・イの楽譜について，(1)〜(6)の問いに答えなさい。

(1)　アの曲名及びイのオペラの題名を書きなさい。またそれぞれの作曲者を日本人の場合は漢字で，外国人の場合はアルファベットで書きなさい。
(2)　ア・イの曲の調子名を書きなさい。またアの曲の平行調，イの曲の属調の平行調の同名調を書きなさい。
(3)　アの曲を歌唱指導するときのねらいを2つ書きなさい。
(4)　イの作曲者は音楽史上何時代に属するか。またこの曲を歌っている登場人物の名前を書きなさい。
(5)　イの作曲者の代表的なオペラを3つ書きなさい。ただしイの曲は除く。
(6)　イの曲の5小節目から8小節目までを短3度下げて，調号を用いて高音部譜表上に書きなさい。

(☆☆☆◎◎◎◎◎)

【４】次の(1)～(4)の条件を満たした箏曲を作りなさい。ただし，箏の技法・奏法については考えなくてよい。

【条件】

(1) 平調子による，4分の4拍子，16小節の曲とすること。

(2) 二重奏曲とすること。

(3) 前半を主題とし，後半を主題の変奏の形にすること。

(4) 中学校の2～3年生の授業において取り入れることができる程度の曲とすること。

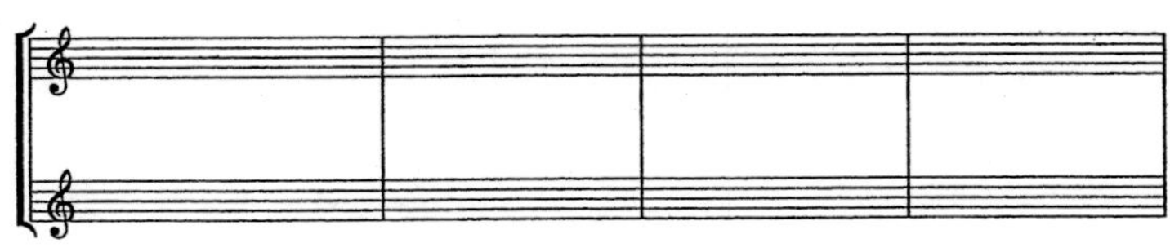

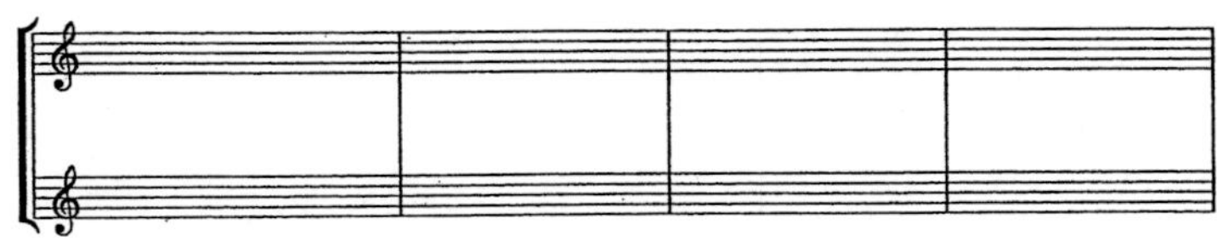

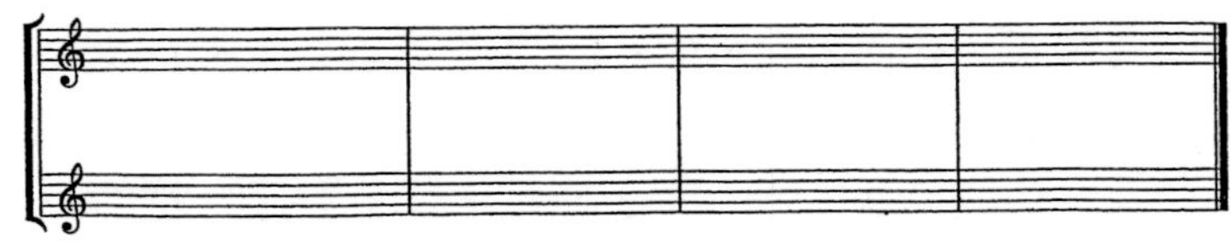

(☆☆☆☆◎◎◎◎)

【5】次の(A)・(B)の問いのうちから1つを選び，答えなさい。

(A)　中学校学習指導要領「音楽」の目標について，次の①～⑤にあてはまる語句を書きなさい。

表現及び鑑賞の(　①　)を通して，音楽を(　②　)を育てるとともに，音楽に対する(　③　)を豊かにし，音楽活動の(　④　)を伸ばし，(　⑤　)を養う。

(B)　高等学校学習指導要領「音楽II」の目標について，次の①～⑤にあてはまる語句を書きなさい。

音楽の諸活動を通して，音楽を(　①　)を育てるとともに，(　②　)を高め，(　③　)についての理解を深め，個性豊かな(　④　)と主体的な(　⑤　)を伸ばす。

(☆☆☆◎◎◎◎◎)

【6】次の(A)・(B)の問いのうちから1つ選び，答えなさい。

(A)　中学校学習指導要領「音楽」の「A　表現」において，歌唱教材には，各学校や生徒の実態を考慮して，3つの観点から取り上げたものを含めることとなっているが，その観点を書きなさい。

(B)　高等学校学習指導要領「音楽I」の「B　鑑賞」において，我が国の伝統音楽の種類と特徴について，主として扱う内容を3つ書きなさい。

(☆☆☆◎◎◎◎◎)

【7】次の(A)・(B)の問いのうちから1つ選び，答えなさい。

(A)　次の文は，中学校学習指導要領「音楽」において，表現及び鑑賞の活動を通して指導する内容である。該当する学年を答えなさい。

(1)　曲種に応じた発声により，言葉の表現に気を付けて歌うこと。

(2)　声や楽器の音色，リズム，旋律，和声を含む音と音とのかかわり合い，形式などの働きとそれらによって生み出される曲想とのかかわりを理解して，楽曲全体を味わって聴くこと。

(B)　次の表現の指導事項は，高等学校学習指導要領「音楽I」・「音楽II」・「音楽III」のどの段階か，答えなさい。

(1)　視奏力の充実

(2)　表現内容に応じた個性豊かな発声の工夫

(☆☆☆◎◎◎◎◎)

解答・解説

【中高共通】

【1】(1)　(曲名)未完成交響曲，(作曲者名)シューベルト，(国名)オーストリア　(曲名)アルハンブラの思い出，(作曲者名)タレガ，(国名)スペイン　(2)　A(管)

(3)

(4)　(演奏形態)ギター独奏　(奏法)トレモロ

〈解説〉(1)　ア　題名が示すように，この曲は第1楽章と第2楽章のみが完成され，第3楽章の途中までが作曲された状態で放棄された未完成の交響曲である。しかし，この曲の人気は他の完成された7曲よりもはるかに高く，またそれだけ内容も素晴らしいものである。

イ　タレガがスペインのアルハンブラ宮殿を訪れたときの印象を曲に綴ったもので美しいトレモロが印象的な哀愁を帯びた曲である。((4)の問題の解説も含む)　(2)　Fl., Fg. はC管なので，D durとG durの音程が同音になるように考えれば，A管のCLになる。　(3)　アルト記号や，テノール記号の楽譜に慣れること。

【2】(1)　(エ)　(2)　(ア)　(3)　(ウ)　(4)　(オ)　(5)　(イ)
〈解説〉(1)　ばち先で弦を下から上にすくい上げて音を出す三味線の奏法。　(2)　左のペダル(ソフトペダル)を踏んで演奏するピアノの奏法。(3)　弦楽器で弦を指で軽く触れることにより発生する倍音を利用した奏法。　(4)　右手を深く突き刺して鋭く弱い音を出すホルンの奏法。(5)　あごを出したり引いたりして息を当てる角度を変えることによって，音高を上げたり(カリ)下げたり(メリ)する尺八の奏法。

【3】(1)　ア　(曲名)夏の思い出　(作曲者)中田喜直
イ　(曲名)フィガロの結婚　(作曲者)W. A. Mozart
(2)　ア　(調子名)ヘ長調　(平行調)ニ短調　イ　(調子名)変ロ長調
(属調の平行調の同名調)ニ長調
(3)　・旋律と伴奏のかかわりの理解　・いろいろな記号を生かした表現の工夫　・日本語の抑揚の感得　・豊かな自然や四季の美しさを尊重する態度の育成　(4)　(時代)古典派　(名前)ケルビーノ
(5)　魔笛　ドン・ジョヴァンニ　コシ・ファン・トゥッテ
(6)

〈解説〉(1)　ア　作詞：江間章子　清らかな詩と新しい感覚の美しい旋律が人々の心をとらえ全国に広まった。　イ　フィガロの「もう飛ぶまいぞ，この蝶々」やケルビーノの「恋とはどんなものかしら」(イの楽譜)のアリアが有名。　(2)　関係調(近親調)を問われる問題は，良く

出題されますので，復習しておこう。　(3)　歌詞から豊かな自然や四季の美しさを感得する事や，旋律や合唱や伴奏などのハーモニーの美しさ等のねらいが書けていればよい。　(4)　他に有名な古典派の作曲家はハイドン，ベートーヴェン等がいる。

【4】略

〈解説〉条件を含み，和音の進行や終止形に配慮して作曲すること。

【5】(A)　①　幅広い活動　　②　愛好する心情　　③　感性
④　基礎的な能力　　⑤　豊かな情操　　(B)　①　愛好する心情
②　感性　　③　音楽文化　　④　表現の能力　　⑤　鑑賞の能力

〈解説〉(A)　この目標は，音楽科の学習が「表現及び鑑賞の幅広い活動を通して」行われることを前提とし，生活を明るく豊かにするための「音楽を愛好する心情を育てる」こと，教科の特性にかかわる「音楽に対する感性を豊かにし，音楽活動の基礎的な能力を伸ばす」こと，そして，人間形成を目指す「豊かな情操を養う」ことの，3つのねらいによって構成されている。　(B)「音楽Ⅱ」の目標の基本的な構成は，「音楽Ⅰ」とほぼ同様である。「音楽Ⅱ」において「音楽の諸活動を通して」と示しているのは，「音楽Ⅰ」が幅広く全体的に学習することを基本としつつ，多様な表現及び鑑賞活動を行うことを目指しているのに対し，「音楽Ⅱ」では個に応じて歌唱，器楽及び創作の各表現の活動を選択し，鑑賞とともに質的に深めて行うことを目指しているからである。

【6】(A)　我が国で長く歌われ親しまれているもの　　我が国で自然や四季の美しさを感じ取れるもの　　我が国の文化や日本語のもつ美しさを味わえるもの　　(B)　箏曲　　三味線音楽(歌い物)　　尺八音楽

〈解説〉(A)　指導事項の活動を想定して教材を選ぶ視点がまず基本となり，指導事項の活動を想定して教材を選ぶ視点がまず基本とならなければならない。それとともに，生徒の音楽への興味，関心を引き出し，表現活動への意欲や喜びを高めるものとして選択がなされなければならない。さらにまた，音楽的な内容のみならず，生徒の発達段階や技能の実態，または，学校や地域の特色について留意することも必要となる。　(B)　指導に当たっては，種類や特徴を網羅的に理解されるのではなく，主として箏曲，三味線音楽(歌い物)，尺八音楽などから各々の種類の音楽的特徴を顕著に示す楽曲を教材として取り上げ，我が国の伝統音楽が固有の特徴を持ち，それが演奏される場の状況，さらには，我が国の自然や風土，そこではぐくまれた美意識に根ざしていることの理解ができるよう留意する必要がある。

【7】(A)　(1)　第1学年　　(2)　第2学年及び第3学年
(B)　(1)　音楽Ⅱ　　(2)　音楽Ⅲ

〈解説〉(A)　(1)　表現の内容－歌唱の音素材である声に焦点を当て，曲種に合った発生と言葉の特性に気付かせることによって，それらを生かして歌うことのできる能力を育てることをねらいとしている。
(2)　鑑賞の内容－第1学年の学習を深化，発展させて，音楽の諸要素の働きとそれによって生み出される曲想とのかかわりを理解し，楽曲全体を味わって聴くことをねらいとしている。　(B)　(1)　Ⅱ－「音楽Ⅱ」における視唱力の学習では，「音楽Ⅰ」における「A表現」の「視唱力の伸長」の学習内容を発展させ，視唱力をより一層高め，楽譜の音楽的意味を理解して歌うことのできる力を育てることをねらいとしている。　(2)　Ⅲ－「音楽Ⅰ」及び「音楽Ⅱ」では，様々な曲種を扱う中で発生の工夫を学習するが，さらに学習した発生の技術をさらに伸ばし，より一層多様で個性的な表現を可能にすることをねらいとしている。

2005年度　実施問題

【中高共通】

【1】次の楽譜について，(1)～(4)の問いに答えなさい。

ア

イ

(1)　アの曲はある歌劇のアリアです。このアリアの曲名と作曲者名を書きなさい。

(2)　アの曲名となっている独特な伴奏のリズム形を解答用紙のリズム譜に書きなさい。

(3)　イの楽譜のクラリネットパートはA管の楽器です。これをB♭管の楽器で演奏できるように，解答用紙に調号を用いないで（臨時記号を用いて）書き直しなさい。

(4)　イの曲に関して，次の文章の（a）～(i）に入れる適当な語句や人名を解答用紙に書きなさい。

この曲は（a）作曲のピアノ協奏曲（b）調である。彼は（c）に生まれ，祖国の自然や民族固有の要素に根ざした音楽を作った。

このような19世紀後半の作曲家達は（d）と呼ばれ，チェコの（e）やドボルザーク，ロシア五人組と呼ばれる（f)，（g)，（h)，（i)，キュイ，などが活躍した。

(☆☆☆◎◎◎)

【2】次の古楽器や諸民族の楽器を，打楽器，管楽器，弦楽器，その他，に分類しなさい。

(1)　シタール　　(2)　ズルナ　　(3)　リュート　　(4)　ケーナ

(5)　羯鼓

(☆☆◎◎◎)

【3】次の楽器の調弦の音を解答欄の五線紙に書きなさい。

(1)　三味線（二上がり）　　(2)　ヴィオラ

(3)　ギター（クラシックギター）

(☆☆◎◎◎)

【4】次のA・Bの楽譜について(1)～(8)の問いに答えなさい。

(1)　A・Bの曲名，作曲者名，拍子記号を書きなさい。ただしBの曲名は漢字で書きなさい。

(2)　Aの楽譜の①と②につける強弱記号として適当なものを書きなさい。

(3)　Aの曲について，作詞者が歌詞に込めた思いを書きなさい。

(4)　Aの楽譜を短3度高く臨時記号を用いて書きなさい。

(5)　Bの合唱曲の演奏形態を書きなさい。

(6)　Bの曲は7楽章からなる楽曲の終曲です。原曲名を書きなさい。

(7)　Bの曲の最初にGrandiosoと発想記号が書かれています。意味を書きなさい。

(8)　Bの①から④の和音の中で，Ⅰの第1転回形と七の和音を番号で書きなさい。

(☆☆☆◎◎◎◎)

【5】和楽器について次の問いに答えなさい。

(1)　江戸時代に平調子の調弦法を開発し，今日の箏曲の基礎を築いた人物の名前を書きなさい。

(2)　箏の奏法を2つ書きなさい。

(3)　平調子の調弦を5線上に全音符で書きなさい。(一の弦をホとする)

(4)　琴と箏の違いについて書きなさい。

(☆☆☆◎◎◎)

【6】次の(1)～(3)の条件を満たした曲を作りなさい。(歌詞については考えなくてよい)

【条件】

(1)　ニ短調，4分の4拍子で16小節とすること。

(2)　3声のカノンふうの多声的な音楽とし，最後4小節は和声的な音楽にすること。

(3)　中学3年生が授業の中で歌える混声合唱曲とすること。

(☆☆☆☆◎◎)

【7】平成10年7月の教育課程審議会の答申において，音楽科の改善の基本方針が示された。その中で「(略) 表現活動及び鑑賞活動の関連を図りつつ (略)」とあるが，次の(1)～(4)の条件による表現活動と鑑賞活動の関連を図った年間指導計画の一部分を立てなさい。

【条件】

(1)　学年は中学校第1学年もしくは高等学校「音楽Ⅰ」時期は10・

11月で6時間の題材を想定すること。

(2)　題材名は「主題による題材構成」によること。

(3)　教材を2つ書くこと。

(4)　題材の目標は，方向目標（情意面）と達成目標（知識技能面）をそれぞれ1つずつ書くこと。

(☆☆☆☆◎◎◎◎)

【８】次の題材「箏に触れてみよう」で授業実践する場合，(1)～(3)の各問いに答えなさい。

題材「箏に触れてみよう」中学校第3学年・高等学校「音楽Ⅰ」

題材の目標：箏の音色の美しさや奏法の特徴に関心をもち，それらを生かした楽曲にふさわしい音色や奏法を工夫する。

(1)　評価の観点を書きなさい。

(2)　題材の評価規準を評価の3つの観点から書きなさい。

(3)　評価方法を2種類書きなさい。

(☆☆☆☆◎◎)

【９】次の選択問題(A)・(B)から1つを選び，答えなさい。

(A)　中学校学習指導要領「音楽」の「第1　目標」に「(略）音楽活動の基礎的な能力を伸ばし（略)」とあるが，基礎的な能力とは何を意味するものか書きなさい。

(B)　高等学校学習指導要領「音楽Ⅰ」の「1　目標」に「音楽の幅広い活動を通して（略)」とあるが，幅広い活動とは，どのような活動か書きなさい。

(☆☆◎◎◎◎)

解答・解説

【中高共通】

【１】(1)（曲名）ハバネラ　（作曲者）ビゼー

(2)

(3)

(4) (a) グリーグ　(b) イ短　(c) ノルウェー　(d) 国民楽派　(e) スメタナ　(f) ムソルグスキー　(g) リムスキー＝コルサコフ　(h) ボロディン　(i) バラキレフ

〈解説〉(1) この楽曲はフランスの作曲家ジョルジュ・ビゼー（Georges Bizet, 1838～1875）の歌劇「カルメン」の有名なアリア「ハバネラ」である。カルメンが登場する時に歌われる。 (2) 省略 (3) A管用の楽譜をB♭管用にするには，短2度下げる。 (4) (a)(b)(c) クラリネットパートが主旋律。 (d) このころに民族主義的な音楽を作った作曲家を国民楽派という。 (e) チェコのベドルジハ・スメタナ（Bedrich Smetana, 1824～1884）は交響詩「わが祖国」を作曲した，チェコを代表する作曲家の一人。 (f)(g)(h)(i)は，順不同。ロシア五人組は，モデスト・ペトロヴィチ・ムソルグスキー（1839～1889），ニコライ・リムスキー＝コルサコフ（1844～1908），アレクサンドル・ボロディン（1833～1887），ミーリィ・アレクセーエヴィッチ・バラキエフ（1837～1910），ツェーザリ・キュイ（1835～1918）であり，特にバラキエフが中心となり活動していた。

【2】(1)　弦楽器　(2)　管楽器　(3)　弦楽器　(4)　管楽器
(5)　打楽器

〈解説〉(1)　シタールはインドの弦楽器。　(2)　ズルナはトルコのダブルリードの笛で，オーボエの原型といわれている。　(3)　リュートは15～17世紀のヨーロッパ宮廷音楽で盛んに用いられた弦楽器である。
(4)　ケーナは南米を代表する笛である。　(5)　鞨鼓は雅楽で用いられる太鼓で，雅楽の演奏開始，終わり，テンポなどを担当する。

【3】(1)

(2)

(3)

〈解説〉(1)　三味線（二上がり）の調弦は，h－fis－hである。
(2)　ヴィオラの調弦は，c－g－d－aである。　(3)　クラシックギターの調弦は，e－a－d－g－h－eである。

【4】(1)　(A) 浜辺の歌　成田為三　$\frac{6}{8}$　(B) 大地讃頌　佐藤眞　$\frac{4}{4}$
(2)　①　*mp*　②　*mf*　(3)　浜辺に寄せては返す波に，過ぎ去った昔を次々と思い出し，非常に懐かしく思っている

(4)

(5)　混声四部合唱　(6)　カンタータ「土の歌」　(7)　堂々と・

壮大に　(8)　②又は④　③

〈解説〉(1)　Aの浜辺の歌は，現行の学習指導要領の前まで（平成元年告示のものまで），中学校の歌唱共通教材であった。Bの大地讃頌は，中学校でよく歌われる合唱曲である。　(2)～(4)　省略　(5)　大譜表で4パートに分かれているので，混声四部合唱である。　(6)　カンタータ「土の歌」は第1楽章から順に，農夫と土，祖国の土，灰の死，もぐらもち，天地の怒り，地上の祈り，大地讃頌である。　(7)　省略　(8)　①Ⅰの基本形（アルトのeはdに向かう経過音），②Ⅰの第1転回形，③II_7の基本形，④Ⅰの第1転回形。

【5】(1)　八橋検校　(2)　押し手　後押し

(3)

(4)　琴にはこと柱がないが，箏にはこと柱がある

〈解説〉(1)　八橋検校（やつはしけんぎょう，1614～1685）は箏曲の改革を行い，八橋流を確立させ，多くの作品も残している。　(2)　右手の奏法としては，合わせ爪，かき爪，割爪，引き連，すくい爪，輪連，かけ爪などがある。左手を用いた奏法には，押し手，引きいろ，後押し，押し止め放し，押しひびき，ゆりいろ，つきいろ，かけ押しなどがある。　(3)　省略　(4)　こと柱という調弦をするための柱の有無が最大の相異点である。

【6】(1)　ニ短調，4分の4拍子で16小節とすること。　(2)　3声のカノンふうの多声的な音楽とし，最後4小節は和声的な音楽にすること。

(3)　中学3年生が授業の中で歌える混声合唱曲とすること。

〈解説〉示された条件のもとで作曲する課題である。先ず12小節のカノン風の主旋律を，そしてそれに続く4小節の和声的な部分の主旋律を作り，続いて3声のカノンと和声的な4小節の合唱曲に仕上げたい。

【7】題材名　(例) 音楽の仕組みを知ろう

教材名　(例) 浜辺の歌

(例) ふるさと

(例) 赤とんぼ

(例) 和太鼓のための創作

(例) メヌエット　等

題材の目標方向目標

(例) 音楽の構成要素・表現要素の働きやそれらが生みだす曲想の変化に関心をもつ。

達成目標　(例) 楽曲の特徴や曲の仕組みを理解し，歌唱表現する技能を身に付ける。

〈解説〉音楽的成長は，表現活動と鑑賞活動の双方を経験することによって促されるものである。そこで一つの題材の中で表現と鑑賞をバランスよく経験し，音楽学習が進められるような指導計画が常に求められている。また，「主題による題材構成」と「楽曲による題材構成」などの基本的事柄は確実に覚えておく必要がある。

【8】(1)　音楽への関心・意欲・態度　──　(2)　箏の音色や特徴を生かすことに関心をもち，演奏することに意欲的である。

(1)　音楽的な(芸術的な)感受や表現の工夫　──　(2)　箏の音色や特徴を感じ取り，それらを生かした演奏を工夫している。

(1)　(創造的な)表現の技能　──　(2)　箏の音色や特徴を生かして，演奏する技能を身に付けている。

(3)　評価方法　演奏の聴取，録音，表情の観察，学習カード等2つ

〈解説〉(1)　観点別学習状況の評価項目は，4つすべて暗記する必要がある。ここで表記されていないのは「鑑賞の能力」である。　(2)　評価規準はその授業や生徒の実態に応じて，(1)の項目にしたがって具体的に書く。　(3)　音楽授業の評価方法は，観察法，実音テスト，実技テスト，作品法，演奏や調べた事柄の発表，筆記テスト，学習カードなど多様である。教師には，その授業に適した評価方法を選択し組み合

わせて，生徒を多角的にとらえる力が求められている。

【9】(A)　生涯にわたって楽しく充実した音楽活動ができるための，基になる能力を意味する。　(B)　音楽の学習が，歌唱，器楽，創作の表現活動と鑑賞活動を通して行われること。

〈解説〉(A)(B)　学習指導要領の解説を読み，目標の指し示す語句の意味を理解しておく必要がある。

2004年度　実施問題

【中高共通】

【１】次のア～ウの楽譜について，(1)～(5)の問いに答えなさい。

(1)　ア～ウのそれぞれの曲名と作曲者名及び旋法名または調名を書きなさい。

(2)　アの楽譜中①の音をジャーマン式のソプラノリコーダーで出す場合，及び②の音をバロック式のアルトリコーダーで出す場合の指使いを，例にしたがって書きなさい。

(3)　イの楽譜の右手パートを異名同音変換し，調号を付けて書き直しなさい。

(4)　ウの下段の楽譜の名称を書きなさい。

(5)　ウの下段の楽譜を五線譜に書き改めなさい。

(☆☆☆◎◎◎)

【２】次のギターの奏法について説明しなさい。

(1)　アポヤンド奏法　　(2)　アル・アイレ奏法

(☆☆☆◎◎◎◎)

【3】次の箏の楽譜を五線譜に書き直しなさい。

十	為	日本古謡・山内雅子編曲　平調子
九	巾	
十	ヲ巾	
斗	巾	
十	為	
十	巾	
九	為	
八	斗	
七	巾	
六	為	
五	斗	

(☆☆☆☆◎◎)

【4】次のA・Bの楽譜について，(1)～(8)の問いに答えなさい。

(1) A・Bそれぞれの曲名と作曲者名及び作曲者の生まれた国の国名を答えなさい。

(2) Aの楽譜の①と②の音符に付ける強弱記号として適当なものを書きなさい。

(3) Aの楽譜中の③と④に記す速度標語として，適当なものを書きなさい。

(4) Aの楽譜の最後の音符に続く音符1つを，調号を用いずにヴァイオリン譜表上に書きなさい。

(5) Aの曲の前奏部分には，dolceとlargamenteという曲想に関する標語が書かれています。それぞれの意味を答えなさい。

(6)　Aの曲にふさわしい速度標語を答えなさい。

(7)　Bの楽譜の⑤と⑥の音程の転回音程を答えなさい。

(8)　Bの楽譜を長6度低く，テノール譜表上に調号を用いずに書きなさい。

(☆☆☆☆◎◎)

【5】律音階と沖縄の音階を，ハ音をもとにバス譜表上に全音符で書きなさい。

(☆☆☆◎◎◎)

【6】ソプラノリコーダー，アルトリコーダー，ギターによる3重奏曲を作りなさい。ただし，①～③の条件を満たしていること。

【条件】　①　イ短調，8分の6拍子，16小節の曲とすること。

②　aa'ba'の2部形式とし，bの部分は転調をすること。

③　ギターの部分は，(　)にコードネームのみを記入すること。

(☆☆☆☆◎◎◎)

【7】中学校学習指導要領「音楽」第2学年及び第3学年の「A　表現」(1)イには，「曲種に応じた発声により，美しい言葉の表現を工夫して歌うこと」と，また，高等学校学習指導要領「音楽Ⅰ」の「A　表現」(1)アには，「曲種に応じた発声の工夫」とあるが，「曲種に応じた発声」を指導する場合のねらいを答えなさい。

(☆☆☆◎◎◎◎)

【8】次の(A)・(B)のいずれか1つを選択して，答えなさい。

選択問題

(A)　中学校学習指導要領「音楽」の「第3　指導計画の作成と内容の取扱い」において「歌唱指導における階名唱については，移動ド唱法を原則とすること。」とあるが，移動ド唱法の意味を答えなさい。また，これと対になる方法の呼び名と意味も答えなさい。

(B)　高等学校学習指導要領「音楽Ⅰ」の「A　表現」(3)エでは，表現に関して指導する事項の一つとして，「いろいろな音素材を生かした即興的表現」が示されているが，「いろいろな音素材」を4つ答えなさい。また，「即興的表現」をさせる場合の留意点を答えなさい。

(☆☆☆◎◎◎◎)

解答・解説

【中高共通】

【1】(1)　ア「スカボローフェア」，サイモン・ガーファンクル，ホ短調　イ「ホロネーズ“英雄”」，ショパン，変ホ長調　　ウ「Let it be」，J.レノン・P.マッカートニー，ハ長調

(2)

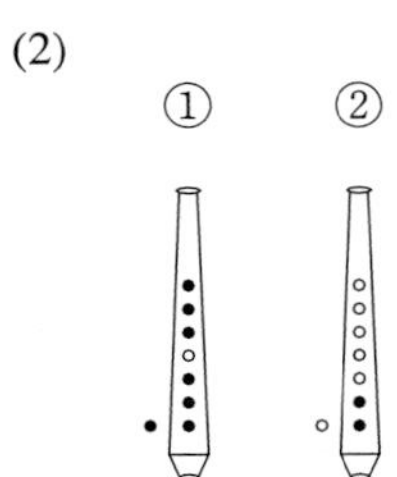

(3)

(4)　タブ譜(タブラチュア譜)

(5)

〈解説〉タブ譜とは，ギター6本の弦の押さえるべきフレットを示したもので，0は開放弦，1は1フットを示している。

【2】(1)　弾いた指が隣の弦に寄りかかって止まる奏法　　(2)　弾いた指は空間にはね上がる奏法

〈解説〉(2)のアイレとは，英語のair(空気，空中)と通じる語となっている。

【3】

〈解説〉「さくら」の旋律，ヲとあるのは押し手の奏法を示し，平調子の調弦以外の音を出すためのもの。

【4】(1)　A「*Caro mio ben*」，ジョルダーニ，イタリア　　B「魔王」，シューベルト，オーストリア　　(2)　①　***f***　　②　***ppp***

(3)　③　***rit.***　　④　***a tempo***　　(4)

(5)　dolce＝甘くやわらかに　　largamente＝幅広く　　(6)　Larghetto

(7)　完全5度

(8)

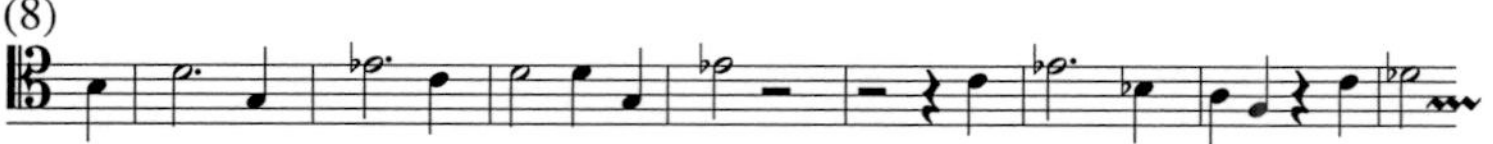

〈解説〉A・Bともに曲の途中の一部であり，曲名の解答を即座に出すは難しい。

【5】

【6】省略—自由作曲のため

〈解説〉aa′ba′の2部形式とのことなので，思い浮かぶメロディをコードネームを考えつつなるべく速く書きたい(時間がかかりすぎぬよう)。bの転調はb全体を転調させずに，部分的な転調でも許されるであろう。

【7】〈解答例〉

発声の仕方には，曲種によって様々な違いがあり一律ではないことを認識し，それぞれに応じた発声に基づいて表現を工夫できるようにしたい。

様々な発声について，時代や地域に基づく特徴や様式などからとらえ，それぞれの曲種にふさわしい発声のイメージをもって，生徒が歌唱できるよう曲種に応じた姿勢，呼吸法，共鳴法などに留意したい。

【8】〈解答例〉

(A)　各長調の主音をドと読み，各短調の主音をラと読む方法。小学校学習指導要領の改訂ではハ長調及びイ短調の旋律の視唱(奏)となっているが，実際の学習では他の調も扱い，また，中学校では1#1♭程度の読譜指導となっているため，相対的な音階視唱による異動ド唱法の指導が大切である。これに対し，常にハ音をドと読むものを「固定ド唱法」と言う。

(B)　(1)　人の声　(2)　楽器の多様な奏法による音　(3)　自然音—風や川の音など　(4)　環境音—鳥や虫の鳴き声など

・すべての音を活用して，時には録音や合成しミュージック・コンクレートのような音楽を組み立てることも含め，既成の表現方法にこだわらない自由な表現で，生徒の即興的，感覚的な表現を養い，感性を高める指導に留意したい。

第３部

チェックテスト

過去の全国各県の教員採用試験において出題された問題を分析し作成しています。実力診断のためのチェックテストとしてご使用ください。

音楽科

／100点

【1】次の(1)～(10)の音楽用語の意味を答えよ。

（各1点　計10点）

(1)　agitato　(2)　comodo　(3)　con fuoco
(4)　marcato　(5)　ma non troppo　(6)　ritenuto
(7)　con brio　(8)　brillante　(9)　delizioso
(10)　rinforzando

【2】次の(1)～(5)の楽曲形式名等を答えよ。

（各1点　計5点）

(1)　主に二つの主要主題が提示される提示部(A)－展開部(B)－再現部(A')からなる3部構造で，それに終結部が付加されるもの。
(2)　主要主題(A)が，副主題をはさんで反復される形式で，A－B－A－C－A－B－Aのように構成されるもの。
(3)　3部形式A－B－AのA及びB部分が拡大されて，それ自体が2部あるいは3部形式をなすような構造をもつもの。
(4)　主題の旋律やリズム，速度などを様々に変化させたり，発展させたりするなどの手法によるもの。
(5)　ポリフォニー(多声音楽)の完成されたものといわれ，主題と応答を規則的な模倣，自由な対位法的手法で展開された楽曲。

【3】次の音楽や楽器と関係の深い国の国名をそれぞれ答えよ。

（各1点　計10点）

(1)　ケチャ　(2)　ホーミー　(3)　シャンソン
(4)　カンツォーネ　(5)　タンゴ　(6)　フラメンコ
(7)　シタール　(8)　胡弓　(9)　ツィンバロム
(10)　バラライカ

【4】次の(1)〜(6)のギターのコードダイヤグラムについて，コードネームを答えよ。

（各1点　計6点）

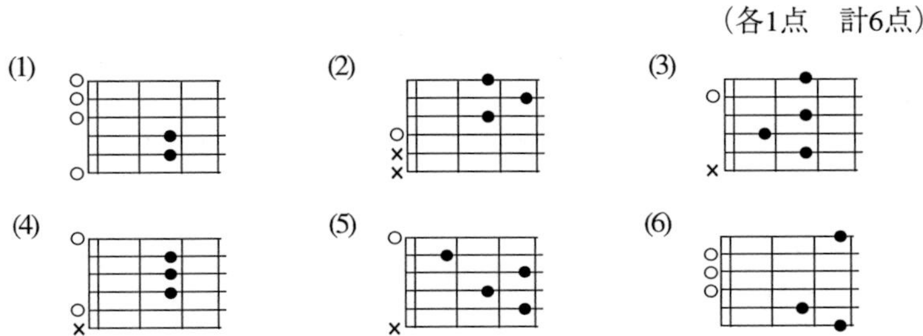

【5】次の楽器の名前をあとのア〜ソから1つずつ選び，記号で答えよ。

（各1点　計6点）

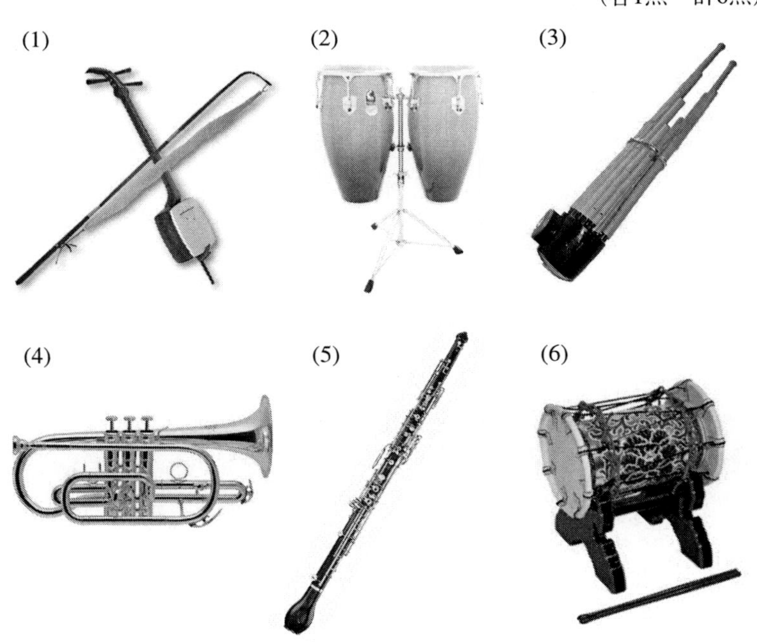

ア　コンガ　　　　イ　三味線　　　ウ　コルネット　エ　カバサ
オ　トランペット　カ　胡弓　　　　キ　ボンゴ　　　ク　バスーン
ケ　鞨鼓　　　　　コ　オーボエ　　サ　鉦鼓　　　　シ　締太鼓
ス　イングリッシュ・ホルン　　　　セ　笙
ソ　バス・クラリネット

【6】次の文章は，西洋音楽史について述べようとしたものである。この文章中の(　ア　)～(　ト　)にあてはまる最も適切な語句をそれぞれ書け。ただし，同じ記号の空欄には，同じ語句が入るものとする。

（各1点　計20点）

中世ヨーロッパにおいて教会での典礼儀式と結びついた単旋律聖歌は，地方的聖歌や民俗音楽を同化しつつ(　ア　)聖歌に統一された。これは，礼拝様式の統一を命じた教皇(　イ　)の名に由来するとされ，ラテン語の歌詞をもち，(　ウ　)譜で記された。その後，教会や修道院の中で聖歌が基礎となって(　エ　)音楽が生まれ，パリの(　オ　)大聖堂を中心にオルガヌム，モテトなどへ発展し(　カ　)，(　キ　)らによってその頂点を極めた。また，この時期は民俗的世俗音楽も全盛期であり南フランスの(　ク　)，北フランスの(　ケ　)，ドイツの(　コ　)たちの俗語による歌曲を生んだ。

(　サ　)の音楽とは，音楽史上，中世とバロック期の間に位置する時代の音楽を指す。この時代，15世紀のデュファイなどに代表される(　シ　)楽派が活躍し，次いで15世紀末から16世紀にかけて展開されるジョスカン・デ・プレやラッススなどに代表される(　ス　)楽派の音楽によって(　サ　)音楽は本格的な歩みをたどりはじめる。この時代の後期は，「教皇マルチェルスのミサ」を作曲した(　セ　)楽派の(　ソ　)や「ピアノとフォルテのソナタ」を作曲した(　タ　)楽派の(　チ　)などが活躍した。フランスでは市民階級の向上とともにジャヌカンなどの(　ツ　)が一世を風靡し，イタリアではフィレンツェの(　テ　)家を中心に高度な芸術活動が展開され，優れた詩による多声歌曲(　ト　)が作曲された。モンテヴェルディは9巻に及ぶ(　ト　)曲集を出版している。

【7】次の日本の伝統音楽についての説明文の各空欄に適する語句を下のア～タから1つずつ選び，記号で答えよ。

（各1点　計8点）

(1)　室町時代の初めに，物語は歌謡として謡われ，台詞も抑揚を付けて唱える，観阿弥・世阿弥父子が大成した仮面劇を(　①　)楽という。

また，(　①　)楽と一緒に上演されることの多いコミカルな対話劇を(　②　)という。

(2)　17世紀後半に大阪の竹本座で創始された三味線音楽を(　③　)といい，脚本家(　④　)の協力を得て，人形芝居の音楽として大流行した。現在，(　③　)は「(　⑤　)」の音楽として知られている。

(3)　唄方，細棹三味線を使用した三味線方，囃子方によって演奏される歌舞伎のために生まれた三味線音楽を(　⑥　)という。

(4)　舞台奥に作られたひな壇に並んで演奏することを(　⑦　)といい，これに対して舞台を盛り上げる効果音を舞台下手の黒御簾で演奏する音楽を(　⑧　)音楽という。

ア　雅	イ　狂言	ウ　神楽	エ　舞
オ　太鼓	カ　長唄	キ　地謡	ク　能
ケ　近松門左衛門	コ　義太夫節	サ　黙阿弥	シ　人形浄瑠璃
ス　出囃子	セ　下座	ソ　裏方	タ　合いの手

【8】次の和音の基本形をd音を根音としてへ音譜表に書け。

（各1点　計5点）

(1)　長三和音
(2)　減三和音
(3)　属七和音
(4)　短三和音
(5)　増三和音

【9】次の各問いに答えよ。

（各1点　計4点）

(1)　次の楽譜を短3度上方に移調した時，①の部分で最も適切なコードネームはどれか。下のア～オから1つ選び，記号で答えよ。

ア　F　　イ　E♭　　ウ　Am7　　エ　B7　　オ　Cm

(2)　次の楽譜はB♭管のクラリネットの楽譜である。同じ音でF管のホルンで同時に演奏する場合の楽譜は何調で示されるか。下のア～オから1つ選び，記号で答えよ。

ア　ハ長調　　イ　ト長調　　ウ　変ロ長調　　エ　ニ長調
オ　ハ短調

(3)　次の楽譜は何調か。下のア～オから1つ選び，記号で答えよ。

ア　ニ短調　　イ　ロ短調　　ウ　ヘ短調　　エ　ト短調
オ　イ短調

(4)　次の楽譜は何調か。下のア～オから1つ選び，記号で答えよ。

ア　ハ長調　　イ　ト長調　　ウ　イ短調　　エ　ニ長調
オ　ニ短調

【10】次の楽譜を見て，下の各問いに答えよ。

（各1点　計6点）

(1)　①～③の音程を書け。

(2)　a及びbの囲まれた音符で構成される和音の種類を書け。

(3)　この曲はヘ長調で始まるが，その後何調から何調へ転調しているか書け。

【11】次の(1)～(7)の楽譜は，ある曲の一部分である。作曲者名と作品名をそれぞれ答えよ。

（完答各2点　計14点）

【12】合唱の授業において生徒から次の内容の質問を受けた場合，どのような指導をすればよいか，具体的に答えよ。

（各2点　計6点）

(1)　なかなか響く声を出すことができません。どうすればいいですか。

(2)　歌詞の内容が聴く人に伝わるように歌いたいのですが，どうすればいいですか。

(3)　変声期で声が出にくいのですが，どうすればいいですか。(男子生徒からの質問)

解答・解説

【1】(1)　激しく　(2)　気楽に　(3)　熱烈に，火のように　(4)　はっきりと　(5)　しかし，はなはだしくなく　(6)　すぐに遅く　(7)　いきいきと　(8)　はなやかに，輝かしく　(9)　甘美に　(10)　急に強く

解説　楽語は基本的にイタリア語である。音楽用語は基礎的かつ頻出の問題であるため，集中して音楽用語を覚えることが大切である。(3)のconは英語のwithとほぼ同義の前置詞であるので，楽語にもよく登場する。注意しておこう。

【2】(1)　ソナタ形式　(2)　ロンド形式　(3)　複合3部形式　(4)　変奏曲形式　(5)　フーガ

解説　本問は楽曲形式名を答える出題だが，楽曲形式を説明させる問題であってもきちんと対応できるようにしたい。　(3)「複合」を付けること。　(5)　フーガは遁走曲ともいう。

【3】(1)　インドネシア　(2)　モンゴル　(3)　フランス　(4)　イタリア　(5)　アルゼンチン　(6)　スペイン　(7)　インド　(8)　中国　(9)　ハンガリー　(10)　ロシア

解説　(1)のケチャはインドネシアのバリ島の男声合唱。　(2)のホーミーはモンゴルの特殊な発声(1人で2種類の声を同時に出す)の民謡。(7)のシタールは北インドの撥弦楽器で古典音楽の独奏に用いられる。(8)の胡弓は日本の擦弦楽器であるが，明治以降は使用されることが少なくなった。中国では胡琴(フーチン)という胡弓に似たものがあり，その種類が多く，二胡(アルフー)もその一つであるため混同されている。　(9)のツィンバロムはダルシマーとも呼ばれ，ハンガリーのジプシー音楽で多く用いられる。

【4】(1) Em　(2) D　(3) B7　(4) A　(5) C7　(6) G

解説 ギターの基本的なコードの知識が求められる問題である。新学習指導要領解説では，ギターと三味線を授業で取り扱う場合についても触れている。ギター関連の出題ではコードが主で，各地で出題されている。したがって，基本事項はおさえるべきであろう。

【5】(1) カ　(2) ア　(3) セ　(4) ウ　(5) ス　(6) ケ

解説 楽器の名前を写真で判断する問題であるが，特に難しい楽器はない。どの場合も，必ず楽器の特徴的な部分があるのでそこに目をつけること。

【6】ア：グレゴリオ　イ：グレゴリウスⅠ世　ウ：ネウマ　エ：ポリフォニー　オ：ノートルダム　カ，キ：レオニヌス，ペロティヌス　ク：トルバドゥール　ケ：トルヴェール　コ：ミンネゼンガー　サ：ルネサンス　シ：ブルゴーニュ　ス：フランドル　セ：ローマ　ソ：パレストリーナ　タ：ヴェネツィア　チ：ガブリエーリ　ツ：シャンソン　テ：メディチ　ト：マドリガーレ

解説 出題傾向が高い部分なので，確実に身につけておきたい。また各語についてもさらに研究しておくことが望ましい。

【7】(1) ① ク　② イ　(2) ③ コ　④ ケ　⑤ シ　(3) ⑥ カ　(4) ⑦ ス　⑧ セ

解説 日本伝統音楽の能楽・三味線音楽に関する問題。記号を語群から選ぶものであり，(1)～(4)の説明文が簡潔で正答できなければならない出題である。

【8】

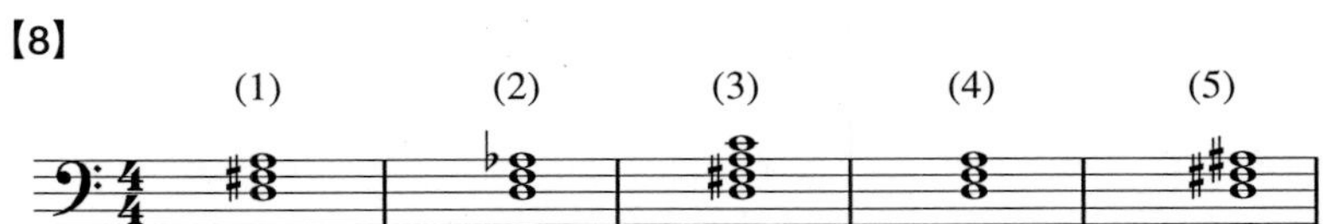

解説 基本的な和音構成問題。根音が必ずしもCとならないことに注意し，またこれらの和音はどのコードにあたるのかということも合わせて学んでおくと良い。

【9】(1) ア (2) エ (3) エ (4) イ

解説 (1) この楽譜はニ長調で短3度上方に移調するとヘ長調になる。①の小節はDがFとなり，ソーミドでFのコードネームとなる。
(2) クラリネットは実音が長2度下であり，楽曲はGdurとわかる。ホルンの記譜音は完全5度上であるため，Gの5度上のDdurとなる。

【10】(1) ① 短6度 ② 減4度(減11度) ③ 増2度
(2) a 短3和音 b 長3和音 (3) ヘ長調→ハ長調→イ短調

解説 (1) 音程を答えるためには，まず音部記号を正しく読める必要がある。 (2) これも同様であるが，配置の異なる音符を和音に再構成する必要がある。 (3) 転調は3種類方法があるが，特徴音を探すことと，和声の流れから調性を判断することができる。

【11】(1) ビゼー ／ 歌劇「カルメン」から「ハバネラ」 (2) プッチーニ ／ 歌劇「トスカ」から「妙なる調和」 (3) チャイコフスキー ／ ピアノ協奏曲第1番 変ロ短調 (4) ベートーヴェン ／ 交響曲第3番「英雄」 (5) シューベルト ／ 歌曲集「冬の旅」から「春の夢」 (6) ヘンデル ／ 「水上の音楽」から「ホーンパイプ」
(7) ガーシュイン ／ ラプソディー・イン・ブルー

解説 楽譜の一部から作曲者，曲名を問うことは頻出。どれも有名な旋律部分であるが，分からないものは，必ず音源を聞いておくこと。

【12】(1)　・模範のCDを聴かせ，響く声のイメージを持たせる。　・姿勢，呼吸，口形，発音に気をつけて発声練習をさせる。　・その生徒のもっとも響く音域を見つけ，響かせる感覚をつかませる。 など　(2)　・歌詞の内容，メッセージを十分に理解させる。　・子音をていねいに歌い，言葉がはっきり聞こえるように歌う。　・歌詞のイントネーションに合わせた歌い方になるよう，言葉のまとまりに気をつけた歌い方を工夫させる。 など　(3)　・無理のない声域や声量で歌うようにさせる。　・音域の幅があまり広くない曲を教材として選曲する。　・変声は健康な成長の一過程であり，不必要な不安や差恥心などをもつことのないように配慮する。 など

解説　(1)や(2)の指導例に〈鼻濁音〉の指導を入れるのもよい。　(3)の変声期の対応は出題されることが多い。

第 4 部

音楽科マスター

音楽科マスター

音楽用語

●POINT

音楽用語(楽語)の読み方と意味を尋ねる問題はほぼすべての自治体において出題され，音程，調判定，移調，和音の種類，コードネームに関する問題が多く見られた。音楽記号は，速さを表すもの，強弱を表すもの，ニュアンスを表すものなど多種にわたるので，音楽小辞典を常に携帯して調べるなどの努力が重要である。中学校学習指導要領「第3　指導計画の作成と内容の取扱い」(8)で「生徒の学習状況を考慮して，次に示すものを取り扱う」として記号・用語が示されているので必ず理解しておくこと。

●速度標語

1．楽曲全体に関する速度

標　語	読み方	意　味
最も遅いもの		
Larghissimo	ラルギッシモ	最も幅広く遅く
Adagissimo	アダージッシモ	最も遅く
Lentissimo	レンティッシモ	最も遅く
きわめて遅いもの		
Largo	ラルゴ	幅広く遅く
Adagio	アダージョ	遅く
Lento	レント	遅く
遅いもの		
Larghetto	ラルゲット	ラルゴよりやや速く
やや遅いもの		
Andante	アンダンテ	ほどよくゆっくり，歩くような速さで
中ぐらいの速さのもの		
Andantino	アンダンティーノ	アンダンテよりやや速く
Moderato	モデラート	中ぐらいの速さで
やや速いもの		
Allegretto	アレグレット	やや快速に
速いもの		
Allegro	アレグロ	ほどよく快速に
Animato	アニマート	元気に，速く
きわめて速いもの		
Vivace	ビバーチェ	活発に，速く
Presto	プレスト	急速に
最も速いもの		
Prestissimo	プレスティッシモ	きわめて速く

2. 楽曲の1部分に関する速度変化

標　語	読み方
だんだん速くするもの	
Accelerando (accel.)	アッチェレランド
Poco a poco animato	ポーコ　ア　ポーコ　アニマート
注　accelerandoは速度をだんだん速くするとともに音量をも増す意味をもつ。	
その部分から直ちに平均に速くするもの	
Più allegro	ピウ　アレグロ
Più animato	ピウ　アニマート
Un poco animato	ウン　ポーコ　アニマート
Più mosso	ピウ　モッソ
Pi ù presto	ピウ　プレスト
だんだん遅くするもの	
Ritardando (ritard., rit.)	リタルダンド
Rallentando (rall.)	ラレンタンド
Lentando	レンタンド
だんだん遅くするとともにだんだん強くするもの	
Largando	ラルガンド
Allargando	アラルガンド
だんだん遅くするとともにだんだん弱くするもの	
Perdendosi	ペルデンドシ
その部分から直ちに平均に遅くするもの	
Più lento	ピウ　レント
Meno mosso	メノ　モッソ
速度の回復を示すもの	
A tempo	ア　テンポ　　もとの速さで
Tempo I (Tempo primo)	テンポ　プリモ　　初めの速さで
正確な速さを示すもの	
Tempo giusto	テンポ　ジュスト　　正確な速さで

●強弱標語

1. 基本的な強弱記号

記　号	読み方	原　語	意　味
弱いもの			
ppp	ピアニッシシモ	pianississimo	できるだけ弱く
pp	ピアニッシモ	pianissimo	ごく弱く
più p	ピウ　ピアノ	più piano	いっそう弱く
p	ピアノ	piano	弱く
poco p	ポーコ　ピアノ	poco piano	少し弱く
mp	メゾ　ピアノ	mezzo piano	やや弱く
強いもの			
mf	メゾ　フォルテ	mezzo forte	やや強く
poco f	ポーコ　フォルテ	poco forte	少し強く
f	フォルテ	forte	強く
più f	ピウ　フォルテ	più forte	いっそう強く
ff	フォルティッシモ	fortissimo	ごく強く
fff	フォルティッシシモ	fortississimo	できるだけ強く

2. 特定の音や一定区間の音の強弱記号

記　号	読み方	原　語	意　味
特定の音を強くするもの			
sf	スフォルツァート	sforzato	特に強く
sfz	スフォルツァンド	sforzando	特に強く
fz	フォルツァンド フォルツァート	forzando forzato	特に強く
rf *rfz* *rinf*	リンフォルツァンド	rinforzando	急に強く
> Λ	アクセント	accento	アクセントをつけて
fp	フォルテ　ピアノ	forte piano	強く，直ちに弱く
一定区間を通して各音を強くするもの			
Marcato	マルカート		はっきりと，強く
Accentato	アッチェンタート		アクセントをつけて
Pesante	ペザンテ		重く力をつけて

3. 変化を含む強弱記号

記　号	読み方	意　味
だんだん強くするもの		
cresc.	クレシェンド crescendo	だんだん強く
poco cresc.	ポーコ　クレシェンド	わずかなクレシェンド
poco a poco cresc.	ポーコ ア ポーコ クレシェンド	少しずつだんだん強く
molto cresc. molto	モルト　クレシェンド	きわめて大きなクレシェンド
cresc. molto	クレシェンド　モルト	
cresc. al ***ff*** ***ff***	クレシェンド アル フォルティシモ	***ff*** までクレシェンド
accrescendo	アクレシェンド	だんだん強く,声を強める,又長くする
だんだん弱くするもの		
dim.	ディミヌエンド diminuendo	だんだん弱く
decresc.	デクレシェンド decrescendo	だんだん弱く
poco a poco dim.	ポーコ ア ポーコ ディミヌエンド	少しずつだんだん弱く
dim. al ***pp*** ***pp***	ディミヌエンド アル ピアニッシモ	***pp*** までディミヌエンド
dim. e rit. rit.	ディミヌエンド エ リタルダンド	だんだん弱くだんだん遅く
だんだん強くしてその後だんだん弱くするもの		
cresc. e dim.	クレシェンド エ ディミヌエンド	だんだん強くだんだん弱く

●曲想標語

1. 標語につけて意味を限定する用語

標　語	読み方	意　味
a	ア	～にて，～のように，で
ad	アド	～にて
al	アル	～まで，で，へ
alla	アラ	～のふうに
assai	アッサイ	非常に，大いに
ben	ベン	十分に，よく
con	コン	～をもって，とともに
e	エ	～と～
ed	エド	～と～
ma	マ	しかし
ma non troppo	マ　ノン　トロッポ	しかし，はなはだしくなく
meno	メノ	今までより少なく
molto	モルト	できるだけ，非常に
di molto	ディ　モルト	できるだけ，非常に
non	ノン	打ち消しの意味
non tanto	ノン　タント	多くなく
Più	ピウ	もっと，今までより多く
poco	ポーコ	少し
un poco	ウン　ポーコ	やや少し
sempre	センプレ	常に
simile	シーミレ	同様に
subito	スービト	急に
tanto	タント	多く

2. 標語につけて意味を限定する用語

標　語	読み方	意　味
(a) addolorato	アッドロラート	悲しげに
affetto	アフェット	優しく，優雅に
affettuoso	アフェットゥオーソ	愛情をこめて,アフェットと同じ
agiato	アジアート	愉快な，安楽な
agitato	アジタート	激して，興奮して
allegramente	アレグラメンテ	快活に，楽しげに
con allegrezza	コン　アレグレッツァ	快活に
amabile	アマービレ	愛らしく
con amarezza	コン　アマレッツァ	悲哀をもって
con amore	コン　アモーレ	愛情をもって
animato	アニマート	活気をもって，いきいきと
animando	アニマンド	活気をもって，いきいきと
appassionato	アパッショナート	熱情的に
arioso	アリオーソ	歌うように
armonioso	アルモニオーソ	協和的に,和声的に,調和して
(b) con brio	コン　ブリオ	生き生きと，活発に
brioso	ブリオーソ	生き生きと，活発に
bruscamente	ブルスカメンテ	荒々しく，ぶっきらぼうに
(c) commodo	コンモド	気楽に，ほどよく
comodo	コモド	気楽に，ほどよく
cantabile	カンタービレ	歌うように
cantando	カンタンド	歌うように
a capriccio	ア　カプリッチォ	奏者の自由に,形式や拍子にこだわらず
capriccioso	カプリッチョーソ	気まぐれに
(d) delicato	デリカート	微妙に，繊細な，優美な
dolce	ドルチェ	柔らかに，やさしく
dolente	ドレンテ	悲しげに
doloroso	ドロローソ	悲しげに

(e)	elegante	エレガンテ	優雅に
	elegiaco	エレジアーコ	エレジーふうな，悲しく
	con espressione	コン エスプレッシオーネ	表情豊かに，表情をもって
	espressivo	エスプレッシボ	
(f)	furioso	フリオーソ	熱狂的に
(g)	grandioso	グランディオーソ	堂々と
	grave	グラーベ	重々しく，おごそかに
	con grazia	コン グラーツィア	やさしさをもって，優雅に，優美に
	grazioso	グラチオーソ	
(l)	lamentabile	ラメンタービレ	悲しげに
	lamentoso	ラメントーソ	
(m)	maestoso	マエストーソ	荘厳に
	mosso	モッソ	活発に，躍動して
	con moto	コン モート	動きをつけて
(p)	pastorale	パストラーレ	牧歌ふうに
	pesante	ペザンテ	重々しく
	alla polacca	アラ ポラッカ	ポーランドふうに
	pomposo	ポンポーソ	華麗に，豪しゃに
(s)	scherzando	スケルツァンド	軽快に，ふざけるように
	alla scozzese	アラ スコツェーゼ	スコットランドふうに
	semplice	センプリチェ	素朴に，単純に
	semplicemente	センプリチェメンテ	
	con sentimento	コン センティメント	感情をこめて
	serioso	セリオーソ	厳粛に
	soave	ソアーベ	愛らしく，柔らかに
(t)	tranquillo	トランクイロ	穏やかに，静かに
(v)	veloce	ベローチェ	敏速な，速い

問題演習

【1】次の(1)～(4)のそれぞれの音楽用語の意味を答えよ。

(1) stringendo (2) a piacere (3) morendo (4) giocoso

【2】次の(1)～(4)の意味を表す音楽用語を原語(イタリア語)で答えよ。

(1) 静かに抑えた声で (2) 荘厳に (3) 全員で
(4) 柔和に

【3】次の(1)～(5)の語句について，簡単に説明せよ。

(1) 三線(さんしん) (2) sotto voce (3) 引き色 (4) オルティンドー
(5) 三曲合奏

【4】次の(1)～(5)のそれぞれの音楽用語の意味を答えよ。

(1) con sordino (2) sotto voce (3) con moto (4) pastorale
(5) calmando

【5】次の(1)～(5)の楽語の読み方と意味を答えよ。

(1) stringendo (2) lamentoso (3) prestissimo (4) dolce
(5) tempo rubato

【6】次の(1)～(5)の楽語の意味をそれぞれ答えよ。

(1) volante (2) calando (3) elegiaco (4) div.
(5) sotto voce

【7】次の(1)～(4)は音楽に関する用語である。それぞれについて簡潔に説明せよ。

(1) デュナーミク (2) ユリ (3) フレージング
(4) タブ譜

【8】次の(1)〜(4)は音楽に関する用語である。それぞれについて簡潔に説明せよ。

(1) コード・ネーム　(2) オスティナート　(3) 二部形式
(4) 唱歌(しょうが)

【9】次の(1)〜(4)の語句の意味を説明せよ。

(1) アポヤンド奏法　(2) オラトリオ　(3) calando
(4) tranquillo

【10】次の(1)〜(3)の楽語の読み方と意味を答えよ。

(1) Tempo Ⅰ　(2) sempre legato　(3) marcato

【11】次の(1)〜(4)の語句をそれぞれ説明せよ。

(1) 交響詩　(2) 交響曲　(3) 変奏曲　(4) 序曲

【12】次の強弱を表す記号の読み方と意味を答えよ。

(1) ***rinf***　(2) Accentato　(3) ***poco f***

【13】次の(1)〜(4)の音楽用語の意味を簡潔に説明せよ。

(1) アルシスとテーシス　(2) 不即不離
(3) 八木節様式　(4) アルス・ノヴァ

【14】次の音楽で用いられる用語を説明せよ。

(1) 序破急　(2) テクスチュア　(3) ソナタ形式

【15】次の語句について簡単に説明せよ。

(1) サーラリン(裏連)　(2) 第7旋法
(3) オラトリオ　(4) 通奏低音
(5) 引き色　(6) sosten.
(7) 音取(ねとり)　(8) armonioso

(9) 赤馬節　　　　(10) オスティナート

解答・解説

【1】(1) だんだんせきこんで　(2) 随意に(自由に)　(3) 弱くしながらだんだん遅く　(4) おどけて(喜々として)

解説 用語はとにかく幅広く暗記することが必要。速度，発想，アーティキュレーションなどグループ分けして覚えるとよい。こまめに辞書を活用すること。

【2】(1) sotto voce　(2) maestoso　(3) tutti　(4) dolce

解説 楽語を問う場合，原語を書かせるか意味を問う場合が多いが，同意語，反意語を書かせる場合もあり，単語として覚えるよりも類語としても覚えておかなくてはならない。

【3】(1) 沖縄の楽器。古典音楽や民謡など幅広く使用される。(2) 声を和らげ，ひそやかに。　(3) 箏の奏法。右手で弾いた後，すぐ左手で柱の左の弦を引っ張る。　(4) モンゴル民謡の歌唱法。(5) 三弦，箏，尺八もしくは胡弓の3種の合奏。

解説 (1) 起源は中国南部。14～15世紀に沖縄に伝わったとされている。サイズや奏法，調弦は様々であり，弾き歌いで使用されるのが一般的である。　(2) 声楽だけでなく，器楽でも使用されている。
(3) 引き色は余韻の操作である。他には揺り色，突き色などがある。
(4) 長く声を伸ばし，大きく装飾をつける。　(5) 広義には，地唄，箏曲，尺八，胡弓の合奏全般を指す。

【4】(1) 弱音器をつけて　(2) 低い抑えた音で　(3) 動きをつけて(速めに)　(4) 牧歌風に　(5) 静かに

解説 用語の意味は，とにかく広く覚える必要がある。速度や強弱，表情記号など，ジャンルに分けて覚えたり，同意語，反意語を問われる場合が非常に多いため，合わせて覚えることが大切である。

【5】(1) 読み方：ストリンジェンド　意味：急いで，切迫して，せきこんで　の意　(2) 読み方：ラメントーソ　意味：哀れんで，悲

しく，悼んで　の意　(3)　読み方：プレスティッシモ　意味：きわめて速く　の意　(4)　読み方：ドルチェ　意味：甘くやわらかに　の意　(5)　読み方：テンポ・ルバート　意味：テンポを柔軟に伸縮させて(ぬすまれた速度)　の意

解説 楽語については，常に小辞典などを携帯するとか，集中して覚えるなどの努力が必要である。この出題は基本的な楽語といえよう。

【6】(1)　軽く，飛ぶように，速く　(2)　だんだん遅く消えるように (3)　悲しげに　(4)　分けて　(5)　声を和らげて，ひそやかに

解説 楽語の意味は，同意語，反意語とセットで覚えること。

【7】(1)　強弱法，音楽上の強弱の表現方法を意味する。ダイナミックスに同じ。　(2)　尺八奏法で音を細かく上げ下げし，揺れるように長く伸ばすこと。日本音楽の他の種目でも使われ，例えば謡曲(本ユリ，半ユリ)，義太夫節(四ツユリ)など。　(3)　フレーズ(楽句，メロディーのひと区切り)の作り方のこと。　(4)　タブラチュアのことで，数字やアルファベット，文字などを用いて楽器の奏法を示すもの。ギターや三味線，箏，尺八などで使われる。

解説 (2)の「ユリ」は，尺八の「メリ」，「カリ」と同じように使われる。(3)のフレージングは，演奏において重要な意味を持ち，楽曲の内容や性格の表現に重要な役割をはたす。

【8】(1)　主にポピュラー音楽で用いられる和音の種別を記号として表したもの。　(2)　ある一定の音型を，楽曲全体，あるいはまとまった楽節全体を通じて，同一声部，同一音高で，たえず反復すること。 (3)　8小節の大楽節2つからなる形式。　(4)　日本の伝統音楽に関する用語であり，楽器の旋律又はリズムを口で唱えること。

解説 (4)の唱歌では，〈コーロリン〉や〈テンツク・テケツク〉などリズム言葉を入れたり，三味線・箏では「口三味線(くちじゃみせん)」とも言うなどの説明もよいであろう。

【9】(1)　ピッキングした指が隣の弦に触れる弾き方　(2)　宗教的な題材をもとに，独唱・合唱・管弦楽から構成される大規模な楽曲。 (3)　次第に弱めながら次第におそく　(4)　静かに

解説 (1)　アル・アイレ(アポヤンドの反対)も覚えておきたい。
(2)　オペラとは異なり，演技を伴わない。ヘンデルの「メサイア」，ハイドンの「天地創造」などが有名である。聖譚曲(せいたんきょく)ともいう。　(3)(4)　各種記号は覚えておくことが望ましい。

【10】(1)　読み方：テンポ　プリモ　　意味：はじめの速さで
(2)　読み方：センプレ　レガート　　意味：絶えずなめらかに
(3)　読み方：マルカート　　意味：はっきりと

解説 (1)　Tempo primoと同じ。Tempo giusto(正確なテンポで)やTempo rubato(テンポを柔軟に伸縮させて)，L'istesso tempo(同じ速さで)など。
(2)　sempreは「常に」の意。

【11】(1)　19世紀中ごろに成立した，自然や文学的な内容などを，管弦楽を用いて自由な形で描く楽曲。　(2)　多くはソナタ形式による楽章を含み，複数の楽章で構成される管弦楽曲。　(3)　一定の主題を基として，そのさまざまな要素を変化させていく楽曲。　(4)　オペラやオラトリオなどの主要な部分が始まる前に，器楽だけで演奏される導入楽曲。

解説 (1)～(4)の楽曲の説明で，解答例のような簡潔な記述はむしろ難しい。試験の時間制限を意識しながら簡潔で的を射た記述にしたい。
(1)　管弦楽による標題音楽でふつうは単楽章である。リストがこの語を最初に使ったといわれる。　(2)　管弦楽のためのソナタ，通常4楽章でソナタ形式の楽章を含む。芸術性を高めたのは，ハイドン，モーツァルト，ベートーヴェンである。　(3)　主題をもとにして旋律・和声・リズムなどを変化させ，接続して構成した楽曲のこと。　(4)　オペラ，オラトリオ，バレエなどの開幕前に導入的な役割を果たす管弦楽曲。19世紀末からは独立した「演奏会用序曲」も作られている。

【12】(1)　読み方：リンフォルツァンド　　意味：急に強く
(2)　読み方：アッチェンタート　　意味：アクセントを付けて
(3)　読み方：ポーコ　フォルテ　　意味：少し強く

解説 (1)　*rfz* や *rf* とも書く。　(2)　accent(英)やaccento(伊)に似ているが，アッチェンタートはあまり使われない語である。　(3)　pocoは

「少し」の意。

【13】(1)　アルシスは弱いアクセント(弱拍)，テーシスは強いアクセント(強拍)　(2)　同時に演奏される2つの声部が，ヘテロフォニー的な関係にあること。メロディやリズム上のずれやすれなどのこと
(3)　拍節的で明確な拍をもったリズム様式　(4)　「新しい技法」の意，一般に14世紀フランスの音楽をさす用語，(定旋律とタレアと呼ばれるリズム定型を組み合わせたイソリズムの技法などを挙げられ，代表的な作曲家にギョーム・ド・マショーがいる)

解説 (1)　古代ギリシアの詩から派生した語で，アルシスは「上げ」，テーシスは「下げ」の意。転じて〈弱拍〉，〈強拍〉を意味するようになった。弱拍はup beat，強拍はdown beatの方が一般的といえる。
(2)　不即不離とは二つのものが，つきもせず離れもしない関係を保つことであるが，音楽用語として一般に使われるとはいえない。
(3)　日本民謡を大きく分け，拍節的ではっきりしたリズムの「八木節様式」と，テンポがゆるやかで声を長く伸ばして装飾をつけて歌う「追分節様式」がある。　(4)　アルス・ノヴァ(新しい技法)に対し，〈古い技法〉の意味で対立したノートルダム楽派など(代表者はレオナンとペロタン)を「アルス・アンティクア」と呼ぶ。

【14】(1)　我が国の伝統音楽において，形式上の三つの区分を表すものとして用いられている用語で，序は初部で無拍子，破は中間部分の緩やかな拍子，急は最終部で急速拍子からなる。　(2)　テクスチュア(texture)という語は，「織り合わされたもの，織り方」という意味があり，音の組み合わせ方から生じる総合的な印象といった意味に使われる。演奏される声部数や響きの密度，それぞれの声部を演奏する楽器の音色，和声法やリズム法などにより，音や旋律の組み合わせ方，和音や和声，多声的な音楽，我が国の伝統音楽に見られる微妙な間やズレなど，さまざまな音のかかわりを見ることができる。　(3)　18世紀の中頃から，主として古典派の作曲家(ハイドン，モーツァルト，ベートーベン)らによって完成された器楽曲の形式である。ピアノやバイオリンの独奏曲，室内楽曲，交響曲等の一楽章において多く用いられ，

提示部，展開部，再現部の三つの部分から構成されている。

解説 (1) 伝統音楽に関する用語についての出題頻度は高いので，さまざまな資料を活用し，理解しておくべきである。 (2) 指導要領のさまざまな語句が理解できているかを問われているので，すべて把握しておくことが望ましい。 (3) ロンド，フーガなど，鑑賞教材で扱われる形式についてもまとめておきたい。

【15】(1) 人差し指でトレモロをした後，人差し指と中指の爪の裏で高い音から低い音へと順にグリッサンドする箏の奏法。 (2) ミクソリディア旋法。教会旋法のひとつ。音域は「ト—1点ト」，終止音は，「ト」，支配音「1点二」 (3) 宗教的・道徳的題材を扱った大規模声楽曲。まれに世俗的なものもある。 (4) 17・18世紀のヨーロッパ音楽で，鍵盤楽器奏者が与えられた低音の上に，即興で和音を弾きながら伴奏声部を完成させる方法及びその低音部のこと。 (5) 箏の奏法の一つ。左手で柱の左の弦をつまんで柱の方へ引き寄せ，弾弦部の張力を弱めておいて弾弦するもの。音をわずかに低める手法。

(6) (ソステヌート)音の長さを十分に保って。 (7) 雅楽曲。曲の前に奏し，その曲の属する調の雰囲気を醸し出すとともに，楽器の音程を整える意味をもつ短い曲。 (8) (アルモニオーソ)よく調和して (9) 沖縄県八重山地方の節歌の一つ(民謡) (10) 同一音型(旋律型やリズム型)を繰り返し用いること。しばしばバス声部にあらわれグランドベースなどと呼ばれる。

解説 (1) 箏の右手の人差し指と中指との爪の裏で行うグリッサンドの奏法で，いわゆる〈サラリン〉である。 (6) sostenutoの略。

(8) armonioso(協和的に，調子よく)の語は，ほとんど使われないもので難問。 (9) 赤馬節も一般によく知られた民謡とはいえない。

音楽科マスター　器楽

●POINT

吹奏楽や金管バンドが小・中・高校で盛んに行われるようになったためか，クラリネット・トランペット・ホルン・アルトサクソフォーンなど移調管楽器の記譜音と実音に関する出題が増加傾向にある。

その対策は次の3つをしっかり覚えることで解決する。

① B♭管(C1，Tpなど)→実音より長2度高く記譜する

② F管(Hor，Eng・Hor)→実音より完全5度高く記譜する

③ E♭管(A. Sax)→実音より長6度高く記譜する

これを理屈抜きで覚えると楽器の経験無しでも移調楽譜と実音の関係を理解できる。留意すべきは，出題された移調楽器の楽譜は，すべて実音の楽譜に書き直して，次の設問に答えること。例えばDdurの楽譜が出てそれがA. Sax用ならば実音は長6度低いFdurである。それをホルン用の記譜にせよ，の場合は実音の完全5度高いCdurに移調すればよい。サクソフォーンの出題が多いがソプラノ，テナー，バスはB♭管で，アルト，バリトンがE♭管であることも知っておきたい。

●ギターコード表

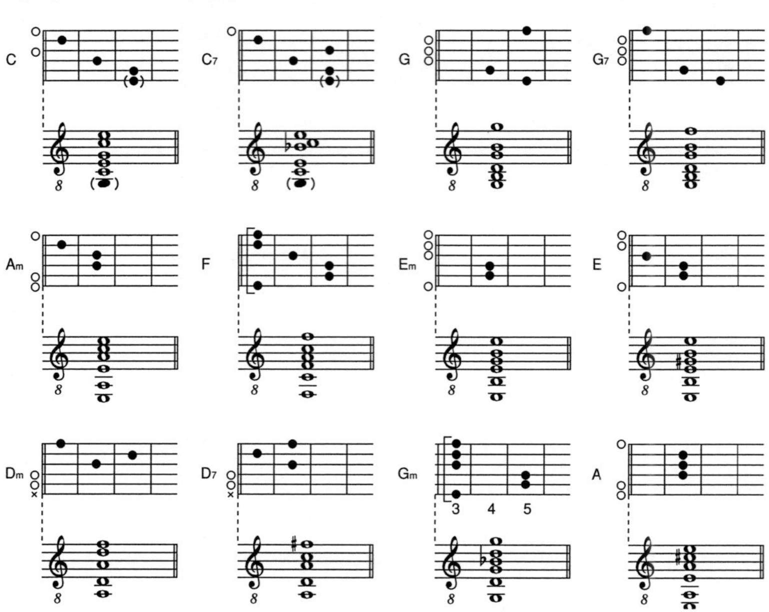

●リコーダーの運指

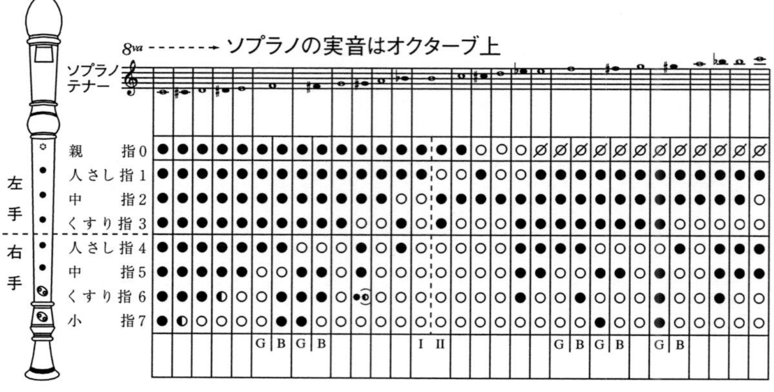

●弦の名称と開放弦の音

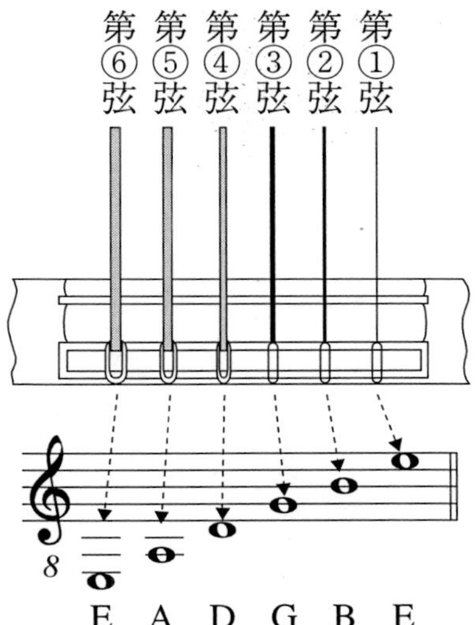

問題演習

【1】次の問いの(　ア　)～(　ク　)について適当なものを，下の①～⑧から1つずつ選び，番号で答えよ。

オーケストラ・スコアは通常，同属楽器ごとにまとめられているが，スコアの上部より(　ア　)楽器群，(　イ　)楽器群，(　ウ　)楽器群，(　エ　)楽器群の順に書かれている。

ヴァイオリンの弦は4本あるが，その開放弦は低音の方から(　オ　)線，(　カ　)線，(　キ　)線，(　ク　)線と呼ばれている。

① 木管　② 金管　③ 打　④ 弦　⑤ A　⑥ D
⑦ E　⑧ G

【2】次の①～⑩の楽器名をA群から選んで書き，それぞれを金管楽器，木管楽器，弦楽器，打楽器に分類して答えよ。

〈A群〉

ヴァイオリン	バスクラリネット	マンドリン	チェロ
スネアドラム	コントラバス	フルート	クラリネット
サクソフォン	オーボエ	トランペット	ホルン
トロンボーン	シンバル	クラベス	ティンパニ
ギター	トムトム	ドラ	ファゴット
ボンゴ	コンガ	バスドラム	ハープ
ピッコロ			

【3】尺八について，次の各問いに答えよ。

(1) ア～ウに当てはまる語句をA～Iから1つずつ選び，記号で答えよ。

尺八は，(　ア　)ごろに(　イ　)から伝来したといわれている。現在では，江戸時代に普化宗で使われていた楽器と同じものが用いられている。様々な長さのものがあるが，最も よく用いられるものは(　ウ　)のもので，「尺八」という名はこれに由来する。

A　弥生時代　　B　奈良時代　　C　室町時代　　D　インド
E　中国　　F　ロシア　　G　八尺　　H　八尺一寸
I　一尺八寸

(2) 尺八の奏法について，A～Cに当てはまる語句を，下の①～⑨から1つずつ選べ。

あごを上下して首を振る(　A　)・カリの奏法，(　B　)やコロコロと呼ばれるトリル，息を強く吹き入れる(　C　)などの奏法によって，独特の音色と表情を生み出すことができる。

①　サワリ　　②　押し手　　③　メリ　　④　スクイ
⑤　ユリ　　⑥　ハジキ　　⑦　タンギング　　⑧　ムラ息
⑨　後押し

(3) 尺八が用いられている曲をア～オからすべて選び，記号で答えよ。

ア　越天楽　　イ　巣鶴鈴慕　　ウ　江差追分　　エ　早春賦
オ　勧進帳

【4】次の各問いに答えよ。

(1) 次の譜例は，箏の調弦を表したものである。下の①～③に答えよ。

① a～cの破線箇所に入る音符または語句を答えよ。

② この調弦は何調子か，答えよ。

③ 箏と同じ発音原理をもつ楽器をa～fから2つ選び，記号で答えよ。

a ジェンベ　b シタール　c ツィター　d ナイ

e ベラヤ　f ズルナ

(2) 次のア，イに適する語句を答えよ。

三曲合奏の楽器編成は箏と(　ア　)と尺八(又は胡弓)からなる。(　ア　)による音楽のうち，歌い物の(　イ　)は主として上方を中心に盲人音楽家の専門芸として伝承されたもので，生田流箏曲と結合して発達した。

(3) 伝統音楽である「声明」の読み方と意味を答えよ。

(4) 雅楽に用いる管楽器，打楽器を次からそれぞれ2つずつ選び，ひらがなで答えよ。

篳篥　鉦鼓　和琴　木柾　篠笛　笙　釣太鼓

【5】ソプラノリコーダーに取り組む授業において，次の生徒にはどのような指導が適切か。具体的な指導の内容をそれぞれ2つ答えよ。

(1) 低い音が出しにくい生徒への指導について

(2) 高い音が出しにくい生徒への指導について

【6】ギター実習の時に，以下のことについて説明する内容を答えよ。

(1) ギターの楽譜と基本的な調弦(チューニング)について

(2) 基本的な右手の奏法について

(3) TAB譜について

【7】次の(1)～(3)は，世界の民族楽器についての説明である。楽器名を答えよ。また，その楽器が発達した国または地域を，下のa～fから1つずつ選び，記号で答えよ。

(1) 方形の長いじゃ腹の両端にボタン式の鍵盤をそなえ，手首を通して楽器を支える皮バンドがついている。

(2) チター属弦鳴楽器。12弦で構造は日本の箏と似ているが，あぐらをかいた膝の上に一方の端を乗せて右手の指でじかに演奏する。

(3) 三角形の胴をもつ撥弦楽器。2弦の楽器に第3弦が加えられ，現在の形となった。

a アルゼンチン　b アンデス　c スペイン

d イスラム圏　e ロシア　f 朝鮮半島

【8】次の文章を読み，下の各問いに答えよ。

ギターのストローク奏法は，おもにフォークやフラメンコ，フォルクローレなどの分野で多く用いられている。ストロークには第6弦から第1弦に向かって上から下へ振り下ろす(　①　)，反対に第1弦から第6弦に向かって弾く(　②　)がある。

またコードの押さえ方には，左手の人差し指で6本の弦を全部押さえる(　③　)という方法がある。コードは押さえる弦を示した(　④　)を見て弾くと理解しやすい。フォーク・ギターやエレキ・ギターは一般的に(　⑤　)を使って弾く。

バンド譜は6本の横線に押さえる弦とフレットを表した(　⑥　)が用いられている。

(1) ①～⑥にあてはまる語句を答えよ。

(2) 次の図にあるコード名を答えよ。

⑦

⑧

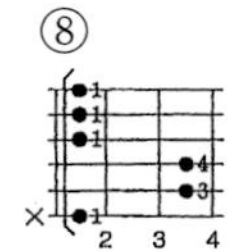

⑨

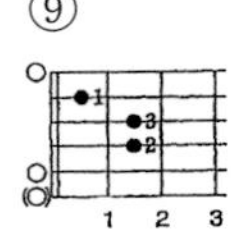

⑩

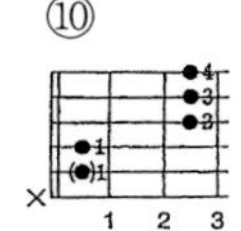

【9】三味線について，次の各問いに答えよ。

(1) ア～エの三味線の各部分の名称について答えよ。

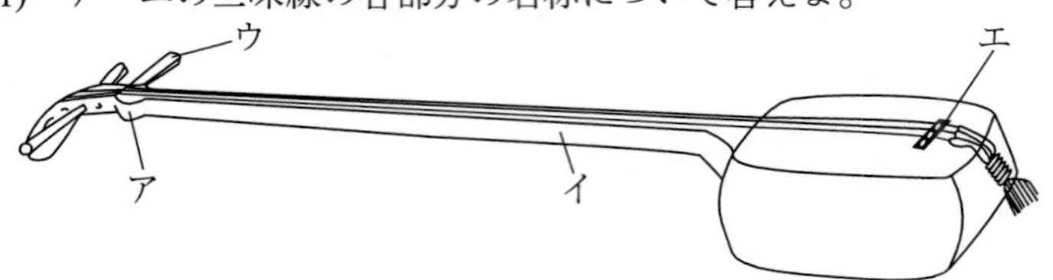

(2) ①～③の三味線の調弦法を答えよ。

(3) 次に示した三味線の奏法の名称を答えよ。

ア 基本奏法とは逆に撥を下から糸にあててすくいあげる奏法。

イ 撥を使わずに左指で糸をはじいて音を出す奏法。

ウ 勘所を押さえて撥音したあと，左指をずらして音高を変化させる奏法。

【10】次の文章は，「箏」について説明したものである。各問いに答えよ。

箏は(①)時代に(②)に用いられる楽器として，(③)から伝えられた楽器である。

箏は，胴の上に(④)を立て，この位置で音の高さを調節する。普通使われる爪は，(⑤)爪と(⑥)爪の2種類があり，身体の構え方，親指の爪のあて方と弾き方が異なる。

弦(糸)の名前は，奏者の向こう側から手前に向かって順に「一 二 三 四 五 六 七 八 九 十 (⑦) (⑧) (⑨)」と呼ぶ。

(1) (①)～(④)に当てはまる語句を次のア～ソからそれぞれ1つずつ選び，記号で答えよ。

ア インド	イ 能楽	ウ 面	エ ロシア
オ 平安	カ 狂言	キ 足	ク 奈良
ケ 枚	コ 本	サ 雅楽	シ 唐中国

ス　爪　　　セ　江戸　　ソ　柱

(2)　(　⑤　)～(　⑨　)に当てはまる語句をすべて漢字で書け。

(3)　箏の演奏方法(奏法)で親指と中指を使って2本の弦(主にオクターブの関係)を同時に弾く奏法を何というか書け。

(4)　箏曲「六段の調」の作曲者名を漢字で書け。

(5)　箏曲「六段の調」に用いられる代表的な調弦法を漢字で書け。

(6)　箏曲は歌と箏と一緒に演奏されることが多いが，「六段の調」は歌の入らない器楽曲である。箏曲の調べ物ともいわれる，この曲の形式を何というか書け。

【11】次の文を読んで，下の各問いに答えよ。

弦楽器で，フレットが無く正しいピッチを得るのは難しいが微調整が利くヴァイオリン属とフレットを持つ(　ア　)属は，16世紀までに誕生したが，中世からその原形は存在し，弓でこすって音を出す擦奏法は(　イ　)アジアが起源といわれている。モンゴルの(　ウ　)や中国の(　エ　)も同じく弓奏の(　オ　)楽器である。

一方(　カ　)楽器はギター，マンドリン，リュートの他ハープやインドの(　キ　)など多種多様なものがある。

(　ク　)楽器は<u>ピアノ</u>の他，そのもとになった(　ケ　)，ツィンバロムなどが挙げられる。

(1)　文中の(　ア　)～(　ケ　)にあてはまる語句をそれぞれ答えよ。

(2)　文中の下線部の正式名称と，この楽器を発明したイタリア人名を答えよ。また，発明当時におけるこの楽器の構造上の特徴を答えよ。

【12】次の①～⑤は諸民族の楽器名である。どこの国又は地域の楽器か。下のア～オからそれぞれ1つずつ選び，記号で答えよ。

①　バラフォン　　②　ムックリ　　③　カヤグム

④　ハーディーガーディー　　⑤　タブラー

ア　北海道　　イ　ヨーロッパ　　ウ　インド　　エ　西アフリカ

オ　朝鮮半島

【13】次の各問いに答えよ。

(1) 次の文は，箏についての説明文である。文中の各空欄に適する語句を答えよ。

箏は，(①)時代に雅楽の楽器として，中国大陸から伝えられた楽器で，弾くために使用する爪の形は流派によって異なり，山田流では(②)，生田流では(③)を用いる。

(2) 次の①～⑤に示された箏の演奏方法について，それぞれ何というか，答えよ。

① 右手で弾いた後に，左手で弦を押して余韻の音高を上げる。

② 隣り合った2本の弦を，右手の中指で手前に向けてほとんど同時に弾く。

③ 左手で弦をつまんで柱の方に引き，音高をわずかに下げる。

④ 右手の親指と中指を使って2本の弦を同時に弾く。

⑤ 弦を弾く前に左手で弦を押して，全音上げる。

【14】クラシック・ギターについて，次の各問いに答えよ。

(1) 次の①～⑤に当てはまる数字をそれぞれ1つ書き，TAB譜を完成させよ。

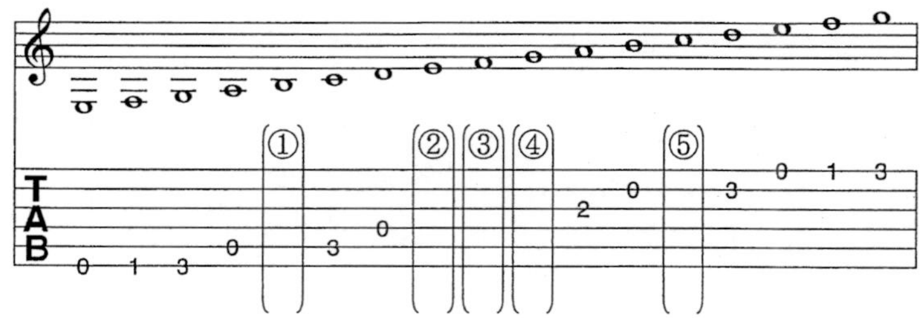

(2) 音楽の授業において，「アポヤンド奏法」と「アル・アイレ奏法」の特徴を生徒に理解させるとき，あなたはどのような説明をしますか。それぞれの奏法がどのような場合に用いられるかを含めて，簡潔に述べよ。

【15】次の(1)～(5)の文章は，ある打楽器の説明である。それぞれの楽器の名称を答えよ。

(1) ロバ，馬などの下あごの骨を乾燥させて作った打楽器。たたくと，あごに付いている歯がカタカタ鳴る。

(2) 2つまたは3つのカウベルを鉄の棒でつないだ打楽器。スティックでたたいたり，カウベルどうしを打ち合わせたりする。

(3) お椀型のベルを1本の軸に，大きい順に上から下へ開口部を下に向けて縦に並べた打楽器。上から下へすべらすようにたたく。

(4) ドラム缶の底をハンマーでたたいて窪みを付け，いくつかの面に分け，その面ごとに音程を出せるように作った打楽器。

(5) 胴の片面に皮が張られ，その内側の中心に棒が付けられている打楽器。この棒を湿った布でこすって音を出す。指で皮を押して音程を変化させることもできる。

【16】グランドピアノにある3本のペダルについて，それぞれの名称，使用した(踏んだ)ときのダンパーまたはハンマーの動き，音への効果(現象)を答えよ。

解答・解説

【1】ア ①　イ ②　ウ ③　エ ④　オ ⑧　カ ⑥　キ ⑤　ク ⑦

解説 オーケストラ・スコアの基本的な知識があれば難しくない。ヴァイオリンをはじめ，主な弦楽器の調弦については覚えておくとよい。

【2】① 楽器名：シンバル　分類：打楽器　② 楽器名：フルート　分類：木管楽器　③ 楽器名：スネアドラム　分類：打楽器　④ 楽器名：オーボエ　分類：木管楽器　⑤ 楽器名：チェロ　分類：弦楽器　⑥ 楽器名：ホルン　分類：金管楽器　⑦ 楽器名：コンガ　分類：打楽器　⑧ 楽器名：トロンボーン　分類：金管楽器　⑨ 楽器名：コントラバス　分類：弦楽器　⑩ 楽器名：サクソフォン　分類：木管楽器

解説 ①～⑩の楽器図から楽器名と弦・木管・金管・打楽器の分類を選ぶ出題で正答はやさしい。⑤や⑨の図もヴィオラと誤らぬよう選択肢から除かれている。④を誤ってクラリネットとしないよう，⑩はアルトサクソフォンらしいが，アルトやテナーの違いはやはり選択肢にない。⑦のコンガを共にキューバで生まれたボンゴと間違えないよう留意したい。

【3】(1) ア B　イ E　ウ I　(2) A ③　B ⑤　C ⑧　(3) イ

解説 (1) 日本には大きく分けると5種類の尺八が存在するが，現在「尺八」と一般的に呼ぶものは「普化尺八」を指す。中学校学習指導要領に「3学年間を通じて1種類以上の楽器を」と明記されていることから，教科書に出てくる和楽器の名称，歴史，奏法，代表曲は重要事項である。必ず覚えておくこと。　(2) 尺八の奏法：メリ，ムラ息，ユリ　三味線の奏法：サワリ，ハジキ　箏の奏法：スクイ，後押し，押し手　ユリは，声楽・器楽にかかわらず，音を揺らす方法を指す。尺八以外にも，篳篥や龍笛にもユリはある。タンギングは，管楽器全般に使う舌技法。　(3) 雅楽の越天楽は，管弦の編成である。管楽器の篳篥，龍笛，笙，弦楽器の琵琶，箏，打楽器の鞨鼓，太鼓，鉦鼓である。尺八曲・巣鶴鈴慕(そうかくれいぼ)は，18世紀半ばに「鶴の巣籠」から生まれた曲の一つである。早春賦は，吉丸一昌作詞・中田章作曲の歌曲である。江差追分(えさしおいわけ)は，北海道の民謡である。「かもめの鳴く音に　ふと目をさましあれがエゾ地の山かいな…」という歌詞である。長唄の勧進帳は，三味線音楽の一種。地歌の曲種名「長歌」と区別するため「唄」を使い，江戸長唄ともいう。唄，三味線(細竿)，囃子(笛，小鼓，大鼓，太鼓)が加わることも多い。

【4】(1) ① a  **b 斗　c 為**

② 平調子　③ b・c　(2) ア 三味線(三絃・三弦)　イ 地歌(地唄)　(3) 読み方／しょうみょう　意味／仏教の儀式・法要

で僧の唱える声楽　(4)　管楽器／ひちりき，しょう　打楽器／しょうこ，つりだいこ

解説 (1)　①と②は箏の代表的な調弦法。絶対高音ではない。　③は弦をはじく撥弦楽器を答える設問である。正答のbシタールは北インドの撥弦楽器で，7本の演奏弦のほか共鳴弦があり，約20個の可動式フレットをもつ。cツィターも共鳴箱の上に4～5本の旋律弦と約30本の伴奏弦を張った撥弦楽器で，ドイツやオーストリアの民族楽器(〈第3の男〉で有名)。他は太鼓(ジェンベ)や木管楽器(ナイ，ズルナはトルコやアラブ)である。　(2)　イの「地歌」は，ア「三味線」音楽の最古の種目である。　(3)(4)　「しょうみょう」や雅楽の楽器については，調べておきたいもの。

【5】(1)　・ゆるやかでたっぷりした息を使う。(右手の薬指や小指がトーンホールを完全に閉じているか。指の柔らかい部分で押さえる)
・to(トー)のように口の中の空間を少し広くしたり，do(ドゥー)のようにタンギングを柔らかくする。　(2)　・サミングで作るサムホールの隙間を少し狭くする。(色々試させる)　・タンギングをtyu(テュー)やti(ティー)のように，口の中の空間を少し狭くして，スピードのある息を吹き込む。

解説 リコーダー演奏のための要点は，①呼吸法(息の使い方)，②運指法(指使い)，③タンギング(舌の使い方及び口腔の開け方)の視点からより効果的な指導法を実践したい。

【6】(1)　ギターの楽譜は，ト音譜表に，実音より1オクターブ高く記譜される。調弦は，ピアノやチューナーを使いながら，6弦から順にE A D G H Eとなるように合わせる。　(2)　・アポヤンド奏法…弾いた指が，となりの弦に触れて止まる奏法。　・アル・アイレ奏法…弾いた指が，となりの弦に触れないで手のひらに向かって止まる奏法。
・ストローク奏法…ピックや指を使いながら，弦を低音から高音へ，高音から低音へかき鳴らす奏法。　・アルペッジョ奏法…指の一本一本ではじきながら分散和音で演奏する奏法。　(3)　タブラチュアの略で，6線を実際の弦と同じように使い，押さえるフレットの場所を数

字で表した譜面である。

解説 ギターについての出題で，記述説明のためその内容は各人により違うことになるであろうが，押さえておきたいことは次のもの。

(1)　調弦の音名，記譜と実音が1オクターブ違うことは答えたい。

(2)　右手のアポヤンド，アル・アイレの奏法はよく出題される(共にクラシック奏法)。右手の指の運指は，親指がp，人さし指がi，中指はm，くすり指はa，小指はほとんど使われないがchでピマ(pimach)と覚えたい。なお左指は番号で示され，ピアノ運指と違って人さし指が1で小指が4と示している。　(3)　TAB譜については，中学校の器楽の教科書などに譜例が載っている。

【7】(1)　楽器名：バンドネオン　　語群：a　　(2)　楽器名：カヤグム　語群：f　　(3)　楽器名：バラライカ　　語群：e

解説 世界の民族楽器の名称，構造，奏法，旋律，歴史は研究しておきたい。　(1)　アコーディオンの発明を受け，コンサティーナという6または8角形の手風琴をもとに，1840年代ドイツのハインリヒ・バンドが考案し，ドイツの民族音楽で演奏されていた。　(2)　韓国の箏のことである。弦は12本で膝の上に乗せて演奏する。爪をつけないで指の腹で演奏する。　(3)　ロシアの共鳴胴が三角形をしている楽器。現在のものは19世紀の末に改良された。サイズの異なったものが合奏に用いられたりする。プリマと呼ばれるサイズが標準。

【8】①　ダウン・ストローク　　②　アップ・ストローク　　③　セーハ　　④　ダイヤグラム　　⑤　ピック　　⑥　タブ譜

(2)　⑦　G　　⑧　F♯m・G♭m　　⑨　Am　　⑩　E♭maj$_7$・D♯maj$_7$

解説 (1)　ギターの弾き方など実践に即した出題。　③　セーハはcejaと書く。　⑤　ピックは板状の小片のこと。　(2)　⑦～⑩のダイヤグラムの和音を示すと次のようになる。

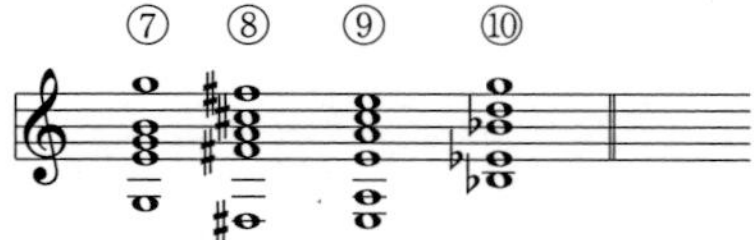

【9】(1) ア 乳袋(ちふくろ・ちぶくろ) イ 棹(さお) ウ 糸巻(いとまき) エ 駒(こま) (2) ① 本調子 ② 二上がり(二上り) ③ 三下がり(三下り) (3) ア スクイ イ ハジキ ウ スリ

解説 (1) 三味線の各部の名称には他にも，海老尾(えびお，又は天神)や糸蔵，根尾(緒)などがあるので学習しておきたい。 (3) スクイ，ハジキ，スリは代表的な奏法。他にもコキやニジリ，爪弾(つめびき＝バチを用いず指先で弾く)などもある。

【10】(1) ① ク ② サ ③ シ ④ ソ (2) ⑤ 角(丸) ⑥ 丸(角) ⑦ 斗 ⑧ 為 ⑨ 巾 (3) 合わせ爪 (4) 八橋検校 (5) 平調子 (6) 段物

解説 (1) 和楽器について，箏以外にも三味線や尺八などの歴史や楽器の特徴，奏法をそれぞれまとめておきたい。 (2) 山田流(丸)生田流(角) (3) 連，押し手，引き色などの奏法も研究しておきたい。 (5) 調弦は実音dまたはeから行うが，dからのほうが高音域の演奏のしやすさより，主流になっている。教科書などではeからの調弦が記されていることが多い。 (6) 八橋検校によって「組歌」形式の箏曲が創られ，その後「段物」といわれる器楽的な箏曲も加わり，元禄時代に京都や江戸，大阪に広がった。当時，八橋検校の流れをくむ京都の人々が，同じ八橋検校の系統で代表的な箏曲家の生田検校の名前にちなんで，「生田流」というようになった。

【11】(1) ア リュート イ 中東もしくは中央 ウ 馬頭琴 エ 二胡 オ 擦弦 カ 撥弦 キ シタール ク 打弦 ケ ダルシマー (2) 正式名称：ピアノフォルテ 発明者：クリストフォリ 特徴：爪で弦を弾く構造に代わって，ハンマーで弦を叩くメカニズムを開発し，音の強弱の変化を出せるようにした。

解説 (1) 楽器の起源についてはよく問われる。国，楽器，奏法，分類などは結びつけておきたい。起源についてはいくつか諸説があるため，一つに断定できないことがあるが，最も有力な一つは覚えておこう。解答例には，他の楽器が入ることもあり，ケはクラヴィコードが入っても良い。 (2) ピアノの原型は17世紀後半にイタリアで発明された。当時の正式名称はクラヴィチェンバロ・コル・ピアノ・エ・フォルテであった。強弱の表現が可能なことからピアノフォルテと名づけられ，やがて略されてピアノと呼ばれるようになっていった。ピアノは様々な改良が行われてきた上での最終形で，間にはたくさんの楽器が存在する。おおまかな形状や構造などを整理しておくとわかりやすい。

【12】① エ ② ア ③ オ ④ イ ⑤ ウ

解説 民族楽器は，名前，地域，楽器の特徴，使用される音楽の特徴，写真での判別などを関連させて覚えておくこと。どれがどういう形で問われても解答できるようにしたい。楽器店に行くと現物を見たり触ったりできる。一度触れておくとより鮮明に記憶に残るだろう。

【13】(1) ① 奈良 ② 丸爪 ③ 角爪 (2) ① 後押し ② かき爪(かき手) ③ 引き色 ④ 合せ爪 ⑤ 強押し

解説 箏についての設問で，奏法では実技と共に覚えることが大切であるが，実技を伴わぬとしても代表的な奏法は知っておきたい。

(2) ①及び⑤は〈押し手〉という左手奏法の一種である。出題の奏法以外にも〈すり爪〉，〈引き連〉，〈裏連〉などを学習しておきたい。

【14】(1) ① 2 ② 2 ③ 3 ④ 0 ⑤ 1 (2) アポヤンド奏法は，指で弦を弾いたあと，隣の弦にもたれかかる弾き方。アル・アイレ奏法は，指で弦を弾いたあと，他の弦には触れない弾き方。

解説 アポヤンドとアル・アイレを逆に覚えることがないようにする。以下に，TAB譜の完成版を参考に載せておく。

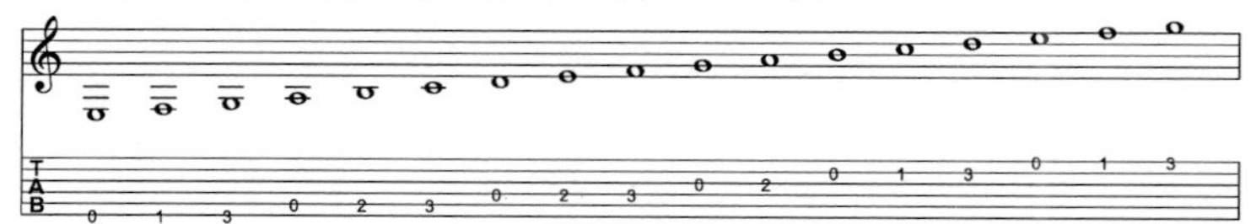

【15】(1) キハーダ (2) アゴゴ (3) ベル・トゥリー (4) スティール・ドラム (5) クイーカ

解説 叩けば何でも打楽器になり得るものなので，打楽器は次々に新しく生まれる。例えば(4)のスティール・ドラムは，中米・西インド諸島のトリニダード島で，ドラム缶の底から考案されたのが第二次世界大戦頃のこと，スティール・パンとも呼ぶという。(2)のアゴゴはサンバ(ブラジル)に不可欠の金属打楽器。この設問は難問の部に入るであろう。対策としては，とにかくいろいろな音楽や楽器などに興味を持つことから始まる。

【16】(名称／働き／効果の順)　右側…ダンパー・ペダル／全弦のダンパーが一斉に弦から離れる。／鍵盤を放しても音が続き，打たれた以外の弦も共鳴を起こし，響きが厚くなる。　中央…ソステヌート・ペダル／押さえた鍵盤を放す前に踏むと，その音のダンパーだけ離れたままになる。／鍵盤から指を離しても踏まれた音は続くが，それ以降の音は通常どおりである。　左側…弱音ペダル(シフト・ペダルソフト・ペダル)／鍵盤と打弦機構全体が右に移動し，3本または2本が1組の弦のうち1本だけはハンマーの打撃から外される。／音量が落ちる。

解説 ピアノのペダルは平型(グランドピアノ)では3本，竪型(アップライトピアノ)では2本付いている。楽器の王様と言われるピアノは，1709年頃イタリア・フィレンツェのチェンバロ製作者クリストフォリが，チェンバロ本体を用いて弦をハンマーで打つ楽器を発表した。これがピアノの発明とされる。音域が下2点い音から上5点ハ音の$7\frac{1}{4}$オクターヴにわたるピアノの構造やその効果の詳細を改めて学習したい。

音楽科マスター

西洋の音楽

●POINT

西洋音楽史では，説明文の穴埋めや正誤を判断する問題が多く見られる。

中世・ルネッサンス時代では「グレゴリオ聖歌」「オルガヌム」「アルス・ノヴァ」「ギョーム・ド・マショー」「グィド・ダレッツィオ」「ジョスカン・デ・プレ」等の用語の意味や人物について問う問題，バロック時代では，「ヴィヴァルディ」「コンチェルトグロッソ」「フーガ」「ヘンデル」「水上の音楽」等の人物・用語の理解を見る問題が比較的多い。

古典派では，ソナタ形式，ベートーヴェンの交響曲第5番第2楽章のテーマから作曲者や曲名，楽器名，他の作品名を答えさせる問題などが見られる。

ロマン派では，メンデルスゾーンやベルリオーズの音楽史上の功績を問う問題，シューベルト《魔王》の登場人物と楽譜を一致させる問題，ヴェルディ《椿姫》についての背景や登場人物について尋ねる問題，リストの管弦楽曲の特徴，「チェレスタ」に関連する事項を答えさせる問題などが見られる。

近現代では「ミュージックコンクレート」「クセナキス」「ファリャ」「シベリウス」「フランス5人組」などの人名，用語に加え，ラベル《ボレロ》の基本リズムの記譜，アメリカの作曲家や音楽様式の知識を尋ねる問題が見られる。

●ギリシャの音楽

西洋音楽文化の原流の1つは，古代ギリシャの音楽から発する。文学，哲学，芸術等の分野と同様に，音楽においてもギリシャは理想的な典型を示してきた。

古代ギリシャでは，生活と音楽が密接した関係にあり，人々は祭り，戦争等において音楽を重視していた。それは現在残されている神話や壺絵からも，明らかである。しかし，当時の実際の音楽を伝える資料はごくわずかである。アポロン賛歌(デルポイで発見)，太陽の賛歌(130年頃メソメデスが作ったといわれる)，セイキロスの墓碑銘(小アジアで発掘)等が挙げられる。

音楽理論は，偉大な哲学者達によって説かれた。彼らは音楽を宇宙論，心理的効果等と関連づけ，中世以降のヨーロッパ文化に大きく影響を及ぼした。プラトンやアリストテレスは，音楽の持つ心理的影響を信じてそれを教育的側面に応用している。また，ピタゴラスは，鳴り響く弦の長さの変化と音程への影響を調べて音響学の基礎を確立した。

テトラコード(4音音列)と，7つの旋法から成るギリシャ音楽の音組織は，今日の音楽にも伝承されている。「ハーモニー」「メロディー」「オーケストラ」等の音楽用語は，古代ギリシャに由来することからも，ギリシャ音楽が西洋音楽文化の原点であることがうかがえる。

keyWord

・コロス(合唱部)
・アウロス
・キタラ，リラ(ハープの一種)

●中世の音楽

ローマ帝国の世界征服の後，キリスト教の信仰が広まってくる。ヨーロッパの独自の文化の開花が，音楽とキリスト教とを深く結びつけていったのである。

中でも，教会における典礼儀式と結びついた単旋律聖歌が重要である。音楽で，ガリア聖歌やモサラベ聖歌等の地方的特色のある聖歌は統合されていき，「グレゴリオ聖歌」というローマ教会の典礼音楽となった。グレゴリウス1世により集大成されたといわれる「グレゴリオ聖歌」は，無伴奏で，1本の旋律を斉唱か独唱で歌う。

13世紀にパリのノートルダム楽派から生まれた多声音楽(ポリフォニー)は，14世紀になり技法がより洗練されていった。リズムはより自由になり，多声音楽は広く世俗に広まっていった。 音楽を宗教的側面から解放し，人間の感情に素直に表現するこの運動や，この時期の新しい音楽様式を表すのが，「アルス・ノバ」(新芸術運動・新音楽)である。

また，宗教音楽に反発して，自由な感情で即興的な歌を愛して諸国を歩いて回った人々を吟遊詩人と呼ぶ。彼等は，竪琴の演奏で民衆的な歌を歌い，世俗歌曲を残している。

keyWord

・グレゴリオ聖歌　　・多声音楽(ポリフォニー)
・アルス・ノバ(新芸術・新音楽)
【→アルス・アンティクア(古芸術・古音楽)】
・ネウマ譜　　・ノートルダム楽派
・マショー(フランスの作曲家)
・ランディーニ(イタリアの作曲家)
・吟遊詩人(ミンネゼンガー【ドイツ】／トルバドール【南仏】／トルベール【北仏】)

●ルネサンスの音楽

15世紀～17世紀の，中世に続く時期の音楽を，ルネサンス音楽と呼ぶ。絵画や建築等の分野においてはルネサンスはイタリアから始まった。しかし音楽のルネサンスの主役は，フランス，ベルギー，オランダ等のフランドル地方である。この地方では特にアルス・ノバ運動が盛んで，これらの国々の音楽家達を「フランドル楽派(ネーデルランド楽派)」と呼ぶ。

この時期を通じて，音楽が統一されていき，ある一定の様式が誕生する。1番大きな特徴は，多声楽の構成技法の発展である。2～3声部による書法から，4～5声部へ展開し，定着したのはこの時期である。また，中世ではあまり注意されなかった「協和，不協和」も，興味をもたれ始める。以前にまして，音楽は人々の生活において，重要な位置を占めていくようになった。宮廷や貴族だけではなく，都市市民の娯楽にも欠かせないものとなっていった。

16世紀にマルチン・ルターが始めた宗教改革も，この時代の重要な出来事である。音楽の面においては，主としてドイツに関係する。ラテン語の歌を自国語に改めてコラール(ドイツ語の賛美歌)を歌うことで，聖歌は広く民衆になじみ，教会音楽と世俗音楽のすき間を埋めていった。多声音楽の巨匠バッハに至るまで，ドイツ音楽を育む母体となったのである。

一方，ローマ・カトリック教会では，ローマ楽派のパレストリーナにより，流行歌や楽器の使用を排除した無伴奏の多声合唱の形態が完成され，カトリック教会音楽の完成期となった。

keyWord

- ブルゴーニュ楽派⇒デュファイ／バンショワ
- フランドル楽派(ネーデルランド楽派)⇒オケヘム／ジョスカン・デ・プレ／ラッソ
- パレストリーナ(イタリアの音楽家)⇒ア・カペラ様式(無伴奏の多声合唱)

●バロック時代の音楽

ルネサンス以後，1600年からバッハの没年1750年は，バロック音楽の時代である。

1590年頃にイタリアで行われたギリシャ悲劇の上演をきっかけとして，オペラが誕生した。モンテベルディやパーセルがこの分野で活躍し，A.スカルラッティ，J.ラモー等がこれを発展させた。

器楽の発展もこの時代の特徴と言える。チェンバロ，バイオリンの発達に伴い，様々な器楽の形式が誕生した。ソナタ(トリオ・ソナタ，独奏ソナタ)，コンチェルト(コンチェルト・グロッソ，独奏コンチェルト)等である。シンフォニーという名前もこの時期に生まれ，オルガンの発展は，組曲形式やフーガへとつながっていった。宗教改革によって生まれたコラールを素材として，カンタータが誕生した。カンタータとは，教会暦に従い礼拝用に作曲される楽曲で，バッハのカンタータに集大成を見るものである。また，教会音楽においてオラトリオが生まれる。オラトリオとは，宗教的題材を用いた大規模な叙事的楽曲である。これはオペラ手法の教会音楽での実践と言える。ヘンデルの「メサイヤ(救世主)」は，最も有名なオラトリオである。

カッチーニ は1600年頃モノディ様式を創始した。この様式では，通奏低音に基づく和音の伴奏を基本としている。一方2つの対照的な楽器群が掛け合いをする協奏様式も誕生し，楽曲は更に複雑になっていった。

keyWord

- オペラの誕生⇒モンテベルディ／A.スカルラッティ／J.ラモー
- 器楽形式の発展⇒ビバルディ(バイオリン協奏曲「海の嵐」)
- 宗教音楽⇒カンタータ／オラトリオ(ヘンデル「メサイア」)
- モノディ様式(⇔協奏様式)　⇒通奏低音

●古典派の音楽

18世紀の半ばから19世紀の初め頃を大きく捉えて古典派と呼ぶ。ドイツ，イタリアをはじめとして，様々な国で新しい音楽の形式が生まれた。〈古典派〉を代表する音楽家は，ハイドン，モーツァルト，グルック，ベートーヴェンで，この時代の先駆けとなった18世紀前期の音楽家達を〈前古典派〉と呼ぶ。〈前古典派〉の主な音楽家は，バロック時代の象徴であるバッハとヘンデルの息子の時代と言える。バッハの次男C.Ph.エマヌエル・バッハ，末子J.クリスティアン・バッハは代表的である。古典派音楽の重要な形式はソナタ形式である。主題提示部，展開部，再現部の3部からなり，複数の主題が展開的に扱われるというものである。このソナタ形式の原理は主楽章を支配していった。

管弦楽で演奏するソナタが交響曲であるが，ハイドン，モーツァルト等はそれぞれ多くの交響曲を残して，古典派の交響曲を完成させた。

グルックにより，イタリア・オペラは，音楽による劇の進行を重視するようになっていった。モーツァルトは生涯に20曲程のオペラを残した。また，ハイドンはオラトリオで，ホモフォニー(和声音楽)とポリフォニー(多声音楽)の併用で壮麗な合唱様式を完成した。

彼らの音楽的遺産や精神を受け継ぎ，19世紀のロマン派への重要な架け橋となったのが，ベートーヴェンである。彼は9曲の交響曲の他，多くのピアノ・ソナタや弦楽四重奏曲等を残している。

keyWord

- 前古典派⇒C.Ph.エマヌエル・バッハ／J.クリスティアン・バッハ
- ソナタ形式(主題提示部・展開部・再現部)⇒交響曲(管弦楽)／独奏用ソナタ(バイオリン・ピアノ)／弦楽四重奏(第1・第2バイオリン・ビオラ・チェロ)
- オペラ⇒モーツァルト【3大オペラ「フィガロの結婚」「ドン・ジョバンニ」「魔笛」】
- オラトリオ⇒ハイドン【「天地創造」「四季」】
- 古典音楽の大成者⇒ベートーヴェン【「英雄」「運命」「田園」】

●ロマン派の音楽

19世紀全体を音楽の〈ロマン派〉と呼ぶ。人間の個性を重視し，音楽と他の芸術，特に文学との結びつきが密接になっていった。文学との結びつきは，ドイツ・リート(芸術歌曲)において顕著である。シューマン，ブラームス等はロマン派の詩に曲を書き，リストは文学的な内容を表現する管楽器の交響曲を書いた。

1．初期ロマン派の主な音楽家

音楽家	国籍 生誕／没年	特徴	主な作品
シューベルト	オーストリア 1797〜1828	生涯に600余りのリート（歌曲）を作曲し，「歌曲の王」とも呼ばれる。	歌曲 「魔王」「野ばら」 歌曲集 「美しき水車小屋の娘」 「冬の旅」
ウェーバー	ドイツ 1786〜1826	国民歌劇を作りロマン歌劇を創始。	歌劇 「魔弾の射手」 ピアノ曲 「舞踏への招待」
メンデルスゾーン	ドイツ 1809〜1847	厳格な古典形式を守ったロマン的小品をかいた。風景の音楽的描写を試みたことから「音楽の画家」とも呼ばれる。	序曲 「真夏の夜の夢」 ピアノ曲 「無言歌」
シューマン	ドイツ 1810〜1856	詩的な叙情性を持つ標題のピアノ独奏曲と歌曲を作曲した。	合唱曲 「流浪の民」 ピアノ曲 「トロイメライ (子供の情景)」

音楽家	国籍 生誕／没年	特徴	主な作品
ショパン	ポーランド 1810～1849	装飾音や不協和音を効果的かつ大胆に使い，ピアノ音楽に大きな影響を残した。	ピアノ協奏曲 「ホ短調op.11」 「へ短調op.21」 夜想曲（ノクターン） 「OP.9,no.2」 「OP.15,no.2」
ベルリオーズ	フランス 1803～1869	ロマン派の標題音楽を作曲し，リスト，ワーグナーにも影響を与えた。管弦楽の新しい音楽効果にも苦心を払った。	劇的交響曲 「ロメオとジュリエット」 「ファウストのごう罰」 「幻想交響曲」
リスト	ハンガリー 1811～1886	世界最大のピアニストといっても過言ではない。「交響詩」の創始者としても知られる。	交響詩 「前奏曲」 ピアノ曲 「ハンガリー狂詩曲」
ワーグナー	ドイツ 1813～1883	19世紀のオペラ改革者で，音楽，美術，文学を一体化した総合芸術としての＜楽劇＞を創始した。	楽劇 「タンホイザー」 「さまよえるオランダ人」 「トリスタンとイゾルデ」
ブラームス	ドイツ 1833～1897	シューマンに認められた。ロマン派の中では比較的保守的でロマン主義文学と民謡への興味を持ち，堅実，入念にオペラを除く殆ど全ての分野で作品を残した。	室内楽曲 「クラリネット5重奏曲」 交響曲 「ハンガリー舞曲」

2. 後期ロマン派の主な音楽家

音楽家	国籍 生誕／没年	特徴	主な作品
マーラー	オーストリア 1860～1911	名指揮者としても活躍し，交響曲や歌曲で才能を発揮した。	交響曲「第8番」 大合唱が入るので，「千人の交響曲」とも呼ばれる。
R.シュトラウス	ドイツ 1864～1949	歌劇を始めとして，数多くの種類の曲を作曲し，ドイツの音楽界に新風を注いだ。	交響詩 「ドン・ファン」 歌劇 「サロメ」 「ばらの騎士」
ヴォルフ	オーストリア 1860～1903	独創的な歌曲を約300曲残した。その鮮明な感覚や多様性により，シューベルトと並び称せられる程重要なドイツ・リート作曲家である。	「メーリケ歌曲集」 「ゲーテ歌曲集」

3. 国民楽派の主な音楽家

19世紀後半には民族的な意識が高まり，音楽活動の中に，国民意識が強くなっていった。民謡や舞曲に音楽の基本をすえて，そこに民族の伝統や風土，歴史を取り入れた音楽を書いた。このような音楽家達を〈国民楽派〉と呼ぶ。

<table>
<tr><th>音楽家</th><th>国籍
生誕／没年</th><th>特徴</th><th>主な作品</th></tr>
<tr><td>ムソルグスキー</td><td>ロシア
1839
～1881</td><td rowspan="5">ロシア「五人組(THE FIVE)」である。
ロシア国民音楽に隆盛をもたらした。</td><td rowspan="5"></td></tr>
<tr><td>ボロディン</td><td>ロシア
1833
～1887</td></tr>
<tr><td>リムスキー＝コルサコフ</td><td>ロシア
1844
～1908</td></tr>
<tr><td>バラキレフ</td><td>ロシア
1837
～1910</td></tr>
<tr><td>キュイ</td><td>ロシア
1835
～1918</td></tr>
<tr><td>グリンカ</td><td>ロシア
1804
～1857</td><td>国民楽派の祖。1836年，最初の国民オペラ「イワン・スサーニン(皇帝にささげた命)」を上演して認められ，以降多くの歌曲を残した。</td><td>オペラ
「スサーニンのアリア」
「ルスランとリュドミラ」
管弦楽曲
「ホタ・アラゴネーサ」</td></tr>
</table>

音楽家	国籍 生誕／没年	特徴	主な作品
スメタナ	チェコスロバキア 1824～1884	ピアニスト，音楽学校の経営者として活躍した。チェコの歴史や風物を音楽化して独立以前のチェコの民族運動に呼応した作品を多く残した。	オペラ 「売られた花嫁」 交響曲 「モルダウ」
ドボルザーク	チェコスロバキア 1841～1904	ビオラ奏者として活動し始める。スメタナに影響され，オーストリアの支配の下で愛国運動に共鳴した。	オペラ 「ルサルカ」 交響曲 「第8番ト長調op.88」 「第9番ホ短調op.95」
グリーグ	ノルウェー 1843～1907	オーケストラと合唱曲の指揮者として活躍した。作品は，管弦楽曲，歌曲，ピアノ曲，合唱曲など多岐に渡り，素朴な美しい作品を残している。	「ペールギュント」 ピアノ協奏曲 「イ短調op.16」
シベリウス	フィンランド 1865～1957	交響曲，ピアノ曲，劇のための音楽，合唱曲など数多くの作品があり，幻想と厳格な古典的作曲法を融合させている。第一次世界大戦以後のロシアの圧政に対するフィンランドの愛国運動の1つとしての愛国劇上演に於いて，音楽を担当した。	交響曲 「トゥオネラの白鳥」 交響詩 「フィンランディア」

●音楽史略年表1

前500 | 0 | 1000 | 1400 | 1600

ギリシア・ローマの音楽	中世の音楽		ルネッサンスの音楽
◎かんたんな楽器でメロディとリズムだけの歌が中心 ◎音階や施法の基礎が作られ，アリストテレスは「音楽の施法は人に違った影響を与える。ミクソリディアは消沈。ドリアは静穏，フリギアは快活な気分を与える」（エトス論） ◎アルファベットを使った声楽用・楽器用の楽譜が工夫された	◎グレゴリオ聖歌	◎オルガヌムが現れる ◎階名唱法が発明され，音楽教育に使われる ◎３度で構成された音楽が盛んになった長調・短調のもととなった ◎ポリフォニーの形式コンドゥクトゥス・オルガヌム・モテット ◎定量記譜法が行われる ◎オルガンが使われ始める	◎対位法の技法の発展 ◎さかんにミサ曲が作られる ◎リチェルカーレなど，独立した器楽形式が生まれる ◎ベネチアで楽譜印刷が盛んになる ◎二重合唱様式が作られる
			デュファイ パレストリーナ ジョスカン・デ・プレ ガブリエリ・A

前500 | 0 | 1000 | 1400 | 1600

原始時代（飛鳥・奈良）	（平安貴族様式）	（鎌倉語り物様式）	（室町語り物様式）
◎五五調，五七調の歌調で歌う	◎唐から雅楽を輸入し，日本的な音楽になる ◎天台と真言の声明が始まる ◎念仏和讃始まる ◎盲僧が琵琶の伴奏で物語をする	◎声明のメロディを応用し，長い語り物が作られた ◎法会の中で演じる式三番や呪師をやるようになる ◎雅楽の琵琶と声明のメロディにより，平曲が生まれた	◎能を芸術的に完成 ◎琉球から三線が伝来し，民族音楽に使われる ◎九州や西日本で本格的に西洋音楽が教育される ◎民族的な語り物から人形芝居へ
		観阿弥	

●音楽史略年表2

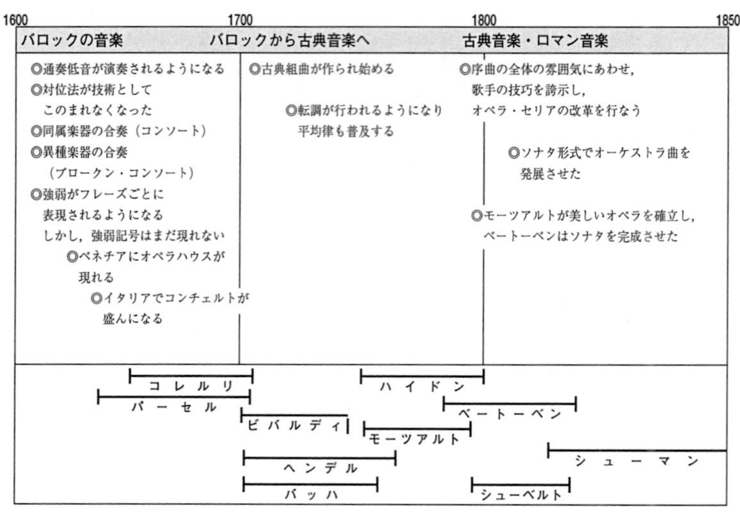

1600
1700
1800
1850
バロックの音楽
バロックから古典音楽へ
古典音楽・ロマン音楽
◎通奏低音が演奏されるようになる
◎対位法が技術として
このまれなくなった
◎同属楽器の合奏（コンソート）
◎異種楽器の合奏
（ブロークン・コンソート）
◎強弱がフレーズごとに
表現されるようになる
しかし，強弱記号はまだ現れない
◎ベネチアにオペラハウスが
現れる
◎イタリアでコンチェルトが
盛んになる
◎古典組曲が作られ始める
◎転調が行われるようになり
平均律も普及する
◎序曲の全体の雰囲気にあわせ，
歌手の技巧を誇示し，
オペラ・セリアの改革を行なう
◎ソナタ形式でオーケストラ曲を
発展させた
◎モーツアルトが美しいオペラを確立し，
ベートーベンはソナタを完成させた
コレルリ
バーセル
ビバルディ
ヘンデル
バッハ
ハイドン
ベートーベン
モーツアルト
シューマン
シューベルト

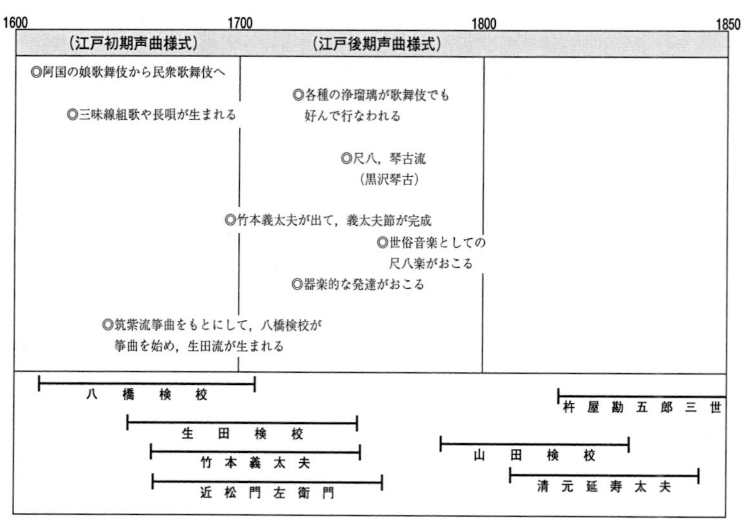

1600
1700
1800
1850
（江戸初期声曲様式）
（江戸後期声曲様式）
◎阿国の娘歌舞伎から民衆歌舞伎へ
◎三味線組歌や長唄が生まれる
◎各種の浄瑠璃が歌舞伎でも
好んで行なわれる
◎尺八，琴古流
（黒沢琴古）
◎竹本義太夫が出て，義太夫節が完成
◎世俗音楽としての
尺八楽がおこる
◎器楽的な発達がおこる
◎筑紫流箏曲をもとにして，八橋検校が
箏曲を始め，生田流が生まれる
八橋検校
生田検校
竹本義太夫
近松門左衛門
杵屋勘五郎三世
山田検校
清元延寿太夫

●音楽史略年表3

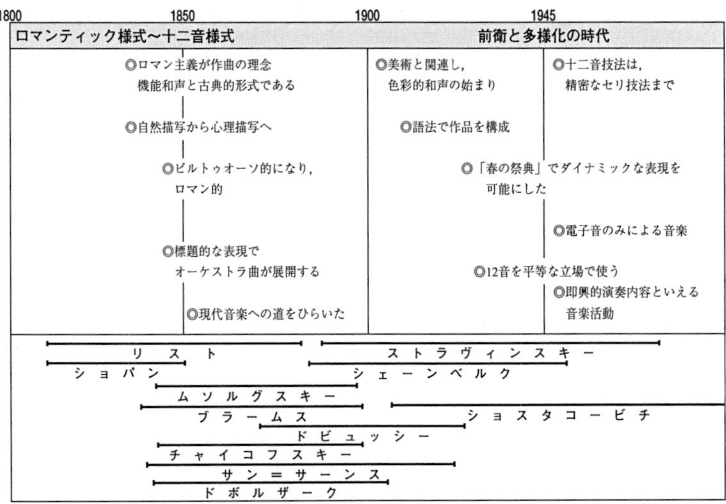
1800
1850
1900
1945
ロマンティック様式～十二音様式
前衛と多様化の時代
◎ロマン主義が作曲の理念
機能和声と古典的形式である
◎自然描写から心理描写へ
◎ビルトゥオーソ的になり，
ロマン的
◎標題的な表現で
オーケストラ曲が展開する
◎現代音楽への道をひらいた
◎美術と関連し，
色彩的和声の始まり
◎語法で作品を構成
◎「春の祭典」でダイナミックな表現を
可能にした
◎12音を平等な立場で使う
◎十二音技法は，
精密なセリ技法まで
◎電子音のみによる音楽
◎即興的演奏内容といえる
音楽活動
リスト
ショパン
ムソルグスキー
ブラームス
チャイコフスキー
サン＝サーンス
ドボルザーク
ドビュッシー
ストラヴィンスキー
シェーンベルク
ショスタコービチ

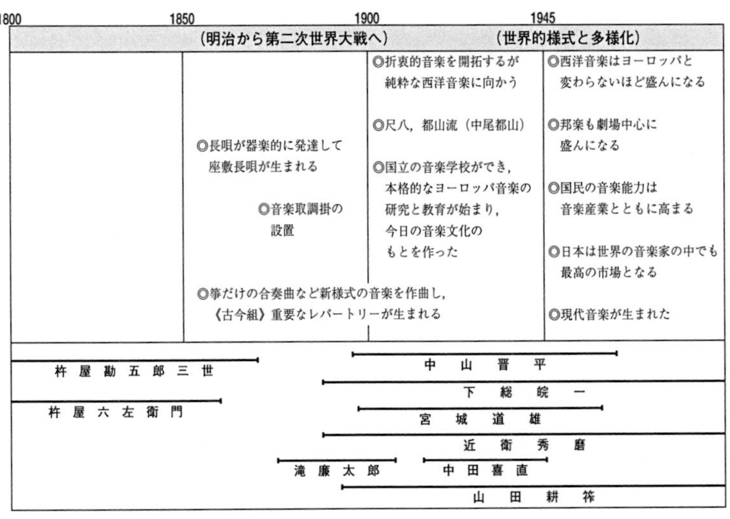
1800
1850
1900
1945
（明治から第二次世界大戦へ）
（世界的様式と多様化）
◎長唄が器楽的に発達して
座敷長唄が生まれる
◎音楽取調掛の
設置
◎箏だけの合奏曲など新様式の音楽を作曲し，
《古今組》重要なレパートリーが生まれる
◎折衷的音楽を開拓するが
純粋な西洋音楽に向かう
◎尺八，都山流（中尾都山）
◎国立の音楽学校ができ，
本格的なヨーロッパ音楽の
研究と教育が始まり，
今日の音楽文化の
もとを作った
◎西洋音楽はヨーロッパと
変わらないほど盛んになる
◎邦楽も劇場中心に
盛んになる
◎国民の音楽能力は
音楽産業とともに高まる
◎日本は世界の音楽家の中でも
最高の市場となる
◎現代音楽が生まれた
杵屋勘五郎三世
杵屋六左衛門
滝廉太郎
中山晋平
下総皖一
宮城道雄
近衛秀磨
中田喜直
山田耕筰

問題演習

【1】次の文を読み，下の各問いに答えよ。

バッハは(　①　)年にドイツの(　②　)という都市で生まれた。1708年からワイマールの宮廷に，ついで1717年からは(　③　)の宮廷にそれぞれ仕え，1723年からはライプチヒのトーマス教会の(　④　)の職について生涯を終えた。

バッハはオルガン奏者として当代まれな名手であっただけでなく，多くのオルガン曲を残している。クラビーア曲では全48曲の「(　⑤　)」や不眠症の伯爵のために書かれた「(　⑥　)変奏曲」が特に重要である。その他バイオリンのための無伴奏パルティータやチェロのための無伴奏(　⑦　)，「音楽のささげもの」や「(　⑧　)の技法」などの器楽作品も多い。また，声楽作品では，200曲を超えるカンタータをはじめ，受難曲，ミサ曲などがある。

(1)　文中①～⑧の空欄にあてはまる語句を答えよ。

(2)　文中の下線部“多くのオルガン曲”のうち，「トッカータとフーガ　ニ短調　作品565」の“トッカータ”と“フーガ”について，それぞれの特徴を簡潔に説明せよ。

(3)　文中の下線部“200曲を超えるカンタータ”は，二つに分類することができる。「教会カンタータ」ともう1つは何と呼ばれているか，その名称を答えよ。

(4)　(3)で答えたカンタータの作品名を1つ答えよ。

【2】次の文は，教科書による中世・ルネサンスの音楽に関する説明である。あとの各問いに答えよ。

グレゴリオ聖歌　キリスト教の普及とともに典礼儀式が整い，その典礼文を歌う聖歌が生まれた。数多くつくられた聖歌の整理統合に貢献したとされる教皇グレゴリウス1世の名をとってこれらの聖歌はaグレゴリオ聖歌と呼ばれている。聖歌は単旋律で教会施法を用いる。

多声音楽(ポリフォニー)　多声音楽の最も古い型は，オルガヌムと呼ばれた。初期には平行進行するだけであったものが，のちに斜進行，反進行も取り入れられた。また，三度音程も，協和音程として使用されるようになった。1200年代になると，声部の数が4パートまで増え，定量記譜法への道が開かれた。これらはパリの(　ア　)楽派の作曲家により発展した。14世紀の音楽は「bアルス・ノーヴァ(新芸術)」と呼ばれ，シャンソンを中心として，歌詞の形式によってロンドー，バラードなどに区別される世俗音楽が隆盛を極めた。

多声音楽(ポリフォニー)の発展　ルネサンスの音楽は，声楽のポリフォニーを中心に発展した。オケゲム，cジョスカン・デプレ，ラッソなどの作曲家達は，教会音楽や世俗音楽において，各声部の均整のとれたポリフォニー書法を開拓し，ルネサンス期のヨーロッパ音楽を主導した。一方，dカトリック教会の中心ローマで活躍したパレストリーナも，ポリフォニー書法を用いたミサ曲を多数残した。

(1)　(　ア　)に入ることばとして適切なものをa～dから選び，その記号を答えよ。また，この楽派に属する作曲家をe～hから選び，その記号を答えよ。

a　ノートルダム　　b　フランドル　　c　ブルゴーニュ
d　モンマルトル　　e　グィード　　f　ペロタン
g　バンショワ　　h　デュファイ

(2)　下線部aの聖歌における特徴で，1音節に数音符ないし数十音符が当てられている様式の名称を答えよ。

(3)　下線部bを代表する作曲家の功績として，多声書法による通作ミサを史上初めて一人で作曲したことがあげられる。この作曲家の名前を答えよ。

また，次のミサ通常文の各章の名称について，(　イ　)，(　ウ　)にあてはまる語句を答えよ。

1　キリエ　　2（　イ　）　　3　クレド　　4（　ウ　）
5　アニュス・デイ

(4)　下線部cの作曲家は，定旋律として冒頭に用いた主題を全ての声部が次々に模倣していく形式を追求したが，この形式の名称を答えよ。また，この形式は後のバロック時代のどのような形式に影響を与えたか。答えよ。

(5) 下線部dは，1545年～1563年にかけてトレント公会議を開いたが，この会議において決議された内容をa～dから選び，その記号を答えよ。

a 会衆が歌唱により礼拝へ参加することを重視し，歌いやすい旋律のコラールを用いることとした。

b 旋律と通奏低音による作曲がなされ，教会音楽に器楽による伴奏を用いることとした。

c 世俗的な旋律を禁止し，多声音楽であっても言葉が聴き取れるようにすべきであるとした。

d グレゴリオ聖歌などの単声聖歌を歌うことを禁止した。

(6) ルネサンス期のヴェネツィアにおいて，はなやかな色彩と明暗の対照などを特徴とする器楽作品が数多く作曲された。この時期のヴェネツィア楽派を代表する作曲家を一人答えよ。

【3】次の文中の各空欄に適する語句を答えよ。

(1) チェコの作曲家スメタナなど民族主義的な音楽家の一派を(ア)という。

(2) (イ)は死者のためのミサ曲のこと。鎮魂曲と訳される。

(3) 交響曲はオーケストラで演奏され，通常いずれかの楽章が(ウ)で作られている。

(4) シューベルトの作曲した「魔王」などのドイツ語による歌曲を(エ)という。

(5) オペラは音楽が中心ではあるが文学，演劇，美術，舞踊など，さまざまな要素をあわせもつので(オ)といわれる。

(6) バッハの作品に多く見られ，主題を追いかけるように多声的に発展していく音楽の形式を(カ)という。

(7) バロック音楽で用いられた，アンサンブルの支えとしての低音を

(キ)という。

(8) シェーンベルクが提唱したオクターブ内の音を平等に扱う作曲技法を(ク)という。

(9) イタリア語でチェンバロと呼ばれる楽器は英語では(ケ)という。

(10) ヴェルディのオペラ「アイーダ」第2幕第2場で「凱旋の行進曲」の旋律を演奏する楽器は(コ)である。

【4】西洋音楽史のロマン派の音楽(国民楽派は除く。)について，次の文章の空欄①～⑯に適する語句をあとのア～ヘから1つずつ選び，記号で答えよ。また，下線部A～Dについて，あとの(1)～(4)の問いに答えよ。

古典派最後の巨匠である(①)は9曲の交響曲を残し，(②)世紀ロマン派音楽への道を開いた。ロマン派では，古典派の(③)音楽とは対照的に，文学など音楽以外の芸術分野との結びつきが深まり(④)音楽が盛んになった。これは，情景・物語・感情などに関する題名を付け，その内容を表現しようとする器楽曲である。フランスの作曲家(⑤)は，その出世作「幻想交響曲」において(⑥)を用いて「恋人」との物語を音楽で表現した。文学との融合は，A<u>リスト</u>の創始した単一楽章の(⑦)においてもなされ，管弦楽作品の幅を広げた。オーケストラ編成が拡大するのもこの時代の特徴である。

一方声楽曲では，B<u>シューベルト</u>によって(⑧)が確立され，詩(歌詞)と音楽との融合が図られた。その後，(⑨)やブラームスなどにより多様な発展を遂げた。

ロマン派は，(⑩)尊重の時代といえる。感情の自由な表現を重視することにより自由な形式による性格的小品(キャラクター・ピース)と呼ばれる(⑪)作品が数多くつくられた。この背景には産業革命による(⑪)の性能の向上と，一般家庭への普及がある。(⑫)出身のC<u>ショパン</u>は(⑬)で活躍し，数多くの小品を提供した。

オペラも各国で独自の発展を遂げた。(⑭)ではウェーバーが(⑭)ロマン主義オペラを誕生させ，(⑮)は総合芸術作品としての楽劇を創始した。一方(　⑯　)では，ロッシーニらの偉業の上に立って，Dヴェルディが近代(　⑯　)・オペラを改革した。また，プッチーニは現実的な出来事を題材として，美しい旋律と劇的効果が一体となった作品を書いた。

ア　18	イ　19	ウ　20
エ　ピアノ	オ　バイオリン	カ　オルガン
キ　イギリス	ク　イタリア	ケ　ドイツ
コ　ハンガリー	サ　ポーランド	シ　ウィーン
ス　パリ	セ　アリア	ソ　ドイツ・リート
タ　交響曲	チ　交響詩	ツ　示導動機
テ　固定楽想	ト　標題	ナ　絶対
ニ　モーツァルト	ヌ　ベートーヴェン	ネ　ベルリオーズ
ノ　シューマン	ハ　ワーグナー	ヒ　バルトーク
フ　理性	ヘ　個性	

(1)　下線部Aについて，リストの管弦楽作品名を，次のa～eから1つ選び，記号で答えよ。

a　モルダウ　　b　フィンランディア　　c　海
d　レ・プレリュード　　e　禿山の一夜

(2)　下線部Bについて，現在確認されているシューベルトの歌曲数を，次のa～eから1つ選び，記号で答えよ。

a　約100曲　　b　約200曲　　c　約400曲　　d　約600曲
e　約1000曲

(3)　下線部Cについて，ショパンの手がけた性格的小品を，次のa～eから1つ選び，記号で答えよ。

a　マズルカ　　b　無言歌　　c　楽興の時　　d　ピアノ・ソナタ
e　謝肉祭

(4)　下線部Dについて，ヴェルディの歌劇(オペラ)作品名を，次のa～eから1つ選び，記号で答えよ。

a　魔弾の射手　　b　トスカ　　c　カルメン　　d　リゴレット
e　魔笛

【5】次のA～Dの文は，西洋音楽史についての説明文である。下の各問いに答えよ。

A　主観性や自由な思想，繊細な詩的感情を重んじるこの時代の音楽は，文学や他の芸術と結びついて多彩な表現力をもった。シューベルトは音楽と詩が深く結びついた芸術性の高い(　①　)を数多く作曲し，シューマンはピアノのもつ表現の可能性を拡大した。

B　長調や短調の調性組織が確立されていく中で，通奏低音を伴う合奏音楽が発展したこの時代，オペラでは名人芸的な歌唱力が人気を博し，(　②　)と呼ばれる簡単な伴奏付きの単旋律の歌曲もイタリアで生まれた。

C　ジョスカン・デプレやラッソなど，フランドル楽派の音楽家たちが活躍したこの時代に，多声声楽曲がいっそうの発展を見せた。宗教音楽の分野では，高度な対位法によって，華麗なミサ曲やモテットが作曲され，世俗音楽の分野では，フランスのシャンソンやイタリアの(　③　)など，独自の様式をもつ多声音楽が登場した。

D　主要な様式が多声音楽から和声音楽に変化したこの時代の音楽は，均整のとれた形式，明快なリズムや和声が好まれるようになった。(　④　)形式の確立によって器楽曲は著しく発展し，交響曲や協奏曲など多くのジャンルで用いられた。

(1)　A～Dの文に当てはまる西洋音楽史の時代区分を答えよ。

(2)　①～④に適する語句を答えよ。

(3)　A～Dを時代区分の古い順に並べよ。

【6】20世紀の音楽に関する次の説明文について，あとの各問いに答えよ。

音楽史における20世紀は，(　①　)の『牧神の午後への前奏曲』によって幕が開けられたと言われている。(　②　)主義と呼ばれる彼の音楽は，形式よりも音色や和音の響き自体が重視され，その独特な表現は(1)<u>同時代の作曲家たち</u>に少なからず影響を与えた。次いで，ストラヴィンスキーの『春の祭典』に代表される，(2)<u>強烈で新鮮なリズムによって力強い生命力を表現する音楽</u>が生まれた。

第一次，第二次の2つの大戦間には，音楽に新しい秩序を求める傾向が生まれた。まず(3)「フランス六人組」と呼ばれる作曲家たちによって，反ロマン主義・反(　②　)主義が唱えられ，(　③　)主義と呼ばれる音楽が生み出された。また(4)(　④　)は12音音楽の技法を確立し，弟子のベルクや(　⑤　)に受け継がれた。

第二次大戦後には，メシアンやブーレーズらによって12音音楽の音列技法の概念を拡張した(　⑥　)が誕生した。また，テクノロジーの発達によってミュジック・コンクレートや電子音楽が生まれた。

60年代前後には，ペンデレツキやリゲティらによって(5)トーン・クラスターの技法が発達した。一方，(6)ケージを中心とするアメリカの作曲家たちによって，偶然性・不確定性の音楽と呼ばれる音楽概念が生み出された。

60年代後半からは，(7)一定の短い音型を断続的に反復することによって生ずるズレや変化によって構成される(　⑦　)と呼ばれる音楽や，環境音楽，実験劇音楽などが生まれた。

(1)　文中①，④，⑤に当てはまる人物名をそれぞれ答えよ。

(2)　文中②，③，⑥，⑦に当てはまる語句をそれぞれ答えよ。

(3)　文中の下線部(1)のひとりで，〈ローマ三部作〉などの作品で知られるイタリアの作曲家名を答えよ。

(4)　文中の下線部(2)のような音楽は何主義の音楽と呼ばれているか，漢字で答えよ。

(5)　文中の下線部(3)の作曲家のうち3人を挙げよ。

(6)　文中の下線部(4)の3人の作曲家を「新ウィーン楽派」と呼ぶことがある。この呼称の由来となった「ウィーン楽派」に属する作曲家のうち3人を挙げよ。

(7)　文中の下線部(5)とはどのような音楽か，簡単に説明せよ。

(8)　文中の下線部(6)の人物が考案し，ピアノの弦に異物を装着して音を変化させる手法を何と呼ぶか。カタカナで答えよ。

(9)　文中の下線部(7)のような特徴は，アジアやアフリカの民族音楽の中にも見ることができる。これらのうち，大勢の男たちが「チャッ」

という声をさまざまなリズムで組み合わせて繰り返す，バリ島の声楽アンサンブルを一般に何と呼ぶか，カタカナで答えよ。

【7】次の文は中世及びルネサンス時代の音楽についての説明である。(①)から(⑧)にあてはまる最も適切な語句を答えよ。ただし，同じ数字の( )には同じ語句が入る。

中世ヨーロッパでは，教会での典礼儀式と結びついた単旋律聖歌が各地で独自に発展し，やがて(①)として統一された。その後ポリフォニーの音楽が生まれ，12世紀から13世紀にかけてパリで活躍した(②)楽派の音楽家たちは，その発展に大いに貢献した。

14世紀になると，それまでの音楽に代わって，新しい音楽の動きが起こった。ピリップ・ド・ビトリは著書の中で，この新しい芸術を(③)という言葉を用いて前代の古風な音楽と対比させた。特に，14世紀のフランスにおける最大の作曲家である(④)(1300頃～1377)は，その代表者として知られている。

15世紀の終わり近くから，音楽の中心，繁栄の地は(⑤) 一帯に移るようになる。(⑤)楽派に属する代表的な音楽家としては，オケゲム(1430頃～1495頃)，ジョスカン・デプレ(1440頃～1521)，そしてこの楽派最後の巨匠といわれる(⑥)(1532～1594)などを挙げることができる。

一方イタリアでは，(⑦)(1525頃～1594)の出現によりカトリックの典礼音楽が大きく発展した。また，イタリアと深い関係にあった(⑧)では，モラーレス(1500頃～1553)やビクトリア(1548頃～1611)などが現れて，宗教音楽の分野で大きな功績を残した。

【8】西洋の音楽について，次の各問いに答えよ。

(1) 次の①～⑪の項目は，古代・中世，ルネサンス，バロック，古典派，前期ロマン派，後期ロマン派，近代・現代のいずれと関連が深いか，番号で答えよ。

① 国民楽派　② 器楽曲の発展　③ 印象主義

④　コラール　　⑤　グレゴリオ聖歌　　⑥　ホモフォニー
⑦　吟遊詩人　　⑧　交響詩創始　　⑨　ソナタ形式確立
⑩　十二音技法　　⑪　調性組織確立

(2)　上の項目の①，③，⑧，⑩と関連の深い作曲家名を一人ずつ答えよ。

【9】次の文中の各空欄に適する語句を答えよ。

(1)　現代の音楽における同時性は，1910年頃リズムと調性との二つの領域で用いられるようになった。二つの違った調性の二つの旋律声部を始めから終わりまで使った最初の実例が，1908年にベーラ・バルトークが書いた「(　①　)」と名付けたピアノ作品の第1番である。また，古典のリズムの惰性の法則に支配されず，若い人たちに，同時に違ったリズムの次元で考えたり感じたりできるように教えたのは，スイス人，(　②　)であり，$\frac{4}{4}$拍子と$\frac{3}{4}$拍子の中で五つの音を均一の長さで奏するリズムが挙げられる。

(2)　ベートーヴェンの晩年の作品であるop.123の(「　③　」)は，ミサ曲の傑作の一つに数えられる。この作品は，ニ長調，5楽章からなり，1824年3月にペテルブルクで初演されている。宗教的な礼拝の音楽というより，交響曲のような趣のある作品である。

(3)　ドイツの歌曲であるリートは，広義には中世騎士歌謡や近世独唱歌曲などを含む。狭義には，19世紀を中心とするピアノ伴奏付き独唱叙情歌曲を指す。19世紀初めには，ウィーンで生まれた(　④　)によるロマン派リートの時代が始まる。通作リートの他，声とピアノによる感情を表現した情緒リート，複数リートを有機的に結合させた(　⑤　)などが開発され，「美しい五月に」を第1曲とする歌曲集(「　⑥　」)を作曲したシューマンと，53曲からなる「メーリケ歌曲集」を作曲した(　⑦　)などに受け継がれる。

(4)　17世紀中頃のフランスでは，ヴァージナルズ音楽家たちの大胆で力強い芸術についで，それとはまったく対照的な新しい鍵盤音楽の“(　⑧　)楽派”が起った。この楽派の創始者は(　⑨　)で，彼はリュート音楽の種々の特徴を優雅で洗練された作品に受け継いだ。この楽派の音楽様式は，(　⑩　)という音楽家で頂点に達した。彼の作品は，バッハ，ヘンデルからも高く称讃された。18世紀に入り，彼は細密画風の技法を用いて曲を書き，高雅で機智に富み，エレガントな魅力をもつものが多い。

【10】次の(1)～(5)で示した曲の作曲者を答えよ。また，それぞれの作曲者が属する音楽史上の時代区分を下の①～⑥から1つずつ選べ。

(1)　教皇マルチェルスのミサ

(2)　オラトリオ「メサイア」

(3)　ピアノ曲集「映像第1集」

(4)　ピアノ曲「クライスレリアーナ」

(5)　交響曲第101番「時計」

①　バロック　②　印象派　③　中世・ルネサンス

④　古典派　⑤　ロマン派　⑥　国民楽派

【11】次の文中の各空欄に適する語句を答えよ。

18世紀にイタリアで栄えた悲劇的な題材によるオペラを(　①　)，喜劇的内容のオペラを(　②　)という。フランスで起こった台詞の入ったオペラを(　③　)，19世紀にフランスの作曲家(　④　)によって黄金時代を築いた台詞中心の庶民的なオペラを(　⑤　)という。(　⑥　)は20世紀，アメリカで盛んになった大衆音楽劇で，(　③　)，(　⑤　)を踏襲し，さらにジャズ的要素が加わっている。作曲家であり指揮者でもある(　⑦　)作曲の「(　⑧　)」は「ロミオとジュリエット」を現代化したもので，屈指の傑作と言われている。その他，R.ロジャーズの「(　⑨　)」，A.L.ウェーバーの「(　⑩　)」も名作である。

18世紀，世俗的なオペラと分離し，宗教的内容の(　⑪　)が確立された。ヘンデル作曲の「(　⑫　)」，(　⑬　)作曲の「天地創造」などが有名である。(　⑪　)やミサは，キリエ，(　⑭　)，クレド，サンクトゥス，(　⑮　)の5章より構成される。

【12】次の西洋音楽史に関する(1)〜(6)の文章を読み，その音楽史区分を下の①〜⑥から1つずつ選び，番号で答えよ。また，その音楽史区分とほぼ同じ頃の日本の音楽に関することがらをあとのア〜クから1つずつ選び，記号で答えよ。ただし，(6)は音楽史区分のみを答えよ。

(1) 個性を重んじ，文字や詩と結びついて，形式にとらわれずに人間の感情を自由に表現する方向を目指した。

(2) 無調音楽や電子音楽，ヨーロッパ以外の音楽の要素や特徴を取り入れた音楽など，音楽にもいろいろな新しい試みが生まれた。

(3) 多声音楽が高度に発達し，活版印刷によって楽譜が普及した。

(4) 交響曲，独奏曲，協奏曲，弦楽四重奏曲などが完成する。

(5) オペラなどの劇音楽が誕生した。

(6) すでに楽器が用いられ，音階の研究も行われていたことが，残存する壁画などから分かる。

① ルネサンス　② 古代　③ バロック
④ ロマン派　⑤ 現代　⑥ 古典派

ア 人形浄瑠璃の誕生　イ 箏曲「千鳥の曲」
ウ 朝廷に雅楽寮設置　エ 常磐津節の誕生
オ 能楽の大成　カ 雅楽の日本化
キ 宮城道雄「春の海」　ク 琴を弾く埴輪

【13】次の文を読んで，あとの各問いに答えよ。

ハンガリーの音楽は多くの作曲家を魅了した。ハンガリー生まれのフランツ・リストは多くのピアノ曲を作曲したが，その中でもハンガリー民謡を取り入れた「ハンガリー狂詩曲」は特に有名である。同時期，ドイツ生まれの(　①　)も当時のハンガリーに魅力を感じ，四手連弾の21の曲集「(　②　)」を作曲した。これらの曲は，テンポの激しい変化，旋律の装飾，細かいリズムなどの特徴がある(　③　)というハンガリーの舞踊音楽や，当時ロマ民族の間で流行した(　④　)風の音楽で表現されている。スペイン生まれの(　⑤　)が作曲した「ツィゴイネルワイゼン」のツィゴイネルも(　④　)という意味であり，この題名の特徴を生かしているため，(⑥)奏者にとって超絶技巧が求められる難曲となっている。

(1) ①〜⑥にあてはまる語句を書け。

(2) ハンガリーの伝統的な民族楽器ツィンバロンを，簡潔に説明せよ。

(3) 民族音楽学者で，マジャール(ハンガリー)民謡の研究を行うとともに，収集した民謡に基づく国民的な音楽教育メソッドを創案したハンガリーの作曲者名を書け。

(4) ハンガリー生まれの民族音楽学者で，西洋芸術音楽の手法とハンガリー民謡を融合させて，ピアノ小品集「ミクロコスモス」などを作曲し，民族的新古典主義ともいうべき独自の様式を作り上げた作曲者名を書け。

【14】次の(1)〜(8)の文に該当する作曲家名を答えよ。

(1) ヴェネツィアのピエタ養育院に勤めていたヴァイオリンの名手で，500曲以上の協奏曲を作曲した。

(2) ベルギーで生まれフランスで活躍した作曲家で，オルガニストとしても卓越した技術を持っていた。代表作に交響曲ニ短調がある。

(3) バッハ，ベートーヴェンと並び，「ドイツ三大B」のひとりと称され，ドイツ古典派音楽の伝統を尊重した。

(4) 祖国を愛し，新たな国民音楽の創造を決意して，コダーイらと民謡の録音や採譜を長年にわたって続け，その研究は創作の源泉となった。

(5) ロマン派音楽の標題性を開拓した作曲家であり，標題音楽にふさわしい色彩感あふれる管弦楽法を生み出した。

(6) 古典派音楽の基礎を築いた作曲家で，100曲以上の交響曲を作曲した。「交響曲の父」とも呼ばれ，代表作にオラトリオ「天地創造」がある。

(7) 西洋の伝統的な作曲技法とロシアの民族性を融合させた作曲家で，交響曲第6番は最後の作品となった。

(8) 「近代ギター音楽の父」とも呼ばれている卓越したスペインのギ

ター奏者であり，作曲家でもある。

【15】次の(1)～(3)の舞曲の起源の国名をA群の中から，適切な説明をB群の中から選び，それぞれ番号で答えよ。

(1) bolero (2) polonaise (3) gavotte

〈A群〉

① フランス ② ドイツ ③ ポーランド
④ スペイン ⑤ イタリア

〈B群〉

① $\frac{6}{8}$拍子，もしくは$\frac{12}{8}$拍子の遅い舞曲で，後に器楽曲としても流行した。

② 2拍目から始まることが特徴であり，活気のある2拍子でバレエにも用いられた。

③ 緩やかな3拍子であり，2拍目にアクセントがあることが特徴である。

④ 緩やかな2拍子の宮廷舞踏であり，3拍子の速い舞曲との組み合わせも多い。

⑤ 中庸の速さの3拍子の舞曲であり，伴奏にカスタネットが使用されることがある。

解答・解説

【1】(1) ① 1685 ② アイゼナッハ ③ ケーテン ④ カントル兼音楽監督 ⑤ 平均律クラヴィーア曲集 ⑥ ゴルトベルク ⑦ 組曲 ⑧ フーガ (2) トッカータは即興的で速度がめまぐるしく変わる点。フーガは，細かいパッセージが多く，技巧的な点。 (3) 世俗カンタータ (4) カンタータ 第18番

解説 (1) バッハは音楽史上最重要人物の一人である。歴史や人物，職歴などはよく問われる問題。作品数はあまりにも多いが，有名な作品ぐらいは曲名，作曲経緯，編成は頭にいれておきたい。カントルは，音楽教師・教会音楽の作曲と演奏が職務。フーガは，当時「作曲といえばフーガ」を指すぐらい存在は大きかった。　(2)　誰しも一度は耳にしたことのある曲。もともと即興的な要素が強い音楽で，どのくらい速度を変化させるかはすべて奏者に任されていることが多い。
(3)　カンタータは17世紀イタリアのモノディから生まれた複数の楽章の，伴奏をもつ声楽作品である。　(4)　他にも31番61番などの傑作がある。

【2】(1)　a・f　(2)　メリスマ様式　(3)　作曲家：マショー　イ　グロリア　ウ　サンクトゥス　(4)　通模倣様式　ポリフォニー音楽の規範となる。　(5)　c　(6)　ガブリエリ

解説 パリときたらノートルダム楽派。ペロタンは著名な作曲家である。メリスマの他に，シラブル様式，ネウマ様式がある。マショーは作曲の他に作詞も行い，時代にあった作風が特徴。ジョスカン・デプレは，フランドル楽派最大の作曲家。ガブリエリは，イタリアの作曲家・オルガニスト。

【3】ア　国民楽派　イ　レクイエム　ウ　ソナタ形式　エ　リート(ドイツリート)　オ　総合芸術　カ　フーガ　キ　通奏低音　ク　12音技法　ケ　ハープシコード　コ　アイーダトランペット(トランペット)

解説 (2)　レクイエムは通常六部構成で，冒頭に〈レクイエム・エテルナム(永遠の安息を)〉の歌詞があることからこの名で呼ばれる。有名なものに，モーツァルト，ヴェルディ，フォーレらの作品があり，教会の典礼の歌詞とは異なるものにブラームス「ドイツ・レクイエム」やブリテンの「戦争レクイエム」がある。　(9)　チェンバロよりも古い頃に使われた小型の同じ種類のものに，ヴァージナル(英)，スピネット(英)がある。

【4】①　ヌ　②　イ　③　ナ　④　ト　⑤　ネ　⑥　テ　⑦　チ　⑧　ソ　⑨　ノ　⑩　ヘ　⑪　エ　⑫　サ　⑬　ス　⑭　ケ　⑮　ハ　⑯　ク　(1)　d　(2)　d　(3)　a　(4)　d

解説 歴史問題は，時代，作曲家，曲種あたりからまとめて問われることが多い。必ず，キーワードに関連して問われているので，～なら～というようにセットで覚えておくこと。選択肢があるため，容易であろう。

【5】(1)　A　ロマン派(前期ロマン派)　B　バロック　C　ルネサンス　D　古典派　(2)　①　リート(ドイツリート，歌曲)　②　モノディー　③　マドリガル　④　ソナタ　(3)　C→B→D→A

解説 西洋音楽史の概略で本問の程度までは正答したいもの。ただし，記述式解答のため，②のモノディーや③のマドリガル(マドリガーレ)がやや難しい。なお，③はフランスのシャンソンの説明に続いているので，イタリアのカンツォーナ(カンツォーネ…16世紀イタリアの世俗的多声音楽)も正答となるであろう。

【6】(1)　①　ドビュッシー　④　シェーンベルク　⑤　ヴェーベルン　(2)　②　印象　③　新古典　⑥　ミュージックセリエル　⑦　ミニマル・ミュージック　(3)　レスピーギ　(4)　原始主義　(5)　ミヨー　プーランク　オネゲル　など　(6)　ハイドン　モーツァルト　ベートーヴェン　など　(7)　密集する音群を指す。半音より細かい音などを多量に密集した音響部を指す。　(8)　プリペアード・ピアノ　(9)　ケチャ

解説 (1)　ドビュッシーはフランス音楽に欠かせない作曲家。シェーンベルクは，12音技法を創始した。　(2)　各派は，歴史の位置づけと音楽の方向性によって区別される。社会や美術の歴史概念とは多少年数が一致しないことがあり，音楽独自の年数や区分として理解すること。(3)　ローマの松，噴水，祭の三部作。　(4)　芸術全般に使われるが，自然な状態や理想とされる状態を指す。　(5)　他には，デュレ，タイユフェール，オーリック。　(6)　18世紀，19世紀にウィーンで活躍した音楽家を指す。　(7)　半音より細かい音律，微分音程などを一定の間に多量に配置する。　(8)　現代音楽で使われるが，音色などの効果はある反面，ピアノへのダメージが少なからずあり，専用のピアノが必要である。　(9)　集団舞踏とその音楽を指す。複雑なポリリズムが特徴。

【7】① グレゴリオ聖歌　② ノートルダム　③ アルスノヴァ　④ ギヨーム・ド・マショー　⑤ フランドル　⑥ ラッスス　⑦ パレストリーナ　⑧ スペイン

解説 「ポリフォニー」や「新しい音楽」といったキーワードや重要である。音楽史を問う問題に多い言葉である。音楽史は，作曲家はもちろん，その代表曲やその時代の重要な発展事項などが問われるため，確実におさえたい。

【8】(1) 古代・中世：⑤⑦　ルネサンス：④　バロック：②⑪　古典派：⑥⑨　前期ロマン派：⑧　後期ロマン派：①　近代・現代：③⑩　(2) ① スメタナ，リムスキーコルサコフなどから一人　③ ドビュッシー，ラヴェル，イベールなどから一人　⑧ リスト　⑩ シェーンベルク，ベルク，ウェーベルン，ベリオ，ストラヴィンスキーなどから一人

解説 楽派は，音楽史上たくさん出てくる上に覚えづらい項目でもある。ロシアの国民楽派などもそうであるが，どれも歴史上のキーワードとして出てくるものである。問題によっては，「説明せよ」というように問われたり，歴史順に並べ替えたりと問われることがある。要注意。

【9】① 14のバガテル　② ダルクローズ　③ 荘厳ミサ　④ シューベルト　⑤ 連作リート　⑥ 詩人の恋　⑦ ヴォルフ　⑧ クラブサン　⑨ シャンボニエール　⑩ フランソワ・クープラン

解説 (1) バルトークはコダーイと共に進めた〈マジャール民謡〉の収集と研究が作曲への道の基礎になったといわれる。ピアノ曲では「ミクロコスモス」6巻・153曲が知られる。ダルクローズはリトミック(律動的調和の意味)の創案で有名。　(2) 〈荘厳ミサ〉はミサ・ソレムニスと呼ばれる。ベートーヴェンの作品が最も有名。　(3) ロマン派のドイツ・リートの極致と評されるのがヴォルフの歌曲で，歌曲作品は300曲にのぼり，〈メーリケ歌曲集〉，〈アイヒェンドルフ歌曲集〉，〈スペイン歌曲集〉など多数。　(4) クラブサンは仏語で，伊語ではチェンバロのこと。フランスの17～18世紀の宮廷音楽で〈クラブサン楽派〉

と呼ばれ，この楽器の演奏・作曲が盛んになった。シャンボニエール，ラモー，そしてその絶頂をもたらしたのがクープランといわれる。

【10】(1) パレストリーナ ③ (2) ヘンデル ① (3) ドビュッシー ② (4) シューマン ⑤ (5) ハイドン ④

解説 (1) パレストリーナはルネサンス後期・ローマ楽派を代表するイタリアの作曲家。パレストリーナ様式と呼ばれる古典的対位法の無伴奏合唱様式を確立させた。 (3) ピアノ曲集「映像」は第1集と第2集があり，それぞれ3曲からなる。 (4) 「クライスレリアーナ」はシューマンの8曲からなるピアノ曲。

【11】① オペラ・セリア ② オペラ・ブッファ ③ オペラ・コミック ④ オッフェンバック ⑤ オペレッタ ⑥ ミュージカル ⑦ L.バーンスタイン ⑧ ウエストサイド ストーリー ⑨ サウンド・オブ・ミュージック など ⑩ キャッツ など ⑪ オラトリオ ⑫ メサイア など ⑬ ハイドン ⑭ グローリア Gloria ⑮ アニュス・デイ Agnus Dei

解説 イタリア・オペラとフランス・オペラの違い，ミュージカル，そしてオラトリオとミサ曲についての出題である。 ① オペラ・セリア―セリアは「まじめな」の意で，〈正歌劇〉と訳し，オペラ・ブッファに対してそれ以前のオペラを指す。神話や英雄の題材が多く，レチタティーヴォとアリアが中心で重唱や合唱はあまり用いられない。18世紀イタリア(ナポリ)オペラ。 ② オペラ・ブッファ―コミックで諷刺的要素が多く，オペラ・セリアと対にある。ブッファは「からかう」の意で，喜歌劇とも訳すが，オペレッタやオペラ・コミックとは違う。ペルゴレージの「奥様女中」,「フィガロの結婚」,「ドン・ジョヴァンニ」,「セビリアの理髪師」など。18世紀イタリア(ナポリ)オペラ。 ③ オペラ・コミック―フランスで18世紀後期に始まった対話のせりふを交えた歌劇で，コミカルな内容に限られていたが，その後せりふの入ったオペラ全般を意味するようになった。「カルメン」,「マノン」など。グランド・オペラ(19世紀フランスのせりふを含まず悲劇的な内容が多い)と対をなす。 ⑤ オペレッター「軽いオペラ」

を指し，イタリアのオペラ・ブッファを起源とする。セリフが多くラブロマンスなど笑いの要素を多く含み19世紀後半に確立。「天国と地獄」，「こうもり」，「メリーウィドー」など。 ⑭～⑮ ミサの通常式文(典礼文・祈祷・聖歌)の聖歌5つ〔キリエ，グローリア，クレド，サンクトゥス，アニュス・デイ〕は覚えておきたいもの。

【12】音楽史区分：日本の音楽 (1) ④：イ (2) ⑤：キ (3) ①：オ (4) ⑥：エ (5) ③：ア (6) ②

解説 西洋と日本の音楽史それぞれの歴史背景を考察し，時代ごとの特徴・様式・主な分野・作品・楽器・人物など総合的に研究しておくことが必要である。

【13】(1) ① ブラームス(ヨハネス・ブラームス) ② ハンガリー舞曲 ③ チャルダーシュ(チャルダッシュ) ④ ジプシー ⑤ サラサーテ ⑥ ヴァイオリン(バイオリン) (2) この楽器は木で出来ていて，形はふたのない台形の箱形の形をしている。平らに置いたその箱の中には鉄製の線がピアノの弦のように横に何本も張られていて，その弦を棒の先端にフェルトの貼られた2本のバチで叩いて音を鳴らす。音はピアノの弦をマレットで叩いた時のような弦特有の音が出る。類似した楽器には，中国の楊琴，ヨーロッパのダルシマーなどがある。 (3) コダーイ(コダーイ・ゾルターン) (4) バルトーク(バルトーク・ベーラ・ヴィクトル・ヤーノシュ)

解説 ハンガリー音楽を題材とした作品を作曲した作曲家に，サラサーテ，ラヴェル，コダーイ，ヴェルディ，ビゼー，ヨハンシュトラウスⅡ世などがいる。ロマの音楽ではチャルダーシュと呼ばれ，遅→速と速度が変化するものが主流である。そこではツィンバロン，バイオリン，クラリネットなどが音楽を担当し，踊り手が速度の変化に合わせて踊ることが多い。ロマという呼称は，北インドに起源を持つ移動生活型の民族を起源とし，ヨーロッパ全体に散らばっている。また，長い年月の間に各地でアイデンティティーが異なってきたため，ロマという言葉を使用せず固有の名称を持つグループが多数ある。

【14】(1) アントニオ・ヴィヴァルディ (2) セザール・フランク

(3)　ヨハネス・ブラームス　　(4)　ベーラ・バルトーク　　(5)　エクトル・ベルリオーズ　　(6)　ヨーゼフ・ハイドン　　(7)　ピョートル・イリイチ・チャイコフスキー　　(8)　フランシスコ・タレガ

解説 鑑賞教材に扱われる主な作曲家と作品以外に，各作曲家の生い立ちや時代の位置付け，音楽的特徴(時代を考慮した作風)，また楽曲の鑑賞を行っておきたい。

【15】(1)　A群：④　　B群：⑤　　(2)　A群：③　　B群：③
(3)　A群：①　　B群：②

解説 これらは代表的な舞曲である。さらにアルマンド・エコセーズ・クーラント・サラバンド・パスピエ・マズルカなど地域，歴史上多種のスタイルがある。それぞれの起源や特徴も知っておきたい。

音楽科マスター 日本の音楽

●POINT

「和楽器の指導については，3学年間を通じて1種類以上の楽器を用いること。」と示されている従来の学習指導要領に比べ，新学習指導要領では「1種類以上の楽器の表現活動を通して…」と改訂されたその違いを確認しておきたい。改訂では和楽器を用いるのは当然のこととして「その演奏を通して」の意味であり，「その表現活動を通して，生徒が我が国や郷土の伝統音楽のよさを味わうことができるよう工夫すること。」と踏み込んだ目的が示されていることに留意したい。

日本の伝統音楽史と西欧音楽史を比較すると，日本の近世(江戸)時代がかなり古く，しかも長かったことがわかる。江戸幕府(1603)とバロック時代の開始(オペラ誕生など)がほぼ同じ。「六段の調べ」で知られる近世箏曲の祖・八橋検校(1614～1685)が死去の年に，J.S.バッハ及びヘンデルが生まれている。ピアノの発明(1709，クリストフォリによる)は元禄文化(義太夫節など)より後のこと。J. S. バッハの死(1750)とバロック音楽終了は江戸中期である。ロマン派は江戸後期に該当し，ショパン，シューマン生誕(1810)の頃は長唄，箏曲，地歌が全盛であった。

●日本の代表的民謡

1. 地図に見る民謡の発祥地

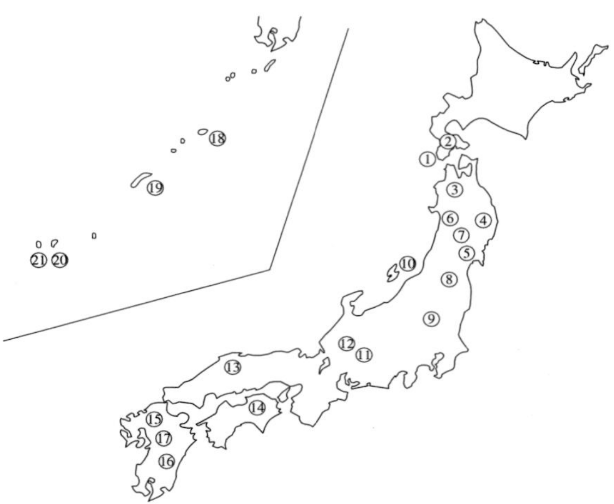

2. 各民謡のスコア

3. 日本の代表的民謡

①江差追分	北海道	追分様式の代表的民謡。松前追分などともいう。
②ソーラン節	北海道	ニシン漁の作業歌〈ソーランソーラン〉の掛声が曲名。
③じょんがら節	青森県	津軽三味線伴奏の宴席，盆踊歌。一種の口説。
④南部牛追歌	岩手県	道中歌。追分様式。音階は律音階の変種。
⑤さんさ時雨	宮城県	祝儀歌。座の一同が手拍子を打ちながら歌う。
⑥秋田おばこ	秋田県	仙北郡地方で歌われる。庄内から伝わる。
⑦花笠踊	山形県	昭和に改編された踊りつき民謡。
⑧会津磐梯山	福島県	本来は盆踊歌。レコード化され，今日の名称となる。
⑨八木節	群馬県・ 栃木県	樽を打ちながら歌う口説。《国定忠治》が有名。
⑩佐渡おけさ	新潟県	盆踊歌。県下にあるおけさの中で，最も有名な曲。
⑪木曽節	長野県	盆踊歌。《御嶽山節》を大正時代に改めて広めた。
⑫こきりこ節	富山県	こきりこという2本の棒を打ち踊る踊歌。
⑬関の五本松	島根県	酒席歌。舟の目印になる5本の松を歌う。
⑭金毘羅船々	香川県	座敷歌。讃岐の金刀毘羅宮詣を歌う。幕末から流行。
⑮黒田節	福岡県	黒田藩で歌われる。旋律は《越天楽今様》。
⑯刈干切歌	宮崎県	山で萱を刈る歌。音階は律音階の変種。
⑰五木の子守歌	熊本県	子守小女の嘆きの歌。音階は律音階の変種。
⑱朝花節	鹿児島県	奄美大島の祝儀歌。挨拶歌として歌われる。
⑲かぎゃで風節	沖縄県	祝儀の席でいちばんはじめに歌われる祝歌。
⑳赤馬節	沖縄県	八重山民謡。祝儀の席で，歌われる。
㉑安里屋ユンタ	沖縄県	八重山民謡。古いユンタという労働歌を改作した曲。

問題演習

【1】次の文を読み，下の各問いに答えよ。

Ⅰ　能「(　①　)」は，「義経記」を素材とした作品で，前半は源義経との別れの酒宴で静御前が舞を舞い，後半は壇ノ浦で敗れた平知盛の怨霊が義経に襲いかかるという変化に富んだ能で，一人のシテが静と知盛の対照的な二役を演じる。

Ⅱ　薩摩琵琶「(　②　)」は，西郷隆盛が起こした西南の役に題材をとり，勝海舟が作詞した作品で，語りの合間に，大型の撥で勢いよく琵琶をかき鳴らす演奏技法に特徴がある。

Ⅲ　箏曲「春の海」は，(　③　)と箏による二重奏曲で，瀬戸内海を船で旅行した際に聞いた波の音や鳥の声，漁師の舟唄などの印象を表現したものといわれている。

Ⅳ　長唄は(　④　)音楽の一つで，歌舞伎の音楽として発達したため，舞踊伴奏音楽としての性格が強い。長唄「京鹿子娘道成寺」は，道成寺の鐘にまつわる安珍と清姫の因縁伝説を主題とする能の「道成寺」に基づいたものである。

Ⅴ　(　⑤　)「胡蝶」は，四人の舞童が舞う童舞で，天冠に山吹の花をさし，背中には蝶の羽を負い，手には山吹の花枝を持って舞う。

(1)　(　①　)～(　⑤　)に当てはまる語句を次のア～セから1つずつ選び，記号で答えよ。

ア	羽衣	イ	田原坂	ウ	篳篥
エ	越天楽	オ	深山桜及兼樹振	カ	尺八
キ	城山	ク	勧進帳	ケ	雅楽
コ	三味線	サ	安宅	シ	能管
ス	船弁慶	セ	浄瑠璃		

(2)　Ⅰ～Ⅴの作品の作者を次のa～fから1つずつ選び，記号で答えよ。

a	藤原忠房	b	宮城道雄	c	観世信光
d	西幸吉	e	近松門左衛門	f	初世杵屋弥三郎

(3)　Ⅰ～Ⅴの作品が作曲された時代を日本の時代区分で答えよ。

【2】次は日本歌曲に関する説明文である。下の各問いに答えよ。

日本人によって作られた歌曲作品は西洋音楽の模倣から始まり，(　ア　)の特性と伝統的な感覚の表出を求め，今日まで幾多の経験を経て変化・発展を遂げてきた。1900年(明治33年)ごろに作られた滝廉太郎の「(　イ　)」を含む組歌「四季」や「(　ウ　)」は，その第一歩を記した作品である。日本の歌曲が本格化したのは，a山田耕筰と信時潔の業績が大きい。特に山田耕筰は，近代の西洋音楽の技法を駆使しながら日本語の(　エ　)から導き出した旋律法を開拓し，芸術性の高い多数の歌曲を作り上げた。山田耕筰と同じ世代の本居長世，中山晋平，弘田龍太郎，(　オ　)らは，当時の童謡運動や新日本音楽運動に関連して優れた作品を生み出し，日本の声楽曲の発展に寄与した。次いでフランス印象主義の影響を受けた橋本国彦，民謡を基礎とした作風の平井康三郎などが多くの歌曲を作った。第二次世界大戦後は，團伊玖磨やb中田喜直をはじめ多くの作曲家が優れた歌曲を発表している。現代では，調性を重視した伝統的な作品から実験的な作品まで多様化しつつ発展を続けている。

(1)　(　ア　)～(　オ　)に入る適語を次の□から選んで答えよ。

雅楽	リズム	民謡	抑揚	椰子の実
日本語	荒城の月	花	成田為三	ふるさと
芥川也寸志				

(2)　下線aの代表的な歌曲の作品名を1つ答えよ。

(3)　オの代表的な歌曲「浜辺の歌」の歌い出し4小節の旋律をFdurで書け。

(4)　下線bの父である中田章の代表的な歌曲の作品名を1つ答えよ。

【3】日本の伝統音楽について，次の各問いに答えよ。

(1) 大鼓（おおかわ）や小鼓（こつづみ）などを演奏する際に，よく奏者が掛け声のような声を出している。この声は，何のために発しているか，書け。

(2) 能や歌舞伎などで使われる笛で，能管（のうかん）と呼ばれる横笛がある。この楽器は，わざと正確な音程を出せなくするように作られている。この能管はどのようなことを表現するのに使われるか，説明せよ。

(3) 文楽の表現は『三業一体（さんぎょういったい）』と言われる。その『三業一体』について説明せよ。

【4】日本の音楽に関する次の各問いに答えよ。

(1) 我が国の省庁内において，現在も雅楽の保存・演奏・研究などに携わっている部局がある。その名前を省庁名を含めて答えよ。

(2) オーケストラ(管弦楽)と雅楽では，いずれも弦楽器が用いられるが，その役割が違う。役割の違いを説明せよ。

(3) 箏，三味線，尺八はいずれも中国から伝来した楽器である。この3つの中で，日本への伝来が最も新しい楽器はどれか。その楽器名と，その楽器が最も盛んに用いられた時代を答えよ。

(4) 歌舞伎の長唄で主に用いられる三味線と，文楽で主に用いられる三味線の違いについて説明せよ。

(5) 明治時代に，西洋音楽を基盤とした我が国の音楽教育を形成するための取組が始められた。明治12年に当時の文部省内に設置され，このことに大きな役割を果たし，のちに東京音楽学校へとなった部署の名前を書け。

(6) 次の①～③の民謡が伝えられている地方名を，それぞれ都道府県名で答えよ。

① ソーラン節　② 刈り干し切り歌　③ 安来節

【5】我が国の伝統音楽について，次の各問いに答えよ。

(1) ①～⑤の伝統音楽でよく取り上げられる作品を，あとのア～クから1つずつ選び，記号で答えよ。

① 尺八曲　② 能楽　③ 雅楽　④ 箏曲　⑤ 長唄

ア　越天楽　イ　十三の砂山　ウ　五段砧

エ　枯野砧　オ　羽衣　カ　京鹿子娘道成寺

キ　鹿の遠音　ク　城山

(2) 義太夫節について，次の①〜③に答えよ。

① 義太夫節を創設した人物の名前を漢字で書け。

② 義太夫節で使用される三味線の種類をア〜ウから1つ選び，記号で答えよ。

ア　細棹　イ　中棹　ウ　太棹

③ 太夫が語る曲節を3種類書け。

(3) 平曲について説明せよ。

【6】次の各問いに答えよ。

(1) 室町時代に，能を大成させた父子二人の名前を答えよ。

(2) 能とともに上演される，日本最初の喜劇を何というか答えよ。

(3) 我が国の伝統的な音楽・舞踊の一種で，江戸時代までは宮廷の貴族社会や大きな社寺などを中心に伝承され，現在は宮内庁を中心に伝承されている音楽を答えよ。

(4) 尺八音楽の代表的な流派を2つ答えよ。

【7】雅楽「越天楽」において，次のA〜Dの役割は，下の①〜⑦のどの楽器が担当するか，当てはまる番号をすべて答えよ。

A　和音を担当　B　リズムを担当　C　旋律を担当

D　伴奏を担当

① 笙　② 龍笛　③ 楽琵琶　④ 鞨鼓　⑤ 楽太鼓

⑥ 篳篥　⑦ 楽箏

【8】次の文は，日本の民謡に関する説明である。あとの各問いに答えよ。

民謡は，人々のいろいろな生活の場面で，昔からずっと歌い継がれてきた歌である。ある土地に固有な歌と，広い地域に広まって，変化しつつ歌われている歌がある。

種類　〈ア仕事歌〉〈イ祝い歌〉〈ウ盆踊歌〉〈子守歌〉など歌われる場面で分類され，子供の歌は〈わらべ歌〉と呼ばれる。作詞・作曲者が明らかな「ちゃっきり節」などの歌は，伝承歌とは区別して〈新民謡〉とも呼ばれる。

音階　いわゆる民謡音階が多い。エ都節音階，オ律音階，沖縄音階などもあるが，伝承歌では自由に歌う旋律が組み合わさってできているため，一つの音階に当てはまらない場合も少なくない。一般的に陽音階，陰音階という言い方もある。

(1)　次のa～eは下線部ア～ウのいずれに分類できるか。あてはまるものを1つずつ選び，記号で答えよ。またa～cはそれぞれどこを代表する民謡か。あてはまる都道府県名を答えよ。

a　刈干切歌　　b　木曽節　　c　斎太郎節　　d　さんさ時雨

e　南部牛追歌

(2)　下線部エ，オの音階を上行形のみ全音符で書け。ただし，書き始めの音は一点ハとする。

(3)　小泉文夫らは，民謡を音楽的側面から八木節様式と追分様式とに分ける考え方を示している。追分様式とはどのようなものか，簡潔に説明せよ。

【9】次の文は，雅楽についての説明である。文中の各空欄に適する語句を答えよ。

雅楽には，管絃と(　①　)がある。管絃は，雅楽の楽器だけで合奏する楽曲で舞はない。楽器には，吹きもの，弾きもの，(　②　)ものがある。雅楽「越天楽」で使われている楽器は，吹きものにはひちりきや(　③　)・(　④　)，弾きものには楽箏や(　⑤　)，(　②　)ものには(　⑥　)や太鼓・(　⑦　)が使われている。

管絃の演奏に指揮者はいない。おおよそのテンポを決めたり，終わりの合図を送ったりするのは(　⑥　)の奏者である。

【10】次の記述は，日本の伝統音楽に関する説明文である。文中の各空欄に適する語句を答えよ。

能の声楽は「謡」と呼ばれ，旋律的な「フシ」と，台詞に相当する「コトバ」からなっている。能の発声法は，観阿弥，(　①　)の登場(六百数十年前)以前から伝わってきた，日本の歌を伴う多くの芸能の影響を受けて，現在の形になった。

能の声楽の分野(パート)はシテ，ワキ，狂言の人たちが担当し，みなそれぞれの分野にふさわしい発声法を確立している。また，各分野の流儀によっても発声に微妙な違いがあるが，発声の基本は世界の多くの声楽がそうであるように(　②　)で謡われる。

西洋音楽の声楽曲との一番の違いは，絶対音が存在しないことである。すなわち，上演曲が西洋音楽のような調性の概念がなく，各役を演じる役者(シテ，ワキ，狂言)の得意な音高が，その日の上演曲の各パートの基本の音高になる。しかし，おおむね静かな悲しい曲は少し低めに，華やかでにぎやかな曲は少し高く音高をとる。

「謡」の発声法(謡い方)には大きく分けて(　③　)，(　④　)の二種類がある。(　③　)は(　①　)の時代から伝わる比較的柔らかな発声で，メロディの動きの幅が広いのが特徴である。(　④　)は強さや喜びを伝える謡い方で，メロディはあえて音高を広く取らず一本調子のように謡うが，声の強い息づかいと気迫を伝える場面で効果を発揮する。

三味線は，(　⑤　)から(　⑥　)を経て16世紀中頃に日本へ伝わった楽器が改良されたものである。(　⑦　)時代に，人形浄瑠璃や(　⑧　)の伴奏をはじめさまざまな三味線音楽が隆盛し，今日に至っている。太棹(義太夫，津軽三味線など)から細棹(長唄，小唄など)まで多様なものがあり，ジャンルによって使い分けられているほか，駒の大きさや構造，撥の形なども用途に応じて使い分けられる。

一の糸は上駒に乗っておらず，サワリ山に触れさせることによりビーンという独特の共鳴音が生み出される仕掛けになっている。この仕掛けは(　⑤　)のサンシェン(三弦)や(　⑥　)の三線にはない。近年，ねじによって調節できるものも使われている。

主な特殊奏法には撥を上にすくい上げるスクイや左手の指で弦をはじくハジキ，左手をスライドさせる(　⑨　)，撥で弾かずに左手の指で打つウチなどがある。

箏は，奈良時代に(　⑤　)から伝わった楽器で，雅楽の中で使われた。(　⑦　)時代になって八橋検校により今日の箏曲の基礎が形づくられた。日本の伝統音楽では，おもに記録のための楽譜はあったが，学習にあたっては「唱歌」という方法によっていた。これはリズムや奏法などを擬音化して唱えるもので，箏では「ツン・ツン・テーン」のように唱えながら演奏を伝承してきた。伝統的な楽譜では弦名を記すなどの奏法譜が一般的であったが，(　⑩　)以降，五線譜のリズムの書き方を参考にしたものも使われるようになった。

【11】日本音楽について，次の各問いに答えよ。

(1)　以下の日本音楽の用語の読みを，ひらがなで書け。また，江戸時代のものはどれか。1つ選び，記号で答えよ。

ア　田楽　　イ　箏曲　　ウ　催馬楽　　エ　平曲　　オ　神楽歌

(2)　江戸時代禅宗の一派の宗教音楽として普及し，一般の使用は禁止されていた楽器名を答えよ。

(3)　平安時代に制定された日本の宮廷音楽の総称を何というか答えよ。

(4)　室町時代末期，沖縄を経て本土に伝来し，江戸時代に大きな役割を果たす事になる楽器名を答えよ。

(5)　明治5年の学制で小学校に設けられた音楽の教科名を答えよ。

【12】次の文章は，日本の音楽について説明したものである。文中の各空欄に適する語句を答えよ。

日本の伝統音楽の一つである「能楽」は，(　①　)と(　②　)の二つを総称して言う。(　③　)時代に(　④　)から伝わった散楽が(　⑤　)時代に(　⑥　)となり，さらに充実して(　⑦　)時代に能楽へ発展していったといわれている。(　①　)は主役が(　⑧　)をつける場合が多く，

(⑨), (⑩)父子により大成された。

『浄瑠璃』は(⑦)時代に人気を博した語り物からこう呼ばれるようになり, (⑪)を伴奏に取り入れてから発展し様々な浄瑠璃が生まれた。その中の一つに(⑫)節があり, 竹本(⑫)や(⑬)らが(⑭)などの様々な作品を残した。

【13】次の文を読み, 下の各問いに答えよ。

歌舞伎は, 日本の伝統的な演劇の一つで, (①)・舞踊・演技が一体となって成り立っている。(②)時代の初めに出雲の(③)が始めた「かぶき踊り」がもとになっている。

江戸時代に舞踊とともに発達した(④)は, 唄, (⑤), 囃子によって舞台上で演奏される音楽である。また, 舞台下手にある黒御簾と呼ばれる小部屋の中で演奏される音楽もある。

歌舞伎の作品は, その内容によって「(⑥)物」「(⑦)物」に分類される。前者は武家社会や王朝を舞台としており「菅原伝授手習鑑」「忠臣蔵」「義経千本桜」などが有名である。後者は庶民を主人公にしたもので, (⑧)作の「曽根崎心中」, 鶴屋南北作の「(⑨)怪談」などが人気を博している。また, (⑩)家に伝わる演目を歌舞伎十八番と呼んでおり有名なものに「勧進帳」がある。

(1) 文中の①～⑩にあてはまる語句を, 次のア～ツから1つずつ選び記号で答えよ。

ア 三味線	イ 室町	ウ 時代	エ 能楽
オ 江戸	カ 文楽	キ 近松門左衛門	ク 雪舟
ケ 阿国	コ 義太夫	サ 河竹黙阿弥	シ 長唄
ス 東海道四谷	セ 音楽	ソ 市川團十郎	
タ 中村勘三郎	チ 世話	ツ 琵琶	

(2) 文中の下線部菅原伝授手習鑑の読み方をひらがなで書け。

(3) 文中の下線部黒御簾と呼ばれる小部屋の中で演奏される音楽について説明せよ。

(4) 歌舞伎とオペラは同じころ誕生したといわれているが, オペラが誕生した国名，中心となった文化人グループの名前をそれぞれ答えよ。

【14】次にあげる日本の伝統的な音楽について，下の各問いに答えよ。

① 尺八曲　② 義太夫節　③ 長唄
④ 箏曲　⑤ 雅楽　⑥ 能

(1) それぞれの代表作を次のア～カから1つずつ選び，記号で答えよ。

ア 木遣の段　イ 羽衣　ウ 越後獅子
エ 巣鶴鈴慕　オ 胡蝶　カ 乱輪舌

(2) ①の和楽器には次のような演奏技法がある。それぞれの奏法名を答えよ。

a 息を強く吹き入れて雑音的な音を出す。
b あごをつき出すようにして高めの音を出す。
c あごを引いて低めの音を出す。

(3) ②の義太夫節と阿波踊り(よしこの節)で使われる三味線には違いがある。それぞれの種類を答えよ。

(4) ④の分野で平調子という調弦法や段物などの形式を確立し，箏の基礎を確立したといわれている箏曲家の名前を漢字で答えよ。

【15】次の楽譜は日本の民謡を採譜したものである。それぞれの民謡名を答えよ。

(1)

(2)

(3)

(4)

解答・解説

【1】(1) ① ス　② キ　③ カ　④ コ　⑤ ケ
(2) Ⅰ c　Ⅱ d　Ⅲ b　Ⅳ f　Ⅴ a　(3) Ⅰ 室町　Ⅱ 明治　Ⅲ 昭和　Ⅳ 江戸　Ⅴ 平安

解説 中世から近代へかけての日本の伝統音楽に関する文章である。時代区分別にまとめておくと，より理解を深めることができる。

【2】(1) ア 日本語　イ 花　ウ 荒城の月　エ 抑揚　オ 成田為三　(2) 待ちぼうけ　この道　赤とんぼ　からたちの花　などから1つ

(3)

(4) 早春賦

解説 1900年頃からの日本の歌曲の歴史に関する記述で，(1)は冷静に文を読んで選ぶ語を考えれば易しく正答できる。 (2)は解答以外にも，「ペチカ」，「砂山」，「かやの木山の」などがある。 (3)・(4)は中学校教科書に載っている曲である。

【3】(1) 解説参照　(2) 言葉や呪文　(3) 太夫，三味線弾き，人形遣いが一体となること。

解説 (1) 掛け声には，拍数やテンポ，タイミングを知らせるシグナルの役割と「位」「ノリ」といわれる感情を表現するサインの役割がある。大鼓の唱歌は「ツ」「チョン」「ドン」の三種類。稽古の時は，「ヤァー」「ス」「ム」などの掛け声と唱歌を合わせて，たとえば「ツ・チョン，ヤァー」のように声を出す。 (2) 謡という能独特の声楽曲に合わせるためには，旋律的に音律の整ったものではなく，言葉によく絡む独特な音が選ばれたためである。 (3) 人形浄瑠璃の一般的な呼称として文楽にみられる。

【4】(1)　宮内庁式部職楽部　(2)　オーケストラにおいて，弦楽器は中心的な役割を果たし，主に旋律を担当するが，雅楽において，弦楽器は主にリズム楽器として用いられ，伴奏を担当する。
(3)　楽器名：三味線　時代：江戸時代　(4)　歌舞伎の長唄で主に用いられる三味線は細竿三味線で，明るく華やかな音色である。文楽で用いられる三味線は太棹三味線で，太く落ち着いた音色である。
(5)　音楽取調掛　(6)　①　北海道　②　宮崎県　③　島根県

解説　日本音楽では，楽器の編成がそのジャンルの特徴ともなりうるため，種類と編成とを結びつけておくと分かりやすい。「音楽取調掛」は「おんがくとりしらべかかり」と読む。各地の民謡は，名前，楽譜，地域を一致させておくのが一般的である。

【5】(1)　①　キ　②　オ　③　ア　④　ウ　⑤　カ
(2)　①　竹本義太夫　②　ウ　③　詞，地合，色　(3)　平家琵琶ともいう。「平家物語」を琵琶の伴奏で語る音楽。

解説　(1)　ジャンルと作品とを結びつける問題。教科書に載っていないものもあるが，鑑賞ページに参考曲として名前が載っている場合もある。掲載の内容はすべて触れておくこと。　(2)　①　そのままであるが，義太夫節の重要人物。　②　中棹は便宜上の分類・呼び名なので注意。

【6】(1)　観阿弥　世阿弥　(2)　狂言　(3)　雅楽　(4)　琴古流　都山流　(「明暗流」も可)

解説　日本の伝統音楽，和楽器には数多くの流派が存在する。それは，時代と共に分岐したりなくなったり，変化してきた。現在残っている流派はそれぞれ数少ないため，どういう流派から始まり，現在はどの流派が残っていて，どの流派が主流なのか，ぐらいまで覚えておくと良い。

【7】A　①　B　④，⑤　C　②，⑥　D　③，⑦

解説　雅楽「越天楽」は〈管絃〉(合奏だけのもの)であり，楽器編成は三管(笙・龍笛・篳篥)，両絃(楽琵琶・楽箏)，三鼓(鞨鼓・釣太鼓・鉦鼓)と呼ばれる。①笙は17本の竹管を風箱の上に立て〈合竹(あいたけ)〉という和音を出す。

【8】(1)　a　ア　宮崎県　　b　ウ　長野県　　c　イ(アも可)　宮城県　d　イ　　e　ア

(2)　エ

オ

(3)　規則的な拍節をもたない自由リズムによる音楽様式で，メリスマが多いことが特徴である。

解説 民謡を地域と結びつける問題はよく出る。それが，五線の旋律や聴き取りになっても解答できるようにしておきたい。各都道府県1つずつは押さえておくように。音階は呼び方が異なるものもあるため，複数の名前で覚えておかなくてはならない。譜面と結びつける問題もある。日本音楽や民族音楽を説明させる問題は難易度が高いといっていいだろう。普段使い慣れない言葉を多用するため，一問一答だけでは対応できない。なお，(1)のd「さんさ時雨」は宮城県の，e「南部牛追歌」は岩手県の民謡である。

【9】①　舞楽　　②　打ち　　③　竜笛(または横笛)　　④　笙(しょう)　⑤　楽琵琶(または琵琶)　　⑥　鞨鼓(かっこ)　　⑦　鉦鼓(しょうこ)

解説 雅楽については中学校教科書にも載っており，この出題にも正答できるようにしておきたい。管弦の楽器編成は「三管(篳篥・竜笛・笙)」，「両絃(楽箏・楽琵琶)」，「三鼓(鞨鼓・釣太鼓・鉦鼓)」といわれる。

【10】①　世阿弥　　②　腹式呼吸　　③　弱吟　　④　強吟　⑤　中国　　⑥　沖縄　　⑦　江戸　　⑧　歌舞伎　　⑨　スリ　⑩　明治

解説 能(謡)，三味線，箏の歴史や演奏法に関する文章に入る適語を選ぶ設問であるが，おちついて適語を考えれば難問ではない。選ぶ語群がすべて正答につながり，答の数に合っているのがやりやすい。

【11】(1) ア でんがく イ そうきょく ウ さいばら エ へいきょく オ かぐらうた 江戸時代：イ (2) 尺八 (3) 雅楽 (4) 三味線 (5) 唱歌

解説 (1) 楽器としての〈箏〉は，雅楽に用いる〈楽箏〉など奈良時代からのものがあるが，「箏曲」とは俗箏による音楽の総称であり，八橋検校が俗箏の開祖といわれる。 (2) 尺八は，禅宗の一派の〈普化尺八〉として虚無僧により吹禅された。江戸中期の黒沢琴古を始祖とする〈琴古流〉や，明治時代に近代的な流派を立てた〈都山流〉(始祖は中尾都山)が有名である。 (4) 三味線の琉球経由の伝来は，永禄5(1562)年といわれ，それは信長の桶狭間の戦いの2年後である。この楽器を手にしたのは琵琶法師たちであり，改良され，バチを用いるようになった。 (5) 明治12(1879)年に文部省「音楽取調掛」設置，伊沢修二を中心に「小学唱歌集」が編集・発行された。

【12】① 能 ② 狂言 ③ 奈良 ④ 唐 ⑤ 平安 ⑥ 猿楽 ⑦ 室町 ⑧ 面 ⑨ 観阿弥 ⑩ 世阿弥(⑨⑩順不同) ⑪ 三味線 ⑫ 義太夫 ⑬ 近松門左衛門 ⑭ 曽根崎心中

解説 日本音楽については，重要な項目である。定義，歴史，名称，起源，可能性はどれもあるが，一通りの流れを覚えておくと対応が可能である。この問題はどれも有名どころで過去にも多く出題された項目である。

【13】(1) ① セ ② オ ③ ケ ④ シ ⑤ ア ⑥ ウ ⑦ チ ⑧ キ ⑨ ス ⑩ ソ (2) すがわらでんじゅてならいかがみ (3) 観客に姿を見せないで演奏する歌舞伎囃子。 (4) 国：イタリア 文化人グループ：カメラータ

解説 (1) 歌舞伎に限らず，日本音楽については頻度が高くなってきている。起源，分類，代表作は覚えておきたい。この問題は，歌舞伎の基本的な部分。選択肢もあることから確実に取りたい問題である。(2) 日本の音楽では，漢字の読みが特殊なものが多い。読めないものが出てきたら，必ず調べる癖をつけよう。天満宮で学問の神様として慕われている菅原道真の悲劇を柱に書かれた話で，歌舞伎の演目の中でも三大名作といわれるものの1つである。 (3) 舞台上手の袖や花道奥の揚げ幕の中で演奏することもある。劇音楽を担当し，幕開け，幕切れ，人物の出入り，しぐさ，せりふなどに演奏される。 (4) カメラータは，1580年頃からヴェルニオ伯宅に集まって文化運動を推進した文学者，音楽家，愛好家を指す。

【14】(1) ① エ ② ア ③ ウ ④ カ ⑤ オ ⑥ イ (2) a ムラ息 b カリ c メリ (3) 義太夫節：太棹三味線 阿波踊り：細棹三味線 (4) 八橋検校

解説 (1) ① 尺八曲→エ「巣鶴鈴慕」は琴古流の呼び方で，「鶴の巣籠」とも呼ばれる。尺八の本曲(尺八のために作られた曲)である。 ② 義太夫節→ア「木遣の段」は浄瑠璃の演目で，「三十三間堂棟由来」の中で演じられる。 ③ 長唄→ウ「越後獅子」は歌舞伎の長唄・舞踊で有名。 ④ 箏曲→カ「乱輪舌(みだれりんぜつ)」は八橋検校作曲と伝えられる。 ⑤ 雅楽→オ「胡蝶」は「胡蝶楽(こちょうらく)」という雅楽・高麗楽に属する舞楽。 ⑥ 能→イ「羽衣」は能。(2) 尺八の演奏技法の代表的なものである。 (3) 義太夫節や津軽三味線では，太棹が用いられる。徳島の阿波踊りでは細棹三味線で「よしこの節」を，急調に合わせて練り踊る。

【15】(1) 黒田節 (2) 斎太郎節 (3) ソーラン節 (4) こきりこ節

解説 民謡の採譜は，非常にわかりにくい面がある。本来きっちり記譜できないものが多いからである。音楽と楽譜を見比べたときそのでたらめさが多く目立つ。しかし，おおよその旋律ははっきり提示できるため，全国の有名な民謡は一通り楽譜をみておきたい。民謡の問題は，曲名を問うものと，地域を問うものの二種類が多い。

音楽科マスター

諸民族の音楽

●POINT

教採テストで解答に苦慮する分野として諸民族の音楽が挙げられる。身近な存在ではなくその種類も民族の数以上に多岐にわたり，しかも呼称が民族語(原語)で呼ばれるなどのためである。

一例を挙げると，チャンゴ・パンソリ・カヤグム(朝鮮半島)，ジンジュ・アルフー・サンシェン・ピーパー(中国)，オルティンドー・ホーミー・モリンホール(モンゴル)，スレンドロ・グンデル・サロン・スリン・アンクルン(インドネシア)，ラーガ・ターラ・ヴィーナー・シタール・タブラー・バーンスリー(インド)，ウード・ズルナ・メヘテルハーネ(トルコ)など，これらもアジア地域のほんの一部の例である。

これら諸民族の音楽への対策として，次の2つを挙げたい。

① 諸民族の音楽や楽器に興味を持ち，情報を取り入れてノートなどに整理する努力をすること。

② 諸民族の音楽や楽器に関する多岐の問題に目を通すこと。つまり，興味・関心及び視野の拡大が重要となる。

問題演習

【1】世界諸民族の音楽に関して，次の(1)～(5)の語句と関係の深い国の国名を答えよ。

(1) mazurka　(2) menuet　(3) tarantella　(4) flamenco
(5) cimbalom

【2】次のフォルクローレについての文を読み，文中の各空欄に適する語句を答えよ。

フォルクローレは英語の「フォークロア」が(　①　)語に移入した言葉で，本来の意味は「(　②　)」だが，音楽においては中南米などの(　②　)音楽を指す。フォルクローレの楽器には，(　①　)人が持ちこんだ(　③　)をインディオが真似て，アンデスの山地に生息する(　④　)を利用して生みだしたと考えられている(　⑤　)や，インカ帝国の昔から笛を発達させたことで名高い(　⑥　)やサンポーニャのように(　⑦　)から作られた楽器や山羊の爪を集めたチャフチャスなどがある。

【3】次の(1)～(10)の文は，世界各地の音楽や楽器についての説明文である。該当するものをあとのa～tから1つずつ選び，記号で答えよ。

(1)　西アフリカの国々で親しまれている片面太鼓で，両手のてのひらで低く重たい音や高く乾いた音などをたたき分ける。

(2)　日本の仏教儀式の法会，法要や日常の勤行に用いる声楽。

(3)　複数の打楽器で独特なシンコペーションのリズムを刻む2拍子のダンス音楽。ブラジルのカーニバルの行進曲として発達した。

(4)　インドネシアのバリ島で行われる声による芸能で，異なったリズムで掛け声をかけ合い，「ラーマーヤナ」の物語を演じる。

(5)　スペイン人がもたらしたビウェラ・デ・マノという複弦の楽器が起源といわれるマンドリンに似た南米の楽器。近年は木製のものが多いが，元来は胴にアルマジロの甲羅を使っていた。

(6)　17世紀フランスの舞曲。中庸な速度で，2分の2拍子のアウフタクトで始まる。J.S.バッハが，しばしば管弦楽や鍵盤楽器の組曲に採用した。

(7)　2本の弦の間にはさんだ弓で，両側の弦を擦って演奏する中国の弦楽器。最近では，オーケストラとの協奏曲や，ポップスでも活躍している。

(8)　雅楽に使われるリード楽器で，吹き口からの息の出し入れで，和音を奏することができる。

(9)　2拍子系のハンガリーの舞曲で，ゆるやかなテンポの導入部と，速いテンポの主部の2部からなる。リスト作曲「ハンガリー狂詩曲」でも用いられている。

(10)　台形の胴体に平行に多数の弦を張り，両手に持った2本の細いスティックで演奏するイランの打弦楽器。

a　ルンバ	b　ケチャ	c　ツィター
d　笙	e　サントゥール	f　馬頭琴
g　チャランゴ	h　サンバ	i　グンデル
j　メヌエット	k　アルフー	l　普化宗
m　ガヴォット	n　ピーパー	o　チャールダーシュ
p　ジェンベ	q　篳篥	r　平曲
s　声明	t　龍笛	

【4】中南米の民族音楽を3つあげ，それらについて説明せよ。

【5】諸民族の音楽について，次のA群の①～⑨の音楽または楽器と最も関連の深い地域を，あとのB群のア～クから1つずつ選び，記号で答えよ。ただし同じ記号を何回使ってもよいものとする。

〈A群〉

①　シャンソン	②　ケチャ	③　サンバ	④　ゴスペル
⑤　パンソリ	⑥　シタール	⑦　ホーミー	⑧　アンクルン

⑨　フォルクローレ

〈B群〉

ア　東アジア　　イ　東南アジア　　ウ　南アジア

エ　ヨーロッパ　　オ　南アメリカ　　カ　北アメリカ

キ　オセアニア　　ク　アフリカ

【6】次の文中の各空欄に適する語句を下のア～コから1つずつ選び，記号で答えよ。

(1)　琵琶は，古代ペルシャに生まれ，世界各地に伝わった(　①　)属の楽器である。西進して西アジアの(　②　)となり，それがヨーロッパの(　①　)に，一方で東進して中国では(　③　)となり，日本には奈良時代に伝来した。

(2)　台形の共鳴箱の上に金属弦が張られ，2本のバチでたたいて演奏するイランの楽器は，(　④　)である。この楽器は，中国に伝播して(　⑤　)となり，ヨーロッパでは，(　⑥　)やダルシマーになった。

(3)　モンゴルの音楽では，モリンホールに代表される弦楽器の音楽や，(　⑦　)に代表される声楽が有名である。ほかにも，ひとりが同時に2種類の声を出す(　⑧　)は，きわめて特殊な発声法だといえる。

(4)　フィリピンには，6本の筒を手首で打ち，竹のひび割れの音が蛇よけや悪魔払いの道具にもなる(　⑨　)や，男性が恋人や死者のために鼻で吹く笛(　⑩　)，先端を右手ではじきながら息の調節で倍音を変えるクビンなどの楽器がある。

ア　ホーミー　　イ　ピーパー　　ウ　ツィンバロム

エ　ウード　　オ　サントゥール　　カ　トンガリ

キ　バリンビン　　ク　オルティンドー　　ケ　リュート

コ　ヤンチン

【7】次の(1)～(10)は，世界の諸民族の音楽や楽器に関する語句である。それぞれに最も関係の深い国名を下のア～シから1つずつ選び，記号で答えよ。

(1) ズルナ	(2) ナイ	(3) サントゥール
(4) アルフー	(5) オルティンドー	(6) ヒメネ
(7) カッワーリー	(8) サウンガウ	(9) コーン
(10) レゴン		

ア ポリネシア	イ パキスタン	ウ ルーマニア
エ トルコ	オ イラン	カ 中国
キ モンゴル	ク タイ	ケ インド
コ 韓国	サ インドネシア	シ ミャンマー

【8】東南アジアの民族音楽の合奏形態であるガムランについて，次の各問いに答えよ。

(1) 打楽器の主たる原料となっている合金は何か，答えよ。

(2) ガムラン音楽に用いられる主たる音階は2つあるが，その名称を答えよ。

(3) ガムラン音楽の中心的な国名を答えよ。

(4) (3)の問いの国におけるガムラン音楽の二大様式を答えよ。

【9】次の各問いに答えよ。

(1) 次の①，②の説明を読み，それぞれの特徴にあてはまる音楽を答えよ。

① スイスのアルプス地方やオーストリアのチロル地方などで歌われる独特の民謡で，胸声とファルセットをおりまぜて歌う。

② パキスタンのイスラム教音楽で，地声を用いて熱狂的に歌う。何度も同じ旋律を繰り返し，その間にリーダーの即興的な歌が挿入される。

(2) 次の①，②の題材について，それぞれ題材の目標を設定せよ。

① アジアの音楽に親しもう

② アジアの音楽の特徴やよさを味わおう

【10】次の各問いに答えよ。

(1) 次の文は何について説明したものか答えよ。

ア スペイン南部のアンダルシア地方で生まれた。ギター伴奏で行われ，舞踏にはよくカスタネットが用いられる。

イ 19世紀後期にアルゼンチンのブエノスアイレスの近郊に住む下層民の間に起こった民族音楽だったが，一般社会にダンス音楽として普及した。その後，ヨーロッパに伝わり，「奥様，お手をどうぞ」などが作曲された。

(2) 次の文中の各空欄に適する語句を下の1～12から1つずつ選べ。

ジャズの発祥地はアメリカの(ア)といわれている。奴隷解放後生まれた黒人のブラスバンドがジャズを生む母胎となり，ブルースや宗教音楽の要素も入り込む一方で，ヨーロッパ音楽に黒人のリズム感を付与した(イ)も流行した。こうした背景の下，19世紀から20世紀にかけてジャズが誕生し，1920年代に登場したトランペット奏者(ウ)の活躍がその発展に大きな影響を与えた。また，1930年代には，4ビートで揺れるようなリズム感をもつ(エ)が誕生した。

1 サンフランシスコ　　2 シカゴ
3 ニューヨーク　　4 ニューオーリンズ
5 スウィング・ジャズ　　6 クール・ジャズ
7 ハード・バップ　　8 ラグタイム
9 ベニー・グッドマン　　10 ルイ・アームストロング
11 チャーリー・パーカー　　12 マイルス・デイヴィス

【11】世界の民族音楽について，次の各問いに答えよ。

(1) 次の語に関係する国名を答えよ。

① ホーミー(発声法)

② カンテレ(民族楽器)

③ タブラー(民族楽器)

④ チャールダーシュ(民族舞曲)

(2) 次の舞曲の主な拍子と起源の国名を答えよ。

① ポルカ

② メヌエット

③ アルマンド

【12】世界の諸民族の音楽・舞踏音楽について，次の(1)〜(6)の説明文に適する語句を下のa〜kから1つずつ選び，記号で答えよ。

(1) インドネシアのバリ島で演じられている男声合唱による芸能で，魔よけの儀式に一部を取り入れている舞踏劇。

(2) 一人の人間が同時に2つの音を出すモンゴルの特殊な唱法。のどや口の開け方を工夫することにより，歌っている音の中に含まれる自然倍音を強調して響かせる技法。

(3) 19世紀後半，アルゼンチンで生まれた2拍子のダンス音楽。キューバのハバネラやスペインの舞曲などが混じり合って生まれた。

(4) スペイン南部のアンダルシア地方で生まれた，伝承音楽と舞踏による民族音楽。この土地に定住したジプシーによりアンダルシア民謡を母体としながら，独自のスタイルにつくり改められた。カンテ，バイレ，トケが含まれる。

(5) 朝鮮半島で演じられている芸能「ノンアク(農楽)」を基に新しく発展させた打楽器合奏。

(6) 北インド古典音楽で使用されているリュート族の撥弦楽器。

a サンバ　b フラメンコ　c ケチャ　d ガムラン

e サムルノリ　f ホーミー　g タンゴ　h シャングー

i ヨーデル　j アザーン　k シタール

解答・解説

【1】(1)　ポーランド　(2)　フランス　(3)　イタリア　(4)　スペイン　(5)　ハンガリー

解説 (5)のツィンバロンはハンガリーのジプシー音楽で用いられる打弦楽器。

【2】①　スペイン　②　大衆　③　弦楽器　④　アルマジロ　⑤　チャランゴ　⑥　ケーナ　⑦　葦

解説 民族音楽についての内容で，かなり幅広い内容となっている。先住民や新しい文化との融合など，当時の世界史との関連も出てくる。そういった意味で難易度の高い問題である。一つの項目に対して呼び方がいくつかあることも多い。

【3】(1)　p　(2)　s　(3)　h　(4)　b　(5)　g　(6)　m　(7)　k　(8)　d　(9)　o　(10)　e

解説 世界の民族音楽に関する出題は各自治体にわたっており，中には聞いたことのない原語で受験生を惑わせるだけのものも出てくる。本問はa～tの20群から10を選ぶもので，奇問といえるものはない。ただし，(7)のk(アルフー)のような〈二胡〉の名のほうが一般になじんでいる例もある。

【4】・フォルクローレ　本来「民俗／民俗学／民間伝承」を意味するスペイン語で，中南米では転じて，「民謡／民俗音楽」を主に指す言葉として，アンデス地方を中心に広く使われている。尺八と同じ原理のケーナやパン・パイプの一種シークは，その代表的なものである。
・サンバ　アフリカから伝わった合唱と打楽器を伴う輪舞をもとに発達したブラジルの黒人系リズムのダンス音楽。2拍子を基本とするが，多種多様な打楽器が絡み合うポリリズムの面白さがその特徴である。
・タンゴ　アルゼンチンのダンス及びその音楽。キューバのハバネラやスペインの舞曲などが混じり合って独特の2拍子のリズムを生んだとされている。

解説 フォルクローレはアンデス地方など，南米のスペイン語系の民族音楽の総称。サンバはブラジルのアフリカ系住民から生まれた2拍子，テンポの速い舞踏音楽及びそのリズムのこと。他にもルンバ(キューバの民族音楽)，マンボ(キューバのペレス・プラドが創作)，ボサ・ノヴァ(1950年代末に始まったブラジルの軽音楽，サンバがジャズ化したもの)なども挙げられる。タンゴは20世紀初めにアルゼンチンに起こったダンス曲。社交界の花形的音楽として第1期の黄金時代(1925～30)，第2期(1940年代)を迎え，1950年代にはアストル・ピアソラが大活躍した。

【5】①　エ　②　イ　③　オ　④　カ　⑤　ア　⑥　ウ　⑦　ア　⑧　イ　⑨　オ

解説 民族音楽の国名を答える出題が多い中で，この設問では地域を答える出題になっている。　③　サンバはブラジル。　④　ゴスペル・ソングはアメリカの黒人による賛美歌。　⑤　パンソリは朝鮮半島の語り物(唱劇)。　⑥　シタールは北インドの弦鳴楽器。　⑧　アンクルンはインドネシアなど東南アジアの竹製の打楽器で鳴子の仲間。

【6】(1)　①　ケ　②　エ　③　イ　(2)　④　オ　⑤　コ　⑥　ウ　(3)　⑦　ク　⑧　ア　⑨　キ　⑩　カ

解説 民族楽器や民族音楽の奏法に関する問題。どれも有名なものであるため難しくない。説明文には必ずキーワードにあたる文言が存在する。それが解答の決め手となるものである。

【7】(1)　エ　(2)　ウ　(3)　オ　(4)　カ　(5)　キ　(6)　ア　(7)　イ　(8)　シ　(9)　ク　(10)　サ

解説 民族楽器についての出題は，名称と形状の一致だけでなく，奏法や旋法(音階)，材質，他国の楽器との共通・類似性，演奏の様子についてなどが見られるので，幅広く研究しておくことが望ましい。

【8】(1)　青銅　(2)　スレンドロ，ペロッグ　(3)　インドネシア　(4)　バリ様式，ジャワ様式

解説 ガムランはインドネシアのバリ島とジャワ島の地域の，さまざまな編成の合奏楽器である。(2)の音階の設問は難しい。ガムランでは，パテット(パテッ，patet)という旋法があり，「スレンドロ」と「ペロッグ(ペロット，pelog)」の2つの音階が基礎になっている。(4)のバリ様式では器楽が，ジャワ様式では声楽が主導権をもって演奏されることが多いといわれる。

【9】(1) ① ヨーデル ② カッワーリ (2) ① アジアの音楽に親しみ，表現の多様さを感じることができる。 ② 我が国の音楽と比較して，アジアの音楽の特徴やよさを味わうことができる。

解説 アジアや世界の民族音楽と我が国の音楽について，音楽形態の名称，楽器の名称や特徴・構造，共通点や相違点，歴史など観点ごとにまとめておきたい。また，指導要領の目標として授業で鑑賞・表現・創作と関連付けた指導が求められているので，それも視野にいれた研究もしておくことが望ましい。

【10】(1) ア フラメンコ イ タンゴ (2) ア 4 イ 8 ウ 10 エ 5

解説 (1) アのフラメンコは，スペイン南部のアンダルシア地方に伝わる芸能で，歌，踊り，ギターの伴奏が主体となっている。 イのタンゴはアルゼンチン・ブエノスアイレスやウルグアイ・モンテビデオのダンスおよび音楽のことである。また，それを擬したダンス・音楽で，音楽業界から「タンゴ」と公認されたもの。 (2) イのラグタイムとは，19世紀末から20世紀初頭にかけ，アメリカで流行した音楽のジャンルであり，19世紀，黒人ミュージシャンが黒人音楽(ブルース)を基本に独自の演奏法を編み出し，これが従来のクラシック音楽のリズムとは違う「遅い」リズムと思われたことから「ragtime」と呼ばれるようになった。ウのルイ・アームストロング(1901～1971)は，アフリカ系アメリカ人のジャズ・ミュージシャンである。サッチモという愛称でも知られ，20世紀を代表するジャズ・ミュージシャンの一人である。

【11】(1) ① モンゴル ② フィンランド ③ インド ④ ハンガリー (2) ① 2拍子 国名：チェコ ② 3拍子 国名：フランス ③ 4拍子 国名：ドイツ

解説 (1) ① ホーミーはモンゴルの特殊な発声で有名になった民謡。ひとりで同時に2つの声を発する。 ② カンテレはフィンランドの琴の仲間。身近な楽器とはいえないので難問である。 ③ タブラーはインドの片面太鼓。バーヤ(b $\overline{\text{ay}}$ $\overline{\text{a}}$)という太鼓と一対にして打つ。 ④ チャールダーシュはジプシー民族発祥のハンガリー舞曲，緩やかな導入部と急速なシンコペーションのリズム，2拍子。 (2) ① ポルカはボヘミア(チェコ)の速い2拍子の舞曲。 ② メヌエットはフランスのルイ14世の宮廷で17世紀に流行した3拍子の舞曲。ソナタや交響曲の1つの楽章としてつかわれた。 ③ アルマンドとは〈ドイツ舞曲〉の意味で2拍子系の舞曲。バッハの時代には組曲の第1曲(4拍子)として用いられた。

【12】(1) c (2) f (3) g (4) b (5) e (6) k

解説 サンバは，ブラジルのカーニバルで生まれた音楽と舞踊。ガムランは，金属鍵盤楽器で演奏される，インドネシアの音楽。シャングーは，中国雲南地方の山歌。ヨーデルは，裏声を多用するアルプスの民謡。アザーンは，イスラム教の礼拝の時間を知らせるため寺院の塔から読まれる詩句。

音楽科マスター

楽典

●POINT

音楽の基礎知識といえば，音階や調，音程，諸記号，和音等の楽典や音楽史などが一般的であるが，最近は和楽器や世界の民族音楽の学習，さらに情報化の発達などの影響から，その知識の範囲が広がっているといえよう。

例えば「工工四」や「口琴」など。工工四は沖縄の三線(さんしん)の縦書き楽譜であり，口琴は北海道アイヌのムックリに代表される口腔を共鳴させ，音色を変化して出す楽器である。

問題演習にはないが，「cejaを説明せよ」にも戸惑うであろう。cejaを何と読むのかに苦労する。これはギターの左手運指において，人差し指など1本の指で数本の弦を押さえる奏法のことで，ギター初心者が苦労する「セーハ」のことであり，これもギターでは基礎知識である。

そのほか箏の調弦(平調子)や奏法(押し手，引き色，スクイ爪他)，三味線の調弦(本調子，二上がり他)や奏法(スクイ，ハジキ，コキ他)，歌い物と語り物など基礎知識は広く身に付ける努力が重要である。

移調問題は，トランペット(Bb管)，クラリネット(Bb管，A管)，ホルン(F管)等の移調楽器のための楽譜を作成させる傾向が見られる。その他，楽式(2部形式，ロンド形式，ソナタ形式等)や音楽様式(協奏曲，コンチェルトグロッソ等)の意味を尋ねる問題もあった。

問題演習

【1】次の楽譜Ⅰ，Ⅱについて，下の各問いに答えよ。

Ⅰ

Andante molto calmo ♩= 42

Un___ bel di, ve - dre - mo le - var - si un fil di fu - mo sull' e - stre - mo con-fin del ma - re. -

Ⅱ

(1)　楽譜Ⅰは，あるオペラの中で歌われるアリアの一部分である。このオペラの作品名と作曲者名を答えよ。

(2)　このオペラは，日本のある都市が舞台となっている。その都市名を答えよ。

(3)　この作曲者の他のオペラ作品を一つ答えよ。

(4)　楽譜Ⅱは，このオペラで用いられている日本の楽曲である。曲名を答えよ。

(5)　楽譜Ⅱの旋律の下に書かれた数字譜の名称を答えよ。また，この楽譜で演奏される和楽器名を答えよ。

(6)　このオペラの中で，楽譜Ⅱの他に用いられている日本の楽曲を一つ答えよ。

【2】次の(1)～(3)の説明に当てはまるオペラやミュージカルの作品名を書き，その作品に含まれる旋律を下のa～fから1つ選んで記号で答えよ。またその旋律が含まれる楽曲の作曲者名を答えよ。

(1) 皇帝の娘の美貌に惹かれた王子が，結婚の条件である謎解きに命をかけて挑戦するという内容の3幕のオペラで1926年ミラノ・スカラ座で初演。

(2) シェークスピアの「ロメオとジュリエット」を現代化し，アメリカ社会の一断面を描いたミュージカルで1961年に映画化。

(3) 木下順二作による戯曲を台本に用いて作曲され，1952年に大阪で初演，海外で上演された最初の邦人作曲家のオペラ。

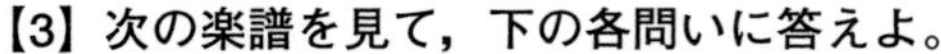

【3】次の楽譜を見て，下の各問いに答えよ。

(1) この合唱曲を含む7楽章からなるカンタータの題名とこの合唱曲の曲名を答えよ。

(2) 作詞者と作曲者を答えよ。

(3) Grandiosoの読み方と意味を答えよ。

(4) 9小節目ブレスの前までの男声パートの歌詞をひらがなで書け。

(5) この曲を歌う場合，歌詞の表現において，どのような点に留意して指導すればよいか，簡潔に述べよ。

(6) この曲を指揮する場合，指揮者として求められることについて，具体的に3つ答えよ。

【4】次の楽譜(ピアノ伴奏譜)は，ナポリ民謡「サンタ　ルチア」の冒頭の一部である。あとの［　　　］内の条件を満たして，第2小節から第8小節までの左手の楽譜を完成させよ。また，(　　)内にはコードネームを書け。

〈条件〉

○　第1小節と同じ伴奏型とし，コードネームの書かれている小節はそのコードに従う。

○　第2小節と第3小節のベース音は異なる音とする。

○　第5小節には，借用和音を用いる。

○　第6小節には，「Ⅱ」の和音の基本形を用いる。

【5】次の(1)～(6)の楽譜は，ある曲の一部分である。作曲者名と作品名をそれぞれ答えよ。

【6】次の楽譜はある楽曲の一部である。下の各問いに答えよ。

(1) この曲は何分の何拍子か。また，調性をドイツ語表記で答えよ。

(2) 曲名と作曲者名及び生まれた国名を答えよ。

(3) 楽譜の①～④に示された2音間の音程を答えよ。

(4) 楽譜のA～Dに記された和音の種類を次のア～カから1つずつ選び，記号で答えよ。

ア 長三和音　　イ 短三和音　　ウ 増三和音

エ 減三和音　　オ 属七の和音　　カ 減七の和音

(5) Aの和音の各音を音階中に含むすべての調を日本語表記で答えよ。

【7】次の楽譜について，下の各問いに答えよ。

(1) この楽譜の曲名を答えよ。

(2) この楽譜の作詞者名と作曲者名を答えよ。

(3) この楽曲と同じ形式の曲を次のa～fから1つ選び，記号で答えよ。

a 赤とんぼ　　b 椰子の実　　c 魔王

d 花の街　　e 帰れソレントへ　　f 早春賦

(4) 次の文は，この楽曲を教材とした授業における生徒の発言である。下の①・②の問いに答えよ。

生徒A：この曲の3段目に特徴があると感じました。 生徒B：この曲の3段目を一番強く歌いたいと考えました。

① 生徒Aがこのように感じた理由をフレーズの比較を通して答えよ。また，比較の際に手掛かりとした要素を日本語で答えよ。

② 生徒Bがこのように考えた音楽的な根拠を答えよ。

【8】次の譜例はある交響曲の一部分である。下の各問いに答えよ。

(1) この譜例は第何楽章か，答えよ。

(2) 破線で囲まれたアの音楽用語の意味を答えよ。

(3) イにあてはまる数字を次のa～cから1つ選び，記号で答えよ。

a 54　　b 64　　c 74

(4) 破線で囲まれたウの非和声音の種類を次のa～cから1つ選び，記号で答えよ。

a 倚音　　b 掛留音　　c 経過音

(5) 破線で囲まれたエについて，大譜表に集約せよ。その際，発想記号やスラー等の音符以外の要素は書かなくてもよい。

(6) この交響曲の作曲者が作曲したバレエ音楽の作品名を1つ答えよ。

【9】次の楽譜はラベル作曲のピアノ作品の一部である。下の各問いに答えよ。

(1) この作品名は何か。最も適当なものを次のア～エから1つ選び，記号で答えよ。

ア 組曲「鏡」より“道化師の朝の歌”

イ 組曲「クープランの墓」より“トッカータ”

ウ 組曲「ドリー」より“スペインの舞曲”

エ 組曲「くるみ割り人形」より“花のワルツ”

(2) この作品はラベルによって管弦楽に編曲されている。ラベルが管弦楽に編曲<u>していないもの</u>を次のア～エから1つ選び，記号で答えよ。

ア 展覧会の絵　　イ ラプソディ・イン・ブルー

ウ 亡き王女のためのパヴァーヌ　　エ マ・メール・ロワ

(3) 楽譜中，①と②の転回音程として，最も適当なものを次のア～エから1つ選び，記号で答えよ。

ア 短6度　イ 減5度　ウ 完全8度　エ 長3度

(4) ラベルに関する説明として，最も適当なものを次のア～エから1つ選び，記号で答えよ。

ア　フランス印象派の潮流の中にありながら，しっかりとした構成をもつ古典主義的な傾向を示した。

イ　代表作であるヴァイオリン協奏曲は近代的演奏技巧を駆使し，ロシア民族的色彩が盛り込まれた。

ウ　20世紀イタリアを代表する作曲家で，古代ローマを描いた風景画的作品を作った。

エ　オーストリアの作曲家で，9曲の交響曲や「さすらう若者のうた」などが良く知られている。

【10】次の楽譜を見て，下の各問いに答えよ。

(1)　この曲の作詞者名と作曲者名を答えよ。

(2)　2番の歌詞にある「ゆうべはまべをもとおれば」を口語訳せよ。

(3)　このような曲の形式を何部形式というか，答えよ。

(4)　8分の6拍子について生徒に説明したい。次の□内に示した2つの言葉を使って，説明せよ。

単純拍子　　複合拍子

【11】次の楽譜はクラリネットの譜面(B♭楽器)である。下の各問いに答えよ。

Clarinet inB♭

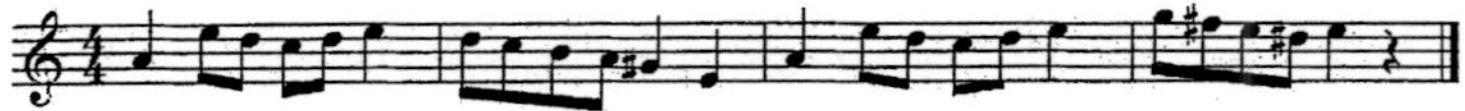

(1) 調号と拍子記号を付けて実音で記せ。

(2) 最初の1小節の階名を移動ドで書け。

【12】このリコーダー4重奏の楽譜を，下の内容を満たして，金管アンサンブル用に書きかえよ。

(1) 吹奏楽部の生徒の金管アンサンブル用で，編成は以下の通りとする。

① トランペット　② ホルン　③ トロンボーン

④ チューバ

(2) 各パートには音部記号，調号，拍子を記すこと。原調のままで，一般的な吹奏楽用の記譜とする。

(3) 速度記号，発想記号など，曲想を表現するための記号も必ず記入すること。

【13】次のA～Cの楽譜は，それぞれある楽曲の一部である。これらについて，下の各問いに答えよ。

(1) Aは，音楽史上，バロック時代に属する作曲家によって書かれた楽曲である。この作曲家以外に，同時代を代表する作曲家を二人挙げ，それぞれ名前を答えよ。

(2) Aはフーガという形式で書かれている。第一声部に現れる主題に対して，第二声部に現れる主題を何というか。

(3) Aはト短調で書かれているが，最後は長三和音で終わっている。バロック時代まで用いられた，このような終止の長三度，あるいは長三和音を何というか。

(4) Bの曲名を答えよ。

(5) Bは第3楽章の一部である。この楽章で用いられている形式を何というか，答えよ。

(6) Cのように，ドイツ語による芸術歌曲のことを何というか，答えよ。

(7) Cの作曲者の作品の1つに「菩提樹」がある。この「菩提樹」が含まれる歌曲集の名称を答えよ。

(8) Cの歌曲を中学校で鑑賞教材として取り扱う場合の，題材名，題材の目標及び2時間扱いの指導計画(評価計画は除く)を考えて答えよ。なお，他の教材を組み合わせて題材を構成してもよい。

【14】次の楽譜は「花の街」である。下の各問いに答えよ。

(1) この曲の作詞者と作曲者の名前を漢字で答えよ。

(2) この曲の速度は次のア～ウのうちどれが適切であるか，記号で答えよ。

ア ♩=62～70　　イ ♩=72～84　　ウ ♩=86～94

(3) 第1小節目の(　　)に適切な強弱記号を答えよ。

(4) 楽譜の中の［　　　］にあてはまる歌詞を答えよ。

(5) この曲の第10～13小節をピアノで伴奏をする場合の和音を2分音符で答えよ。

(6) この曲の第16小節目に適する和音をコードネームで答えよ。

(7) この曲の作曲者の代表的な作品を次のア～エから1つ選び，記号で答えよ。

ア 涅槃交響曲　　　イ オペラ「黒船」

ウ オペラ「夕鶴」　エ 交響管絃楽のための音楽

(8) この曲を中学1年生の授業で歌唱指導をしていたところ，男子生徒から「高い音のところになると声が出ません」と発言があった。それに対しあなたはどのように指導をするか。その場に応じた具体的な内容を書け。

【15】次の①～⑤の楽譜はある楽曲の旋律の一部分である。下の各問いに答えよ。

①

②

③

④

⑤

(1)　①の作品の作曲者は誰か。次のア～オから1つ選び，記号で答えよ。

ア　エドヴァルド・グリーグ

イ　ジャン・シベリウス

ウ　フェリックス・メンデルスゾーン

エ　ピョートル・イリイチ・チャイコフスキー

オ　アントニーン・ドヴォルジャーク

(2) ②の作品はどの楽器で演奏するために作曲されたものか。次のア～オから1つ選び，記号で答えよ。

ア　ピアノ　　イ　ギター　　ウ　マンドリン　　エ　ヴィオラ
オ　フルート

(3) ③の作品は次のどのジャンルに属するか。次のア～オから1つ選び，記号で答えよ。

ア　ゴスペル　　イ　ブルース　　ウ　ラグタイム　　エ　タンゴ
オ　スピリチュアル

(4) ④の作品は，次のどの組曲に含まれているか。次のア～オから1つ選び，記号で答えよ。

ア　組曲「王宮の花火の音楽」
イ　組曲「ロデオ」
ウ　組曲「道化師」
エ　組曲「惑星」
オ　組曲「水上の音楽」

(5) ⑤の作品は，次のどの作品に含まれているか。次のア～オから1つ選び，記号で答えよ。

ア　歌劇「蝶々夫人」
イ　歌劇「トゥーランドット」
ウ　歌劇「ラ・ボエーム」
エ　歌劇「トスカ」
オ　歌劇「マノン・レスコー」

解答・解説

【1】(1)　作品名：蝶々夫人　　作曲者名：プッチーニ　　(2)　長崎
(3)　ラ・ボエーム，トスカ，トゥーランドット　等から1つ
(4)　お江戸日本橋　　(5)　名称：文化譜　　和楽器名：三味線
(6)　越後獅子，君が代，宮さん宮さん　等から1つ

解説 (1)　プッチーニの三大傑作の1つで，小説と演劇が先に誕生し，最後にオペラとして完成に至った。 (2) この作品は，外国人作曲家が日本を題材にした数少ない作品の1つである。 (3) どの作曲家でも，有名作品は曲名，制作年，主題ぐらいは覚えておきたい。プッチーニの三大傑作は有名なので覚えておこう。 (4)(6) これらの問題のように，別の作品が引用されていたりする問題は，非常にやっかいで，普通に勉強するだけではなかなか知らないことが多い。演じたことがあるか，名曲解説などを読み深く勉強している人しか解くことができないだろう。 (5) 文化譜は本来，地唄の記譜法である。現在は，奏法譜として用いられるが，縦書きで勘所を漢数字で表す家庭式，横書きで数字を用いる文化譜が多用されている。他にも，三本の横線に音符で記載する三線譜もある。

【2】(作品名　旋律　作曲者名の順) (1) トゥーランドット　b　プッチーニ　(2) ウエスト・サイド物語　c　バーンスタイン　(3) 夕鶴　f　團伊玖磨

解 説 (1) プッチーニの最後(未完)のオペラで，2006年冬季オリンピック・アイススケート(荒川静香選手が使用)でも有名になった旋律がbである。 (2) cは「Tonight」である。 (3) fは「夕鶴」の〈つうのアリア〉で，この楽譜の部分は次の歌詞で歌われる。～あんたは／あたしの／いのちをたすけて／くれた～

該当しないaの楽譜は，ミュージカル「サウンド・オブ・ミュージック」から「Climb Ev'ry Mountain」。dはヴェルディのオペラ「アイーダ」から第2幕の有名な凱旋行進曲。eの楽譜はプッチーニの「ラ・ボエーム」第1幕のアリア「私の名はミミ」である。

【3】(1) カンタータ名：土の歌　曲名：大地讃頌　(2) 作詞者：大木惇夫　作曲者：佐藤眞　(3) 読み方：グランディオーソ　意味：壮大に　(4) 歌詞：ははなるだいちのふところに　われらひとのこのよろこびはある　(5) ・歌詞の内容を深く理解させる指導。 ・言葉の持っている語感の把握，子音・母音の扱い，濁音等の程度の工夫等の指導。 ・音楽の流れにのせた表現の指導。

(6) ・音楽をよく研究し，知識や解釈を深める。 ・演奏の始まりや

テンポを示す。　・音楽表現について演奏者に意図を伝え，音楽に統一感をもたらす。

解説 通常の歌曲と違い，合唱の曲の場合，複数パートそれぞれに歌詞が割り振られていることがあり，主旋律だけ覚えていても解答できないことがある。同様に，他パートの穴埋めなどにも対応するため，合唱曲に触れる際は，すべてのパートを暗譜で歌えると良い。

【4】

解説 楽譜の穴埋めは頻出。前後の小節のヒントがあれば，この問題のように解答しやすいはずである。教科書掲載の楽曲はすべて，穴埋めの問題に対応できるようにしておくこと。作詞作曲，歌詞，大意，楽譜，楽語，歴史，指導法，すべてが頻出重要項目である。

【5】(1)　サン＝サーンス　　組曲「動物の謝肉祭」から「水族館」　(2)　ベートーヴェン　　交響曲第6番ヘ長調作品68「田園」から第5楽章　(3)　ヴェルディ　　歌劇「アイーダ」(第2幕第2場)から「凱旋行進曲」　(4)　ラヴェル　　「水の戯れ」　(5)　プッチーニ　　歌劇「蝶々夫人(おちょう夫人)」から「ある晴れた日に」　(6)　ドビュッシー　　「ベルガマスク組曲」から「月の光」

解説 一部の楽譜から作曲者，曲名，時代などを問う問題は頻出。使用される曲は幅広いが，使われる部分は決まって有名な部分や特徴的な部分。その作品の代表部分であるといってもよい。分からなかったものは，必ず原曲の音源を聴き，スコアと見比べると良い。こういう問題は小さな積み重ねである。

【6】(1)　拍子：4分の6拍子　　調性：g moll　(2)　曲名：バラード 第1番　　作曲者：F. ショパン　　国名：ポーランド　(3)　①　短7度　②　長10度　③　長6度　④　完全4度　(4)　A　イ　B　オ　C　ア　D　カ　(5)　ヘ長調，変ホ長調，変ロ長調，ト短調，ニ短調

解説 (1) 譜割は2拍子系なので，2分の3拍子とはならない。2小節目からのE→Fisが短調の音階を特徴づけている。 (2) 鑑賞教材を中心に，多くの楽曲に対しての研究・分析をしておきたい。 (3) 調号や臨時記号などを見落とさないよう注意したい。 (4) 根音～第3音＋根音～第5音で，また七の和音は基準となる三和音＋根音～第7音までの音程で判断する。長三和音は長3度＋完全5度，短三和音は短3度＋完全5度，属七は長三和音＋短7度，減七は減三和音＋減7度 (5) 見落としのないよう落ち着いて確認していくこと。

【7】(1) 花 (2) 作詞者：武島羽衣 作曲者：滝廉太郎

(3) f (4) ① 理由：楽曲の構成(仕組み)による曲想の変化を感じ取ったからである。この曲の構成は旋律線の形から，1，2，4段目のフレーズが似ており，3段目のフレーズが他の段と大きく異なっている。また，旋律の構成音から，和声進行上，二部形式A(aa')B(ba'')であるといえる。Aさんは二部形式の特徴であるbの部分を鋭く感じ取ったから3段目に何か特徴があると答えた。 など 手掛かりの要素：旋律 など ②この曲の3段目の旋律は2段目の最後から完全5度上へいきなり跳躍していることと，この曲の最高音が持続することから強く歌いたいと感じた。

解説 共通教材について，旋律，歌詞，拍子，作詞者，作曲者，調性，伴奏，曲の背景など，授業で生かせるようまとめておきたい。また，楽曲の表現についても諸記号や旋律の変化を分析して，授業で展開できるように工夫したい。

【8】(1) 第4楽章 (2) 悲しげに（悲しく） (3) a (4) b

(5)

(6) 白鳥の湖(「眠れる森の美女」，「くるみ割り人形」でも可)

解説 (1) チャイコフスキーの交響曲第6番「悲愴」の第4楽章冒頭のス

コアで，訴えるように，泣き叫ぶように，弦の強奏で揺れ動く旋律を表現する。この部分ではこの曲を演奏するとか，スコアを見つつ鑑賞し確認するなどの経験をしないと，旋律の流れがつかめない。その意味ではオーケストラのスコアの中で有名な部分である。Violin Ⅰ とⅡの奏でる旋律が交互に現れて主旋律となって聴こえる。冒頭の1小節では先ずViolin Ⅱの音が(1拍め)，次にViolin Ⅰ→Ⅱに(2拍め)，3拍めはⅠ→Ⅱが主旋律となって聴こえる。この揺れ動くような効果のスコアであることを知らない人にとっては，スコアだけから曲名を答えるのは難しい。(2)～(4)は分かるとしても，(5)が難問である。

【9】(1)　ア　　(2)　イ　　(3)　ア　　(4)　ア

解説 (1)　「トッカータ」は十六分音符の連続する高度な技法の曲。「ドリー」はフォーレ。「くるみ割り人形」はチャイコフスキー。

(2)　「展覧会の絵」は，ラベルとストコフスキーのアレンジ版が知られている。「ラプソディ・イン・ブルー」は，ガーシュイン作曲，ジャズの要素を生かした。「マ・メール・ロワ」は，マザー・グースを題材にした，ラベルの友人の子供のために書かれた連弾曲。　(3)　単音程で原音程と転回音程の度数(2度の転回音程は7度など)は，数を足すと9になる。転回による音程の結果は，長←→短，増←→減，重増←→重減となる。完全は転回しても完全である。　(4)　ラベルはフランス出身の作曲家。モーツァルトやクープラン，中でもグリーグからの影響を受けた作品が中心である。古典的な形式を尊重し，同じ印象派のドビュッシーとは一線を画している。

【10】(1)　作詞者：林　古溪　　作曲者：成田為三　　(2)　夕方浜辺を歩き回れば　　(3)　二部形式　　(4)　拍子の中には，単純拍子と複合拍子があり，2拍子，3拍子，4拍子を単純拍子といいます。単純拍子の各拍がさらに3つに分割されるとそれぞれ6拍子，9拍子，12拍子となりますが，それらを複合拍子といいます。つまり，8分の6拍子は，2拍子の各拍をさらに3つに分割した複合拍子ということになります。

解説 楽譜は「浜辺の歌」の全曲であり，この曲は歌唱共通教材になっている。　(2)　歌詞の意味をすぐ説明できるのも大切なこと。中学校教科書には次のような説明が載っている。「もとおれば」＝めぐれば，さまよえば。　(3)　aa′ba′の二部形式である。　(4)　複合拍子の例：6拍子(3拍子×2)，9拍子(3×3)，12拍子(3×4)など。これ以外に混合拍子(異なる種類の単純拍子が組み合った拍子)がある。例：5拍子(2＋3 or 3＋2)，7拍子(3＋4 or 4＋3)など。

【11】(1)

(2)　ラミレドレミ

解説 (1)　クラリネットB♭管の実音は，記譜音より長2度下になる。したがって変ロ長調(ト短調)の調号を用いて長2度下で記譜する。

(2)　変ロがドになる。

【12】

解説 C durの4重奏をトランペット・ホルン・トロンボーン・チューバの4重奏用楽譜に書き直す設問である。楽譜はホルストの組曲「惑星」より「木星」の第4主題である。

○トランペットB♭管は実音の長2度上に記譜。→D dur

○ホルンはF管，実音の完全5度上に記譜。→G dur

○トロンボーンとチューバは移調楽器扱いではない。→オクターヴ低い楽譜にする。

【13】(1)　ヘンデル　　ヴィヴァルディ　　(2)　応答　　(3)　ピカルディ3度　　(4)　交響曲第5番ハ短調(作品67)　　(5)　複合三部形式　(6)　リート　　(7)「冬の旅」　(8)　題材名　(省略)　　題材の目標

(省略)　　指導計画(2時間扱い)　第1時　(省略)　　第2時　(省略)

解説 出題の楽譜はA小フーガト短調(J.S.バッハ)，B交響曲第5番ハ短調の第3楽章(ベートーヴェン)，C「魔王」の冒頭(シューベルト)である。(2)〈応答〉(答唱ともいう)は主題の模倣で，呈示部の重要な要素。(3) ピカルディ3度は，本来短3主和音をもつドリア，フリギア，エオリア及び短調の終止に，長3和音が使われたときの長3度のこと。(7)「冬の旅」以外の歌曲集に「美しき水車小屋の娘」や「白鳥の歌」(セレナードが有名)がある。　(8) シューベルト作曲「魔王」の鑑賞指導計画であり，次の事項を頭に入れて仕上げたい。

○作詞はゲーテ。シューベルトが18歳のときの作曲で，詩に感激し短時間で一気に書き上げたといわれる。

○通作歌曲であり，劇的な展開をする詩の内容に適している。通作歌曲に対するのが有節歌曲であり，シューベルト(作詞はゲーテ)の「野ばら」がそのよい例。

○独唱により，語り手・父・子・魔王の4役が旋律の雰囲気や歌い方の違いによって表現される。

○伴奏の効果がすばらしい(馬が駆けるような速い3連符，4役の旋律の変化に合わせた転調の盛り上げなど)こと。

○このゲーテの同じ詩に，レーヴェ(独)も作曲している(シューベルトの作った3年後)。

【14】(1)　作詞者：江間章子　　作曲者：團伊玖磨　　(2)　イ

(3)　*mp*　　(4)　かぜのリボン

(5)

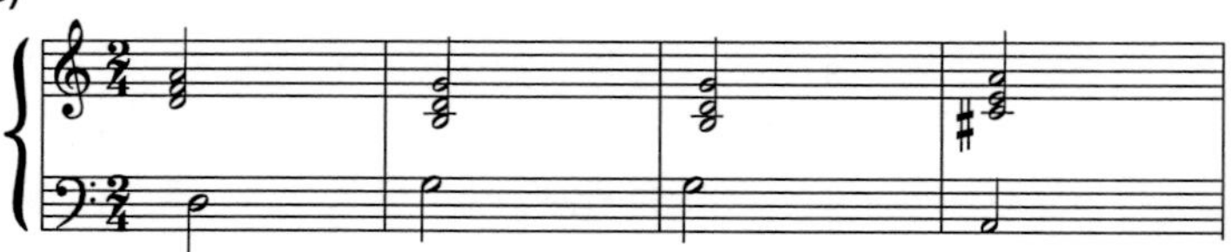

(6)　FまたはF6　　(7)　ウ　　(8)　・伴奏をヘ長調から変ホ長調に移調して音域を低くする。　・生徒と一緒に歌うことで，生徒の発声をリードし，気持ちを支えながら発声の感触をつかませる。

解説 教科書掲載の楽曲は一通り触れておくと良い。頻出である。「あなたはどのように指導しますか」と問われた場合，解答者の考えを聞かれているのである。指導要領の考え方から逸れない範囲で，自分の考えや工夫を書くと良い。定型文のようなものではなく，採点者に伝わる熱意の感じ取れる解答になるとよい。

【15】(1) ウ　(2) イ　(3) ウ　(4) オ　(5) ア

解説 (1)　ヴァイオリン協奏曲ホ短調の冒頭のテーマ。　(2)　タルレガ作曲のギター曲「アルハンブラ宮殿の思い出」で，トレモロを効果的に使った名曲。　(3)　ラグタイムは19世紀末におこった黒人のピアノ音楽。シンコペーションのリズムが特色でジャズの一要素となった。(4)　ヘンデル作曲の「水上の音楽」で組曲の第6曲である。　(5)　プッチーニのオペラ「蝶々夫人」の有名なアリア「ある晴れた日に」である。

●書籍内容の訂正等について

弊社では教員採用試験対策シリーズ（参考書，過去問，全国まるごと過去問題集），公務員試験対策シリーズ，公立幼稚園・保育士試験対策シリーズ，会社別就職試験対策シリーズについて，正誤表をホームページ（https://www.kyodo-s.jp）に掲載いたします。内容に訂正等，疑問点がございましたら，まずホームページをご確認ください。もし，正誤表に掲載されていない訂正等，疑問点がございましたら，下記項目をご記入の上，以下の送付先までお送りいただくようお願いいたします。

① **書籍名，都道府県（学校）名，年度**
（例：教員採用試験過去問シリーズ　小学校教諭 過去問　2025 年度版）
② **ページ数**（書籍に記載されているページ数をご記入ください。）
③ **訂正等，疑問点**（内容は具体的にご記入ください。）
（例：問題文では“ア～オの中から選べ”とあるが，選択肢はエまでしかない）

〔ご注意〕
○ 電話での質問や相談等につきましては，受付けておりません。ご注意ください。
○ 正誤表の更新は適宜行います。
○ いただいた疑問点につきましては，当社編集制作部で検討の上，正誤表への反映を決定させていただきます（個別回答は，原則行いませんのであしからずご了承ください）。

●情報提供のお願い

協同教育研究会では，これから教員採用試験を受験される方々に，より正確な問題を，より多くご提供できるよう情報の収集を行っております。つきましては，教員採用試験に関する次の項目の情報を，以下の送付先までお送りいただけますと幸いでございます。お送りいただきました方には謝礼を差し上げます。
（情報量があまりに少ない場合は，謝礼をご用意できかねる場合があります）。

◆あなたの受験された面接試験，論作文試験の実施方法や質問内容
◆教員採用試験の受験体験記

送付先

○電子メール：edit@kyodo-s.jp
○FAX：03-3233-1233（協同出版株式会社　編集制作部 行）
○郵送：〒101-0054　東京都千代田区神田錦町2-5
協同出版株式会社　編集制作部 行
○HP：https://kyodo-s.jp/provision（右記のQRコードからもアクセスできます）

※謝礼をお送りする関係から，いずれの方法でお送りいただく際にも，「お名前」「ご住所」は，必ず明記いただきますよう，よろしくお願い申し上げます。

教員採用試験「過去問」シリーズ

徳島県の

音楽科 過去問

編　集　　© 協同教育研究会
発　行　　令和6年2月25日
発行者　　小貫　輝雄
発行所　　協同出版株式会社
〒101-0054　東京都千代田区神田錦町2 - 5
電話　03－3295－1341
振替　東京00190－4－94061
印刷所　　協同出版・POD工場

落丁・乱丁はお取り替えいたします。